学科全息育人丛书

丛书主编 朱福荣 饶 英

高中生物学
学科全息育人

本册主编 谭兴云 聂德慰

西南大学出版社
国家一级出版社 全国百佳图书出版单位

图书在版编目(CIP)数据

高中生物学学科全息育人/谭兴云,聂德慰主编
. -- 重庆:西南大学出版社,2023.10
("学科全息育人"丛书)
ISBN 978-7-5697-1312-1

Ⅰ.①高… Ⅱ.①谭…②聂… Ⅲ.①生物课—教学研究—高中 Ⅳ.①G633.912

中国版本图书馆CIP数据核字(2022)第062037号

高中生物学学科全息育人
GAOZHONG SHENGWUXUE XUEKE QUANXI YUREN

丛书主编　朱福荣　饶　英
本册主编　谭兴云　聂德慰

策　　划:王　宁　时曼卿　周万华
责任编辑:杨光明
责任校对:胡君梅
装帧设计:殳十堂_未氓
排　　版:贝　岚
出版发行:西南大学出版社(原西南师范大学出版社)
　　　　　地址:重庆北碚区天生路2号
　　　　　邮编:400715
　　　　　市场营销部电话:023-68868624
印　　刷:重庆美惠彩色印刷有限公司
幅面尺寸:185 mm×260 mm
印　　张:16.25
字　　数:429千字
版　　次:2023年10月　第1版
印　　次:2023年10月　第1次印刷
书　　号:ISBN 978-7-5697-1312-1
定　　价:52.80元

 编委会

丛书主编
朱福荣　饶　英

丛书副主编
贺晓霞　黄吉元

丛书编委（以姓氏笔画为序）
于泽元　王天平　艾　兴　代　宁　朱福荣　朱德全
李　鹏　李雪垠　杨　旭　吴　刚　张　良　陈　余
陈　婷　陈登兵　范涌峰　罗生全　赵　鑫　胡　焱
饶　英　贺晓霞　唐小为　黄吉元　常保宁

本册主编
谭兴云　聂德慰

本册副主编
李于波　何　英

本册编委（以姓氏笔画为序）
王　勇　向亚建　刘师宇　李于波　李柳红　吴　用
何　英　汪丽君　汪晓珍　张雨婷　周　沙　周素英
聂德慰　唐小为　程　远　谭兴云　霍　静

总序

新中国成立以来,我国的教育方针历经多次演进,但强调学生德、智、体等方面全面发展是一以贯之的基本原则和思想。1957年,我国的教育方针是"使受教育者在德育、智育、体育几方面都得到发展,成为有社会主义觉悟的有文化的劳动者"。至1995年,教育方针表述为"教育必须为社会主义现代化建设服务,必须与生产劳动相结合,培养德、智、体等方面全面发展的社会主义事业的建设者和接班人"。2015年,教育方针表述为"教育必须为社会主义现代化建设服务、为人民服务,必须与生产劳动和社会实践相结合,培养德、智、体、美等方面全面发展的社会主义建设者和接班人"。2021年,教育方针表述为"教育必须为社会主义现代化建设服务、为人民服务,必须与生产劳动和社会实践相结合,培养德智体美劳全面发展的社会主义建设者和接班人"。教育方针的演进充分体现了不同时期国家对人的发展的总体方向和要求,但随着时代的发展会增加和融入新的元素和内容。总体而言,对人的身心等方面全面发展的要求始终是我国教育方针的大方向,这也体现了马克思主义关于人的全面发展学说的本质规定性。

党的十九大报告指出,"优先发展教育事业。建设教育强国是中华民族伟大复兴的基础工程,必须把教育事业放在优先位置,深化教育改革加快教育现代化,办好人民满意的教育。要全面贯彻党的教育方针,落实立德树人根本任务,发展素质教育,推进教育公平,培养德智体美全面发展的社会主义建设者和接班人"。2019年,中共中央、国务院在《关于深化教育教学改革全面提高义务教育质量的意见》中进一步提出,"坚持以习近平新时代中国特色社会主义思想为指导,全面贯彻党的教育方针,落实立德树人根本任务""培养德智体美劳全面发展的社会主义建设者和接班人"。要"坚持五育并举,全面发展素质教育",要突出德育实效,提升智育水平,强化体育锻炼,增强美育熏陶,加强劳动教育。我国义务教育和普通高中课程方案中都明确提出,课程要"全面贯彻党的教育方针,落实立德树人根本任务""培养德智体美劳全面发展的社会主义建设者和接班人"。可以说,立德树人作为我国教育的根本任务,围绕人的全面发展而提出的"五育并举",以及由此而引发的学校全面、全程、全员育人机制的转变,是新时代教育发展的关键。

"全息"一词原意指一种可以全面、多角度地再现物体的原貌,反映物体所承载的各种信息和状态的光学成像技术。引用其部分含义,教育领域的全息育人指的是学生成长过程中所涉及时空的全部信息都是育人的信息源,发挥这些信息源的共同与合力作用来有效促进学生的各方面发展。作为一种育人理念,其主张调动和运用各种可以利用的因素,全方位、全过程地促进学生各个方面的共同发展。具体到学科领域,在新时期探索"五育"共同发展的过程中,学科教学中"五育融合"的观念应运而生,并开展了诸多有益的实践探索。

我国当前中小学的教学组织形式仍然是班级授课制为主,教学工作仍然是学校的中心工作,学科课程仍然是学校课程的主体,课堂仍然是育人的主阵地。因此,在遵循现行中小学教学形式的前提下,课堂教学还是落实立德树人根本任务、促进学生德智体美劳全面发展的最直接途径。今天,在学科教学中,"育什么人""为谁育人"已经非常明晰,"怎样育人"以及如何提升"育人质量",成为学校教学亟须回答的重大问题。通往学科"育人质量"提升的路径多种多样,全国教育理论研究者和中小学教师都进行了卓有成效的探索,其中"五育融合"是最值得关注的发展方向和路径之一。重庆市北碚区教师进修学院与西南大学教育学部和教育部西南基础教育课程研究中心共同开展的"学科全息育人"研究,就比较好地回答了在学科教学中如何实现"五育融合""怎样育人"的重大问题。他们采取的主要策略是以学科的教科书作为引领载体,以"五育融合"为视角和眼光,以单元教学为单位,按照德智体美劳从学科到单元或主题建立学科育人框架,全面挖掘单元教学内容中的"认知育人点""德性育人点""审美育人点""健康育人点"和"劳动育人点"等,实行基于"五育融合"的整体教材解读和教学设计,进而将德智体美劳等育人要素有机融合,利用课堂主阵地开展学科育人,实现学科教学向学科育人的转变。

重庆市北碚区中小学校实施的学科全息育人,坚持以马克思的"人的全面发展"学说和赫尔巴特的"教育性教学"原则为理论基础,高扬"立德树人"的大旗,以社会主义核心价值观为统领,将"德智体美劳"育人要素融入中小学各学段、各学科,使所有学科都从学科性质、地位、任务出发,既体现学科特质,又彰显育人的特殊功能,指向德智体美劳,实现由"学科教学"到"学科育人"的转变,学生通过学科学习,实现"成人"与"成才"的双统一、双发展。在育人理念层面,以学科育人的"全息性",解决学科价值与育人价值分离或单项推进的问题;在课堂实践层面,以学科育人的全面性,解决学科育人随意化、碎片化或无视化问题;在区域推进层面,通过"全要素落实、全学段推进、全学科联动",有效破解了学校、学段、学科等育人壁垒问题。

学科全息育人需要育人理念的重构。学科课程是学校落实立德树人根本任务的基本载体,每个学科都要围绕"有理想、有本领、有担当"这三个维度培养未来担当民族复兴大任的时代新人,这是对学科课程和教学的基本要求。所有学科都从学科性质、地位、任务出发，把人的发展作为学科教学的旨归，使学科价值与育人价值融合共生，既体现学科特质，又与其他学科协同为学生的成长起作用，彰显育人的特殊功能，把学科价值作为育人价值实现的条件，把育人价值作为学科价值实现的目的。这样就能把"有理想、有本领、有担当"落实到每个学科的综合素养培养中，落实到每节课、每所学校的育人目标中，学生德智体美劳全面发展的总目标就不会落空。无论是学科教学设计还是课堂教学，教学思维的起点就是将这堂课要达成的教学目标，逆向分解成每一个时段的子目标，同时，在教学中又从一堂课的时间轴进行正向思考，依据逆向设计的子目标开展多样化的学习活动。在此基础上，教师还要立体思考，将除本学科认知目标以外的其他育人目标放在何处，以怎样的方式达成，确保每个学科、每节课都将育人贯穿始终。

学科全息育人需要育人课程的设计。课堂教学既是学校教育的主阵地，也是学校教育体系的核心要素，一旦离开学校教育体系，课堂教学很难真正实现学科全息育人。实现学科课堂教学的全息育人，关键就是要找出能包含教学内容的全部信息，或能进行全息育人教学内容的整体信息，我们称之为"关键信息"（关键知识、关键方法、关键思维等）。贯穿于教学活动中的"五育"是具有"五育间性"的，也就是每"一育"既关涉其他"四育"，又在教学过程中保持和谐。教学中通过"五育间性"建立基于教育学立场、育完整人的教学生态体系，实现由"渗透"到"互联"至"互育"达"合育"的逻辑演绎。重庆市北碚区的做法是，每个学科以现行国家教科书为蓝本，以"单元"为单位挖掘五育"育人点"和"融合点"。这个"单元"既可以是教科书上所列的单元，又可以是按照综合学习或跨学科学习的主题、专题设置单元，既考虑了各学科独有的"模式语言"特征，做到学科"双基"扎实"有本领"，又关注到融合育人的"五育间性"，做到铸魂立德"有理想、有担当"，同时，避免"穿靴戴帽"式、"空洞说教"式的"五育融合"、学科全息育人。

学科全息育人催生育人方式的转型。育人方式就是要回答"新时代教育三问"的"怎样培养人"，对于课堂教学的主体而言，"怎样培养人"一定是贯穿于学科教学始终的，学科全息育人引领下的教学催生育人方式的转型。一是要对"学科全息育人"理念有非常透彻的理解，把育人方式本身作为育人的重要资源；二是要把党和国家的课程方案、课程标准的要求与课堂教学及其评价关联，将"五育"要求与课程核心素养关联，并恰当融入课堂教学活动之中；三是要在课堂教学、作业布置与批改、学生学习指导、考试评价等育人环节以是否有利于学生综合素养、"五育"全面发展来衡量，将那些不经意的细节都看成会给学生带来终身影响的重要环节。特别是在智能化时代，育人方式更要从"重教书"向"重育人"转变，从固定学习到泛在学习，从储备学习到即时学习，从寻找答案的学习到寻找问题的学习，从接受性学习到批判性学习，从独自性学习到合作性学习，从烧脑学习到具身学习，从线下学习到融合学习，切实破解"见分数不见素养""见学科不见学生"的教育难题。

学科全息育人需要育人师资的再造。学科全息育人的成与败都在教师。什么样的教师能够实施学科全息育人？具有"全息"的视野、思维与能力的教师。首先，教师要有"全息"视野，也就是能从"培养完整的人"角度看待"五育"的整体性、统一性，理解德育、智育、体育、美育和劳动教育有机融合对促进学生全面发展的意义，追求"五育"相互融合、有机统一的整体融通式育人观。正如苏霍姆林斯基所言，"没有单独的智育，也没有单独的德育，也没有单独的劳动教育"，这样才能将"全息育人"理念作为学科教学的起点和归属。其次，教师要有"全息"思维，关注育人过程的关联性和整体性，培养教师用关联式、融通式思维设计与实施"全息育人"。教师要摒弃用割裂式思维看待"五育"，简单地将单科对应"单育"，认为学科课程对应智育，体育课程对应体育，音乐、美术课程对应美育。用关联式思维引导教师看到所教学科有"五育"渗透的可能性和必要性，突破"分科单育"的狭隘认知，在落实学科核心目标的同时兼顾渗透并关联其他"四育"，实现学科内的"五育融合"。用融通式思维观念引导教师打破学科逻辑和领域界限，设计跨学科、多学科的综合性主题，看到各学科交叉点与整合点之间的"相融"关系，实现学科间的"五育融合"。

重庆市北碚区中小学学科全息育人研究，切中了近年基础教育时弊，符合教育教学规律以及核心素养教育改革发展方向，以教科书为载体的"五育融合"研究范式切实有效，可借鉴、可推广，其主体研究成果《全息育人教学论》具有学术性和创新性，系列成果各学科全息育人研究对学科开展"五育融合""全息育人"具有较强的指导性和实践性。当然，该项研究主要是在2022年版的义务教育课程方案和课程标准发布之前进行的，可能还与学科课程标准提倡的学科核心素养要求有一定差距，在小学至高中学段也还有个别学科的研究成果没有出来，但是，这些不会影响该项研究及其成果的总结与推广，也希望他们能够继续深入研究，取得更有价值的研究成果。

2022年10月

（朱德全，西南大学教育学部部长，教育学博士、二级教授、博士生导师）

前言

　　四方上下曰"宇",古往今来为"宙"。浩瀚的宇宙中有着数以千亿计的星系,有着漫天飘浮的尘埃和星河光尘。仰望夜空,遥望万千星斗,那里也存在生命吗?你或许会发出这样的疑问。当今,科技发展日新月异,我们可以通过中国天眼监测遥远的宇宙空间,发射载人飞船、人造卫星造访宇宙,我国的嫦娥号、祝融号更是成功探访月球和火星。然而在对宇宙的探索中,我们始终找不到其他星球上有生命的迹象。只有在我们生活的地球上,浩瀚的蔚蓝色海洋,繁密的青绿色森林,素白色的冰川和积雪,孕育诞生出充满活力的生命。这自然引发了一系列有关生命的问题:最初的生命是如何出现的?简单的有机分子是如何通过化学变化演化成生命的?正是通过科学家们对未知的不断探索和揭秘,才诞生了具有真正科学意义的学科。1802年,法国博物学家拉马克首次提出了生物学。随后,生物学蓬勃而迅猛地发展,如今已经衍化出形态学、分类学、生理学、生物化学、胚胎学、生态学和细胞学、进化生物学、分子生物学和遗传学、生物信息学、生物技术等上百个分支。

　　毫无疑问,21世纪是生物科学的世纪。当见到山川、海洋、森林、平原中生长着的不同植物,栖息着的不同动物时,你是否感受到了我们这个世界上生物的多样性之美?当知道植物和动物都是由细胞和细胞的产物构成时,你是否会惊叹于我们这个世界上生物的统一性之美?当你注视着蚂蚁搬家的时候,观察到蜂箱前蜜蜂跳着"8"字形舞的时候,你是否会思考到动物学家们进行科学研究的办法?当你穿着蚕丝织成的衣物、喝着营养丰富的牛奶和酸奶、看着社区内郁郁葱葱的花草树木时,或者当你在医院接种疫苗时,你是否知道生物学在其中扮演了重要的角色?生物学是研究生命现象和生命活动规律的科学,生物学正在改变着我们的生活,影响着我们生活中的衣食住行、医疗健康等方方面面。人类社会能有今天的高度文明和现代化,靠的是科学技术的发展和进步。其中,基础生物学教育发挥着必不可少的重要作用,高中阶段的学习内容包含人类几百年来科学研究的结晶,因此在高中阶段打好生物学基础,培养对科学的兴趣,对于个人能力提升和社会责任培养都有重要意义!

　　国际教育改革、国家教育政策制定和课程改革不断地在强化价值观培养,指向科学育人(着力培养学生高尚的道德情操、扎实的科学文化素质、健康的身心、良好的审美情趣)。在此背景下,重庆市北碚区教师进修学院提出了"全息育人"的理念,本书在"全息育人"教育理念的指导下,较为系统地介绍了高中生物学学科全息育人的理念、框架体系、教学设计及实施、教学评价等内容。本书共分为七章。第一章"高中生物学学科全息育人概论",主要对高中生物学全息育人的理论和背景进行概述。高中生物教材中蕴含了大量的育人素材,因此,第二章"高中生物学学科全息育人点导引"提出了全息育人框架体系,根据框架梳理了新教材中的育人点,形成育人点导引。第三章"高中生物学学科全息育人教学设计"、第四章"高中生物学学科全息育人课堂教学实施"、第五章"高中生物学学科全息育人教学评价",主要探讨在"备""教""学""评"的过程中如何实现全息育人并进行案例评析。我们力图将全息育人的教育理念及教学实践通过研修的方式,辐射到更多生物学教师,因此,第六章"高中生物学学科全息育人学科研修"主要论述了高中生物学全息育人研修理念、活动原则、研修方法。第七章"生物学学科全息育人教学设计案例"为《分子与细胞》和《遗传与进化》两册教材的教学设计案例。

目录

第一章　高中生物学学科全息育人概论

第一节　高中生物学学科全息育人的内涵与特征　3
一、高中生物学学科全息育人的内涵　3
二、高中生物学学科全息育人的特征　5

第二节　高中生物学学科全息育人的背景　10
一、国家政策指向　10
二、课程标准要求　11
三、解析核心素养　12
四、解剖课堂教学　14

第三节　高中生物学学科全息育人的价值　16
一、落实课程育人——切合教育逻辑　16
二、落地核心素养——促进教学转型　16
三、着眼教师成长——彰显价值引领　16
四、着力学生发展——回归教育本真　17

第二章　高中生物学学科全息育人点导引

第一节　高中生物学学科全息育人点设计的依据　21
一、全息育人点确定的历史依据　21
二、高中生物学学科与全息育人的契合　23
三、全息育人点设计　23

第二节　高中生物学学科全息育人框架设计　27
一、全息育人框架设计　27
二、全息育人框架理解　30

第三节　高中生物学学科全息育人点设计　33
一、高中生物学必修模块全息育人点设计说明　33
二、全息育人点导引　34

第三章　高中生物学学科全息育人教学设计

第一节　高中生物学学科全息育人教学设计理念和原则　47
一、设计理念　47
二、设计原则　48

第二节　高中生物学学科全息育人教学设计方法　50
一、教材分析　50
二、育人目标设计　52
三、育人活动设计　53
四、信息技术融合　54
五、育人资源设计　55

第三节　单元教学设计案例分析　56
一、单元教材分析　57
二、单元育人目标设计　60
三、单元育人活动设计　62
四、信息技术融合　64
五、单元育人活动资源　64

第四节　高中生物学学科全息育人课时教学设计案例分析　65
一、教材分析　65
二、育人目标　67
三、教学流程　67
四、教学过程　68

第四章　高中生物学学科全息育人课堂教学实施

第一节　高中生物学学科全息育人课堂教学理念　73
一、全息育人理念　73
二、深度聚焦学科核心素养　74

三、注重学科科学特性 78

第二节　高中生物学学科全息育人教学实施的原则 79

一、个性化原则 79

二、生本性原则 82

三、生成性原则 83

第三节　高中生物学学科全息育人教学实施的方案 85

一、全息育人视野下生物学课堂教学方法 85

二、达成不同五育目标的教学方法实施 86

第四节　高中生物学学科全息育人课堂教学课例分析 88

一、课题 88

二、课型、课时 88

三、教材及学情分析 88

四、育人目标 89

五、学习重难点 90

六、教学过程 90

第五章　高中生物学学科全息育人教学评价

第一节　高中生物学学科全息育人教学评价理念 99

一、教学评价的理念指导 99

二、教学评价理念 100

第二节　高中生物学学科全息育人教学评价原则 100

一、突出育人的方向性 101

二、坚持科学性 101

三、以学习为中心 101

四、发展性原则 101

五、全面性原则 102

第三节　高中生物学学科全息育人教学评价的维度 103

一、教学目标 104

二、课堂氛围 104

三、学生学习状态 104

四、课前评价 104

五、课中评价　104

　　六、课后评价　105

　第四节　高中生物学学科全息育人教学评价的方法　105

　　一、观察评价法　105

　　二、书面作业评价　106

　　三、表现性评价法　106

　　四、充分利用量表评价工具　107

　　五、信息数字化评价法　111

　　六、学生发展性评价的方法　111

　　七、横向比较法　112

　第五节　高中生物学学科全息育人教学评价的案例评析　112

　　一、案例评析一　112

　　二、案例评析二　117

第六章　高中生物学学科全息育人学科研修

　第一节　高中生物学学科全息育人研修理念　125

　　一、教师为本　125

　　二、全员参与　125

　　三、课例推进　126

　第二节　高中生物学学科全息育人研修活动原则　126

　　一、主体性原则　127

　　二、可行性原则　127

　　三、针对性原则　127

　　四、聚焦性原则　127

　　五、发展性原则　128

　第三节　高中生物学学科全息育人研修的方法　128

　　一、研修的方法　128

　　二、研修的组织实施　131

　第四节　高中生物学学科全息育人研修案例分析　138

　　一、备课组研修活动案例分析　138

　　二、校本研修活动案例分析　144

三、区域性研修活动案例分析　151

第七章　生物学学科全息育人教学设计案例

第一节　《分子与细胞》教学设计案例　161
一、"走近细胞"教学设计案例　161
二、"组成细胞的分子"教学设计案例　167
三、"细胞的基本结构"教学设计案例　172
四、"细胞的物质输入和输出"教学设计案例　179
五、"细胞的能量供应和利用"教学设计案例　185
六、"细胞的生命历程"教学设计案例　191
七、必修1《分子与细胞》教学设计案例专家点评　202

第二节　《遗传与进化》教学设计案例　203
一、"遗传因子的发现"教学设计案例　203
二、"基因和染色体的关系"教学设计案例　209
三、"基因的本质"教学设计案例　215
四、"基因的表达"教学设计案例　221
五、"基因突变及其他变异"教学设计案例　228
六、"生物的进化"教学设计案例　234
七、必修2《遗传与进化》教学设计案例专家点评　240

参考文献　241
后记　243

第一章 高中生物学学科全息育人概论

"培养什么人"是教育的首要问题。党的十八大将"立德树人"作为教育工作的根本任务,从国家层面回答了这个问题。顶层设计,始于微末。我们要围绕立德树人建立学科、教材和教学体系,从学科教学转向学科育人,以学科知识为载体,以学科育人为目标,深度挖掘学科的德性育人、认知育人、健康育人、审美育人、劳动育人的价值。在此背景下,我们提出了全息育人的教育理念。本章主要从高中生物学学科全息育人的内涵与特征、高中生物学学科全息育人的背景、高中生物学学科全息育人的价值等三个方面进行论述。

第一节　高中生物学学科全息育人的内涵与特征

一、高中生物学学科全息育人的内涵

　　何为全息？物理学家盖柏(D. Gabor)发现了波前再现的两步无透镜成像现象,他指出,在全息图中任一点都接收了来自空间上每一点的信息,因此,全息图的任何一小部分都包含给定空间的全部信息,用它可以使整个物体再现,从而提出了全息理论。山东大学张颖清教授发现生物体的部分与整体生物学性质的全息相似性[1],从而提出全息生物学。其实,全息现象在我国传统的古籍中早有记载,我国中医学看病诊断的方法为面诊和脉诊,这就说明面部和动脉反映着身体整体的生理病理信息,面部和动脉是身体整体的完整缩影,包含整体的全部信息[2]。以一株植物为例,根、茎、叶、花、果实、种子等组成完整的植株,而其中的一根枝条就包含植株整体的全部信息,将枝条进行扦插,又可以长成一株完整的植株。用现今的生物学观点来看,本质上是因为一切

---

[1] 叶永在.生物全息律是客观规律:与《全息生物学质疑》作者商榷[J].医学与哲学,1994,15(6):12-16.
[2] 张颖清.全息生物学　上[M].北京:高等教育出版社,1989.

动植物都是由细胞和细胞的产物所构成的,枝条的细胞中包含本物种的全套遗传信息。

全息理论为我们认识客观世界提供了一个新的视角和科学方法,我们既可以从整体认识部分,通过大系统认识小系统,又可以从部分研究整体,通过小系统研究大系统。本书中提到的"全息"作为名词就是全部信息,学科的、课程的、一堂课的全部信息;作为动词是指由部分信息折射出全部信息,即关键点对全部信息的全面性呈现。

何为全息育人?我们将全息理论运用于学科育人中,"全息育人"就是基于教育性教学,实施完整性育人的"五育融合",全面育人,育全人的教学理念。"五育融合"中的"五育"指的是德性育人、认知育人、健康育人、审美育人、劳动育人。德国教育学家赫尔巴特指出,"道德普遍地被认为是人类的最高目的,因此也是教育的最高目的",教师可以从爱国主义教育、社会责任意识教育、个人品德教育、正确的三观教育、心理健康教育等方面对学生进行德育的渗透。朱光潜先生认为:"智育,叫人研究学问,求知识,寻真理。"在认知育人中,教师的任务就是向学生传授基础的科学文化知识、必备的技能,培养其科学探究的思维和态度。在健康育人中,教师要向学生传授健康的知识、技能,增强其体质,形成健康的素养,养成健康的习惯。美育即审美育人,我国教育家蔡元培把美育特别提出来。教师在教学中要培养学生审美欣赏、审美表现和审美创造的能力。正如蔡元培先生所言:"美育者,应用美学之理论于教育,以陶养感情为目的者也。"马克思认为劳动是人的本质。教师要引导学生树立正确的劳动观念,养成劳动的良好习惯,学会劳动的基本技能,形成热爱劳动和劳动人民的态度,达成劳动育人。《礼记》中说:"师者也,教之以事而喻诸德也。"陶行知先生也说:"千教万教,教人求真。"因此,育人为本,德育为先,德性育人是五育的根本,是实施全面育人的思想道德基础,对全面育人起着引领作用。在五育中,认知育人是育人素材的载体,人的全面发展需要以科学文化知识和能力作为基础,因而认知育人是五育的基石。毛泽东在《体育之研究》的文章中说:"体者,载知识之车而寓道德之舍也。"健康育人是五育实施的先决条件,没有健康,其他的自然也谈不上了。美育(审美育人)者,与智育相辅而行,以图德育之完成者也。[①]美育是心灵的体操,正确的审美观念能陶冶情操,塑造美好的心灵,能以美育人、以美化人、以美培元,因而美育是五育的催化剂。"晨兴理荒秽,带月荷锄归"是最本初的教育,劳动育人是人生的必修课,是五育的出发点和落脚点。五育融合并非独立推进,而是全面发展的有机组成,五育之间相互联系,相互渗透,相互促进,不可替代。因此,我们倡导五育融合,旨在让学生有高尚的道德情操、优良的科学文化素

---

① 蔡元培.蔡元培美学文选[M].北京:北京大学出版社,1983.

质、健康的身心、良好的审美情趣以及正确的劳动观点和劳动态度,培养德智体美劳全面发展的社会主义建设者和接班人。

高中生物学学科全息育人是将全息育人的教育理念运用于高中生物学学科,充分挖掘高中生物学课程的育人因素,引导学生全面、全域、全程学习;教师萃取育人内容,改革育人方式,渗透德性育人、认知育人、健康育人、劳动育人、审美育人,让每一节课成为增强学生学科整体素养的全息载体,从而培养学生的全面发展,实现全员、全方位、全过程育人。

本书呈现了在全息育人理念指导下的高中生物学学科育人。首先,我们设计了高中生物学学科全息育人的框架;然后根据全息育人框架的指标体系,将高中生物学必修教材以章为单位进行育人点梳理,形成全息育人点单元导引;再依据高中生物学学科全息育人教学设计理念、原则和方法,选取人教版2019课标版教材的部分章节,做了高中生物学学科全息育人的单元教学设计和课时教学设计样例,并附有案例分析;接着为帮助读者全面理解生物学学科全息育人,我们对指标体系的各级指标和育人点进行了分析说明;最后从理念、原则、方法层面详细剖析了如何进行教学设计、课堂实施、教学评价和研修。

二、高中生物学学科全息育人的特征

(一)生命性

玻尔曾在"光与生命"的演讲中指出,生命现象具有区别于物理、化学现象的独特性。生物学是研究生物的结构与功能、发生和发展规律的科学,因而具备区别于其他学科的独有特征——生命性。生物学的建立和发展都是以生物为核心,因此,高中生物学学科全息育人是以生命为载体,生命性是其本质属性。

首先,我们进行教学的对象具有生命性,每个学生都是鲜活的个体。高中阶段是学生个体认知建构的关键时期,是价值观和世界观建立的关键时期,是"扣好人生第一粒扣子"的关键时期。高中生物学学科全息育人的课堂应以学生为中心,注重学生在课堂中的个人参与。人本主义学家马斯洛认为,人的需要由生理需要、安全需要、社会需求、尊重需要、自我实现需要五个等级构成。在高中生物学学科全息育人教学中,和谐的师生环境能带给学生安全、归属和尊重,教师也需要及时对学生进行引导和鼓励,让学生循序渐进,最终达到自我实现的目的。每个生命都具有差异性,学生是发展的人、具有独立意义的人,在教学中应尊重并满足不同学生的学习需求,尊重学生的人格,关注个体差异,相信学生是有蓬勃生命朝气的,有发展潜力的,有目标追求的,重视学生的个性发展和全面发展,创设能引导学生主动参与的教育环境,激发学生的学习积极性,培养学生掌握和运用知识的态度和能力,使每个学生都能得到充分发展,构建充满生命力的课堂。

其次,我们教学的内容具有生命性。有学者曾提出这样的思考:能否仅用短短几句话来概括生物学的精华？显然,最贴切的答案就是生命观念。生命观念包括结构与功能观、进化与适应观、稳态与平衡观、物质与能量观等几个维度。高中生物学学科全息育人的教学中,教师在生物课堂中向学生传递看待自然界的生命观念,使其从物质与能量的视角认识到生命的本质其实是物质的合成、分解和能量转化,使其从结构与功能的视角认识到生命的本质是一个开放的系统,这个系统中的组成物质之间,组成物质与环境之间相互联系,协调统一。苏科庚曾说,任何事物都必须经过产生和发展的过程,产生即生命的起源,发展即生物的进化①。因此,高中生物学学科全息育人引导学生以进化和适应的视角追本溯源,使其认识到生命的发生实质是物质与能量、有机个体与生存环境之间的相互作用,是由量变到质变的漫长过程。另外,使学生从稳态与平衡的视角来认识生物体,使其认识到有机体区别于无机物之处在于生命具有高度的有序性。生命活动的实质是物质的输入、能量的接收、信息的传递,通过协调统一的作用来维持生物体的有序结构。②就如法国生理学家伯尔纳所说:"一切生命机制不管它们怎样变化,只有一个目的,即在内环境中保持生活条件的稳定。"③高中生物学学科全息育人通过在课堂中渗透生命观念,学生不仅能学到生物学学科知识,而且能形成一种独特的看待世界的视角,提高对生命现象的理解力。

高中是初中的内展和外延,高中生物学学科育人要建立在初中生物学学科育人的基础上。初中生物学学科全息育人的生命性,着重于宏观的器官、个体水平④,如:人体的消化系统中小肠的结构与"消化和吸收的主要场所"的功能相适应;人体通过摄食获取营养物质,经过细胞的氧化分解,释放出能量供给生命活动,形成物质与能量观。高中生物学学科全息育人的生命性,一方面向微观延伸,着重于细胞及组成细胞的分子层面的学习,如DNA的结构与储存遗传信息的功能相适应。另一方面向宏观延伸,着重于种群、群落、生态系统,帮助学生从系统层面思考生命的内涵。高中生物学学科全息育人将生命观念的培育贯穿始终,要求学生运用生命观念解释微观与宏观生物学现

---

① 谢毓玲.基于结构与功能观、进化与适应观的高中生生命观念的培育研究[D].武汉:华中师范大学,2019.
② 庞小峰."以负熵为生"的生物自组织及生命系统的热力学定律[J].黄淮学刊(自然科学版),1998,(S1):26—33.
③ 王硕.高中生物课堂教学中培养学生生命观念的策略研究[D].哈尔滨:哈尔滨师范大学,2018.
④ 邱珊,罗金红.生命观念视域下的细胞"生命性"教学[J].中学生物教学,2020,(5):35—38.

象的本质。

最后,我们的教育本身具有生命性。2020年,教育部在《关于中小学延期开学期间"停课不停学"有关工作安排的通知》中提出,要注重疫情防护知识普及,加强生命教育、公共安全教育和心理健康教育。这是教育部的文件中首次提出生命教育。"生命实践"教育学者叶澜教授认为,教育是直面人的生命,为了提高人的生命质量而进行的社会活动,是以人为本的社会中最能体现生命关怀的一种事业。高中生物学学科全息育人不主张将"教学"窄化,而是推崇让"教学"成为师生共同的认知旅程、情感体验和生命感悟,将教育提高到生命层次,使师生客观地认识生命、深化对生命本质的认识、欣赏生命的价值、尊重和珍爱生命。

新冠病毒感染让我们看到了世间万物相连的生命之网,我们每个人都要心生敬畏,敬畏生命起源的自然界,敬畏与我们共存于这个自然界中的每一个生命。回看与疫情的斗争,那些主动请战逆行的医护人员们,那些跟时间赛跑、10天建成雷神山医院的建筑师和工人们,那些慷慨解囊、八方支援的中华儿女,都让我们看到了生命中的爱与光。著名作家罗曼·罗兰说:"生活中只有一种英雄主义,那就是看清了生活的真相后,依然热爱生活。"无论如何,我们都要引导学生感受生命体内亿万细胞工作的热情,从而更加热爱生命,热爱它的顽强与坚韧,热爱它的奇妙与丰富,热爱它的善良与美好。反思生命的价值,每个生命来到这个世界上都是有使命的,最大的使命就是成就生命。成就生命的方式有很多,但最终都指向实现自我,奉献社会。在后疫情时代,高中生物学学科全息育人作为真正具有生命性的教育能够让学生明白,与疾病和困难做斗争需要扎实的专业技能和无私的奉献精神。新时代的教育者,要引导学生在灾祸中学习,从灾祸中觉醒,重新思索生命的意义与价值,增长保护生命的能力与智慧,改变生活的方式与习惯,生发出对生活的热情,以更健康、更平和、更挺拔的生命姿态立于天地间,与自然和谐共处,学会与其他物种长期共存,学会谦卑地倾听不同的声音,这也是一种无形的生命教育。

诗人泰戈尔曾说:"教育的目的应该是向人类传送生命的气息。"教育工作者应当对学生进行渗透生命观念的教育,从而让学生学会捍卫生命的尊严,激发自身生命的潜能,提升自身生命的品质。[1]通过高中生物学学科全息育人,让学生认识生命的神奇、掌握生命的本质、感受生命的珍贵、体验生命的和谐、感悟生命的价值。[2]

---

[1] 黄芳.让课堂充满生命的色彩:浅谈初中生物教学中的生命教育[J].成才之路,2010,(7):11—12.
[2] 徐国良.在高中生物学教学中渗透生命教育[J].生物学教学,2009,(1):18—19.

(二)实践性

首先,实践贯穿于生物学发展史。生物学作为一门以实验为基础的自然科学,其理论无一不是在实践中发展起来并受到实践检验的,是在古今中外众多优秀生物学学者的努力探索中不断完善的。从观察描述、实验探索到分子水平的研究,无数生物学研究者将毕生的智慧融入生物学学科大厦中。因此,高中生物学学科全息育人依照生物学发展的脉络,在教学中融入生物科学史,尊重科学发现的历史和科学研究的史实,从生物学的历史叙述中构建生物学的内在逻辑。让学生知道课本上简简单单的几个字,实际上要经过数十年甚至数百年的探究,让学生认识到生物学的大厦并不是一蹴而就的,而是经过众多科学家不断努力、持之以恒地探究形成的。引导学生认同生物学发展史中科学家的探索精神,欣赏他们在前人的基础上进行质疑、思考、积极探究、创新的实践精神,学习科学家通过观察与实验探究自然现象的科学方法。

其次,高中生物学学科全息育人的教学具有实践性。高中生物学学科全息育人教学中包含实验、实习、参观访问、野外实习等实践活动。沿着生物学发展的脉络,引导学生学会用"观察事实—思维想象—提出假说—设计实验—实验检验—归纳总结—得出结论"等一系列科学研究方法,学会运用"对照""析因""定性""定量""模拟"等不同类型的思维方法。引导学生运用定性到定量、实验到实践、描述到模型等研究方法,进行科学探究和实验,而不只是看视频和图片,只让学生在脑海中做"思维实验"。毕竟动手去"做"给学生带来的劳动体验与只在脑海中"想"是无法比拟的。教师可以带领学生进行实践学习和开展实践活动,如开展"探究环境因素对光合作用强度的影响"为主题的探究实践活动,还可以开展尝试制作真核细胞的三维结构模型、制作生态瓶、无土栽培、制作酸奶、制作泡菜、制作葡萄酒等实践活动。同时,在高中生物学学科全息育人教学中,也可以积极利用社会上的生物学资源,带领学生参观博物馆、科技馆、医院、大学院校以及科研部门等,学生从这些参观访问中获得的生物学知识或许比在教学中的体验更为真切、深刻。根据教学实际,也可以从有关单位获得生物学实验教学材料,联系一些专业机构作为与生物学课程相关的学生实践活动基地,还可以请有关专业人员来校开讲座和指导师生开展实验、实践活动等。

最后,高中生物学学科全息育人立足于生物学应用的实践性。引导学生感受生物学学科在社会生产生活中具有广泛的应用性和实践性。例如,将杂交技术运用于农业生产,培育出超级杂交稻;将核移植和克隆技术运用于医学研究,培育出世界上首例克隆猴"中中"和"华华";将酶应用于生活,生产出含酶牙膏、多酶片、加酶洗衣粉等。通过对人体血液成分及起源的探索,人们可以通过骨髓移植等技术治疗白血病。科学技术发展的目的是为人类造福,这些应用性实践探索的发展历程也为以高中生物学学科全息育人为基点开展劳动育人提供了重要思路与素材。

(三)综合性

科学是事实之学、分科之学,是启蒙理性与工业文明的产物。正如美国爱荷华大学的人类学专家米纳·坎德维尔所说:"世界上的真实问题都是复杂的,不是某一个学科可以解决的,我们的目标是培养学生的跨学科能力。"生物学学科的建立是在物理学、化学、数学等学科的方法、思想、研究成果等基础上发展并丰富起来的。因此,高中生物学学科全息育人具有综合性,充分挖掘、利用高中生物学教材中的跨学科资源,使培养的学生能基于跨学科意识,运用生物学学科观念和跨学科观念解决实际问题。

首先,高中生物学学科全息育人深入挖掘教材中丰富的跨学科综合育人资源。例如,细胞学说的建立借助了显微镜的发明和发展,让人们探索到更为微观的世界。对水的特性和作用的阐释中,结合了化学的研究成果,如水是极性分子,水分子之间靠氢键连接,水在常温下能够维持液体状态,具有流动性,有较高的比热容,温度相对不容易发生改变。高中生物学学科全息育人在教学实际中运用这些丰富的跨学科综合育人资源,让学生在不同学科之间建立联系,以创造性地解决问题,发展跨学科意识和创新能力。

其次,高中生物学学科全息育人结合生活实际进行综合育人。例如,在细胞中无机物和有机物的学习过程中,链接生活中饮料的成分等内容,以期让学生形成合理的膳食结构和健康的饮食习惯。在蛋白质的学习过程中,介绍医学中从动物组织中提取胶原蛋白来制作手术缝合线,这种缝合线可以被人体组织吸收,从而避免拆线的痛苦;也可以介绍经过加热、加酸、加酒精等引起细菌和病毒的蛋白质变性,从而达到消毒、灭菌的目的;还可以介绍高温使蛋白质分子的空间结构变得伸展、松散,从而容易被蛋白酶水解,解释熟鸡蛋、熟肉相比生鸡蛋、生肉更容易被消化。又如,在介绍DNA作为遗传物质携带者的知识时,链接DNA指纹技术用于案件侦破工作等内容。高中生物学学科全息育人把握生物学的综合育人价值,与日常生活和社会各行业建立内在联系,在学科之间建立有机联系,充分发展学生的学科思维和学科素养。

最后,高中生物学学科全息育人具有"德智体美劳"五方面的综合性育人价值。在高中生物学学科全息育人教学实施中,以全息育人为教学引领理念,建立适合学生"五育融合"的生物学课堂教学实施理念。在高中生物学学科全息育人教学评价中,"五育融合"视域下的教学评价理念是以认知、德性、审美、健康、劳动全面发展为核心导向,遵循促进个性化发展,多元化和自主化评价相结合的评价机制。

第二节　高中生物学学科全息育人的背景

一、国家政策指向

基础生物学教育在促进生物学发展中起重要作用。我国中学生物学教学已有百余年的历史,早期生物学为博物学课程,教学内容以形态构造、分类为主,强调生理结构和功能的实际应用;20世纪30年代,动植物学知识开始初步综合为生物学;20世纪50年代进入近代生物学课程阶段,生物学的内容以科学研究进展为主;1970年后,人们认识到生物学在解决实际问题中的价值,这一时期的生物学教学以理论的理解与应用为主要目的,是现代生物学课程阶段。

随着生物学学科和教育教学观念的转变和发展,我国也在不断地进行课程改革。1978年党的十一届三中全会召开后,教育部提出在课堂教学中要加强"双基"教学,即基础知识和基本技能教学;1983年,邓小平同志的题词"教育要面向现代化,面向世界,面向未来"为我国的教育改革指明了目标和方向,于是众多教育工作者开始学习和引入国外先进的教育教学理论。如布鲁纳的认知结构学习理论主张以发现学习的方式形成学科的认知结构;皮亚杰的认知发展理论主张教学要符合学生的认知发展规律,充分利用学生已有的认知素材进行建构;苏霍姆林斯基的教育观主张"个性全面,和谐发展"的教育思想。

20世纪90年代,各中小学校在高考的指挥棒下,片面追求升学率,课堂教学仍是"一言堂",课后搞题海战术,这样重复机械的训练极大地磨灭了学生的主动性和创造性。只是"教",又何来"教学"呢？于是,中共中央、国务院在1993年颁布了《中国教育改革和发展纲要》明确了,中小学要由"应试教育"转向全面提高国民素质的轨道,培养德、智、体全面发展的建设者和接班人。在此背景下,素质教育得以全面推进,但学生应试的压力仍然很大。

针对长期以来学生学业负担过重的现象,1999年颁布的《关于深化教育改革,全面推进素质教育的决定》指出,以提高国民素质为根本宗旨,以培养学生的创新精神和实践能力为重点,造就有理想、有道德、有文化、有纪律的德智体美等全面发展的社会主义事业建设者和接班人。这是中共中央、国务院提出的"德、智、体、美"的教育方针。随后教育部于2001年印发了《基础教育课程改革纲要(试行)》,提出"改变课程过于注重知识传授的倾向,强调形成积极主动的学习态度,使获得基础知识与基本技能的过程同时成为学会学习和形成正确价值观的过程"。这就从"知识与技能""过程与方法"

"情感态度与价值观"三方面对教育教学目标提出了要求,构成了课程的"三维目标"。此次课程改革指向学生的全面发展,注重学生的品德、才智、体育、审美,被称为"牵动了整个基础教育的系统工程"。

党的十八大报告首次提出"把立德树人作为教育的根本任务,培养德智体美全面发展的社会主义建设者和接班人",其后党的十八届三中全会进一步提出"必须坚持立德树人基本导向""育人为本、德育为先、能力为重、全面发展"。在此背景下,教育部发布了《关于全面深化课程改革落实立德树人根本任务的意见》(以下简称《意见》),指出要把"立德树人的要求落到实处,充分发挥课程在人才培养中的核心作用,进一步提升综合育人水平,更好地促进各级各类学校学生全面发展、健康成长"。同时,在文件中首次提出了"核心素养",作为学生应具备的适应终身发展和社会发展需要的必备品格和关键能力。《意见》中提出的"进一步明确各学段各自教育功能定位,理顺各学段的育人目标,使其依次递进、有序过渡","充分发挥人文学科的独特育人优势,进一步提升数学、科学、技术等课程的育人价值",与高中生物学学科全息育人的理念正相契合。即针对高中阶段学生的认知能力和发展规律,深入挖掘生物学学科的育人价值,在初中生物学学科全息育人的基础上递进,有序过渡,为大学阶段的全息育人搭好台阶,循序渐进。

2018年,习近平总书记在全国教育大会上强调,要全面贯彻党的教育方针,培养德智体美劳全面发展的社会主义建设者和接班人,把立德树人融入思想道德教育、文化知识教育、社会实践教育各个环节,在"德智体美"的教育方针基础上,提出"德智体美劳"五育并重教育方针。2019年6月,国务院发布的《关于新时代推进普通高中育人方式改革的指导意见》中指出,要突出德育的时代性,德育为先;强调强化综合素质培养,改进科学文化教育、强化体育锻炼、加强美育工作、重视劳动教育。2020年3月,中共中央、国务院发布的《关于全面加强新时代大中小学劳动教育的意见》指出,劳动教育是国民教育体系的重要内容,是学生成长的必要途径,具有树德、增智、强体、育美的综合育人价值。

二、课程标准要求

2003年,教育部颁布了《普通高中生物学课程标准(实验)》。随着时代的变革与科技的发展,为落实"立德树人"根本任务,实现普通高中课程方案的整体规划,2014年底,教育部启动了对普通高中各学科课程标准实验稿的修订工作。[①] 2018年1月16日,

---

① 刘晟.《普通高中生物学课程标准》(2017版)正式颁布[J].生物学通报,2018,53(2):5.

教育部召开新闻发布会,正式颁布普通高中课程方案和各学科课程标准,其中包括《普通高中生物学课程标准(2017年版)》,2020年又对该标准进行了修订。

《普通高中生物学课程标准(2017年版2020年修订)》指出了生物学学科的课程性质。高中生物学课程是科学领域的重要学科课程之一,是义务教育阶段相关课程的延续和拓展,其精要是展示生物学的基本内容,反映自然科学的本质。它既要让学生获得基础的生物学知识,又要让学生领悟生物学家在研究过程中所持有的观点以及解决问题的思路和方法。高中生物学课程是以提高学生生物学学科核心素养为宗旨的学科课程,是树立社会主义核心价值观、落实立德树人根本任务的重要载体。[1]这就为高中生物学学科全息育人的教学提出了要求:首先,需要遵循学生的身心发展规律,对义务教育阶段的生物学课程进行衔接,在此基础上进行拓展和深入;其次,需要遵循生物学的发展历程和脉络,在科学史的梳理中,学会科学家的研究思维和方法,领悟科学家的探索精神;最后,要以生物学知识为载体,培养学生的生物学学科核心素养,落实立德树人目标。

《普通高中生物学课程标准(2017年版2020年修订)》更新了课程理念,提出以提高核心素养为宗旨、内容聚焦大概念、教学过程重实践、学业评价促发展等内容。这就要求高中生物学学科全息育人要注重培养学生生物学学科核心素养,倡导概念教学,在教学过程中注重实践活动的设计和开展,对学生的学业评价要全面化、多元化,注重发展性评价。

对于课程目标而言,2017年版课程标准中增加了学科核心素养的概念,融合了原有三维目标的内容,是学科育人价值的集中体现,也是学生通过学科学习而逐渐发展起来的以及在解决实际问题时所表现出来的价值观念、关键能力和必备品格。[2]学科核心素养与课程目标相互联系与渗透、共同作用,使得育人目标更加明晰具体。这就要求高中生物学学科全息育人以培养学科核心素养为育人目标进行教学设计,除了将三维目标中的知识、能力、情感教育紧密结合起来,还要让学生通过对生物学学科课程内容的学习,为终身学习和发展奠定基础。

三、解析核心素养

面向未来,社会到底需要什么样的人?他们应该具备哪些素养?世界各国都在不断地思考这些问题。面对时代和科技变革的挑战,经济和社会发展的需求,教育自身

---

[1] 刘晟.《普通高中生物学课程标准》(2017版)正式颁布[J].生物学通报,2018,53(2): 5.
[2] 杨丽君,马淼.2003版与2017版普通高中生物学课程标准的比较[J].中学生物学,2018,34(12): 57–59.

面临的问题,1997年世界经合组织(OECD)启动素养的界定和遴选,美国于2002年制定了21世纪素养框架,2006年欧盟通过了核心素养建议案。为了解决为谁培养人、培养什么样的人、怎样培养人的问题,我国在2016年正式发布《中国学生发展核心素养》,核心素养是学生在接受相应学段教育过程中逐步形成的适应个人终身发展和社会发展需要的必备品格与关键能力,发展核心素养是落实立德树人根本任务的重要举措,也是响应世界教育发展,提高我国教育国际竞争力的迫切需求。

核心素养是党的教育方针的具体化,是连接宏观教育理念、培养目标与具体教育教学实践的中间环节。党的教育方针通过核心素养这一桥梁,可以转化为教育教学实践可用的、教育工作者易于理解的具体要求,明确学生应具备的必备品格和关键能力,从中观层面深入回答"立什么德、树什么人"的根本问题,引领课程改革和育人模式变革。

在基础教育阶段,学校课程是发展核心素养的重要载体,中国学生发展的核心素养框架需要在课堂中不断"落地",才能在课堂这一主阵地上有效提升学生的核心素养。要让中国学生发展的核心素养框架在课堂上全面"落地",需要以"全人发展"为基本宗旨,建构体现"全息"理念的"全息育人课堂"。

生物学作为一门重要的自然科学,显而易见地体现了科学课程的共性价值,例如科学素养(科学知识与技能、科学态度与价值观、科学探究能力等)、爱国主义、社会责任、美育等。同时,因其研究对象的生物性而体现出生物学课程在学科育人中的独特价值,例如培养学生的生物学思想(生态观、进化观、系统观、平衡观、信息观等)、生物学思维(理性思维、科学思维等)、生物学方法与技能(核移植、组织培养、基因工程、细胞工程、胚胎工程等)。这些共性价值和独特价值与我国大力倡导培养的学生发展核心素养,即人文底蕴、科学精神、学会学习、健康生活、责任担当、实践创新,这六大要素是一脉相承,密不可分的。特别是在科学精神、健康生活等方面,更是有极为明显的体现,对学生的终身发展有着极其深远的影响。

高中生物学学科全息育人以"德智体美劳"在生物学学科教学中的落实为目标,这是落实立德树人、全面育人的根本任务与学生发展核心素养的深度融合,是大政方针与顶层设计在终端的具体体现。中学生物学课程在全息育人理念下推进实施,能切实培养学生适应终身发展和社会发展需要的必备品格和关键能力,可为培养新一代的社会主义建设者和接班人做出应有的贡献。

四、解剖课堂教学

在工业文明时代，教育学家斯宾塞提出，直接保全自己的"科学知识"最有价值。至今，人们仍热衷于为知识分类，分类的知识进入课堂，演变成分学科的学科知识，形成学校的不同学科和学科教学。如此一来学生形成的知识只局限于当前学科，未形成宽广的知识面。中国教育科学研究院课题组在关于"未来教育"的建议中指出，要跨越学科专业的界限，进行学科融合。因为只有当一门学科真正建立起与其他学科、与生活的联系时，这门学科的教育价值才能真正得到体现。

教育部基础教育司调查组对新课程改革实施的调查表明，我国的教与学仍以被动接受式为主，具体表现为：教学以教师讲授为主，很少让学生通过活动与实践获得知识、发展能力；以学生查阅资料、集体讨论为主的教学活动很少；教师布置的作业多是书面习题与阅读教科书，很少布置如观察、制作、实验、社会调查等实践性作业。学生缺少自主探索、合作学习、独立获取知识的机会，存在着"以课堂为中心、以教师为中心和以课本为中心"的情况，忽视学生能力的培养。在高中生物学课教学中，也存在上述情况，在这种"一言堂"的教学模式下，学生把科学学科中的生物学当作"文科"，依靠死记硬背去学习和记住知识，一定程度上消磨了学生对生物学学习的好奇和热情，甚至产生了反感的情绪，使得本来应该充满生机和活力的"生物"课变成"死物"课、"无物"课。

高中生物学的教学多采用传统的教学设计，大多出发点是教师的"教"，设计的目的是让教师讲好教学内容。优秀的教学设计，首先需要对教学背景进行分析，分析"课程标准""教学内容""学生学情"等方面，但在实际进行教学设计时，一些教师很少深入地研读课程标准，仅以自我教学经验或者基于教科书进行教学；其次在对教学内容进行分析时，普遍只关注课本中本节课的内容，而不是整体性地理解整套教材的编排逻辑和主要特色，未对生物学学科的教学内容做出整体把握；再者对学生学情的把握不准确，没有针对性，将一堂课的教学设计照搬到教授的所有班级，而未考虑不同班级学生的知识储备、能力水平和情感态度可能都不同。对于教学目标的确定，很多教师只是参考教参、网上的教案等，直接搬来作为本堂课的目标；或在确定目标时，只是孤立、静止地看待本节课，而不是用整体、联系、发展的视角来思考。更重要的是设计的教学目的都是从本节课要获得的知识和技能来考虑，完全忽略了生物学学科在课堂教学中的育人目标，未认真地分析生物学学科对于学生而言独特的发展价值。正如叶澜教授在《教育研究》所说：在教学设计时，要考虑本学科可以为学生的认识、阐述、感受、体悟，改变这个自己生活在其中并与其不断互动着的、丰富多彩的世界和形成、实现自己的愿望，提供不同的路径和独特的视角、发展的方法和思维的策略、特有的运算符号和逻辑；提供一种只有在这个学科的学习中才可能获得的经历和体验；提升独特的学科美的发现、欣赏和表达能力。据不完全统计，目前教学方法已达700多种，但在实际教学中，不少教师仍然长期只使用讲授法，而未尝试采用多种教学法辅助教学；或者有些教师在课程改革的倡导下，积极地采用探究学习、合作学习等方法，但由于理解的偏差，未理解每种教学方法都有其特有的功能、价值和使用范围，未考虑到教学内容和方法的适宜性，导致所谓"新"的教学方法，不适用于本堂课的内容，效果适得其反。

科学的课程评价对课程实施起着重要的导向和质量监控作用，对教师的教学具有反馈调节和反思总结的功能。新一轮课程改革倡导"立足过程，促进发展"的课程评价，这不仅仅是评价体系的变革，更是评价理念、评价方法与手段，以及评价实施过程的转变。高中生物学教学过程中缺乏科学合理的评价方式。在评价主体上，长期以来都是教师单方面的评价，缺乏专家、家长、学生个体和同伴的共同参与，使得这样的评价以教师为权威，具有随意性和主观性，经常出现评价不全面和不及时，导致学生学习的主动性、积极性降低。在评价内容上，维度单一，普遍表现为唯分数论的结果性评价，学科成绩成为唯一的评价标准，缺乏对学生在课堂上获得的科学方法、科学思维的过程性评价，更缺失了生物学学科的育人功能，缺失对学生德智体美劳等方面的评价。因此，法国学者安德烈·焦尔当批评道，"分数、成绩单、书面测试题、评语、考试、比赛充斥着青少年的生活，其结果就是生产出了大量的书呆子"。长期以来，课堂上对学生的评价取向都是"奖优罚劣"，对答对问题、积极听讲、表现优秀的学生给予口头上的表扬，而对表现不好的学生则给予批评和惩罚，只盯着学生的错误，而不是以此作为资源引导学生。长此以往，虽然优秀的学生会更有学习动力，但是挨批评的学生可能在自尊心、自信心上会受到打击，从而产生厌学的情绪。因而这种评价取向过于重视评价筛选功能，忽视了评价对于学生学习的促进和激励作用。

基础教育的普遍现状是教师教得苦，学生学得累。在高中生物学课堂上，多数教师采用单向灌输的教学方式，教学模式固定。高中生物学本该是一门丰富多彩、充满趣味的学科，在传统生物学教学方法下，学生提不起学习兴趣。在这样的现实背景下，急需一种全新的生物学课程学习模式，能以生物学课堂为平台，生物学知识为载体，以培养学生生物学学科素养为目标，将立德树人落到实处。

第三节　高中生物学学科全息育人的价值

一、落实课程育人——切合教育逻辑

课程对于学生而言就像是"渡船",好的课程对于学生来说是一次人生机会,一次美好经历和体验。学校的影响力大小根本上是取决于课程的。高中生物学作为学校课程体系中的国家课程,具有很强的育人特性和特殊的育人功能,学校和教师必须从根本上明确这一点。

一直以来,"教"与"育"原本为一体,如今"教"成了学科教师、教研组、教导处的主要职能,而"育"成了班主任、年级组、政教处或学生管理中心的主要职能。中小学出现了越来越严重的"教"与"育"的分离,造成学科教学越来越窄化。对这些"缺魂失灵"的教学现象进行剖析,有助于我们把握学科育人的内涵。

学科教学是学校育人的基本途径。这里说的"育人"是指德、智、体、美、劳全面育人,不单指德育。学校工作以教学为中心,教学不只是智育,也是德育、体育、美育、劳育的基本途径。当下,学校落实立德树人根本任务最重要的还是充分发挥各学科的育人功能。

二、落地核心素养——促进教学转型

1999年,第三次全国教育工作会议提出全面推进素质教育,提出克服应试教育弊端,以全面提高国民素质为宗旨,以提高创新精神和实践能力为重点。在课程层面上指出要改变过分强调学科体系,改变学科中心和知识中心的倾向。2012年党的十八大提出,教育要把立德树人作为根本任务,教育部组织研制中国学生发展核心素养体系,解决"立什么德、树什么人"的问题。因此,在课程层面上要凝练学科核心素养,使课程内容、教学和评价都聚焦于此,更加突出学科育人功能。

三、着眼教师成长——彰显价值引领

新课程改革要求教师准确把握教育的真正含义并完成教书育人的天职。接受教育是每一个社会人都不可推卸的权利和义务,教育带给人的不仅是知识的积累、能力的提升,还有正确情感态度价值观的树立。简言之,教育就是学生认识自我、充实自

我、完善自我的过程。这个过程中教师的引导作用尤为重要。教师之间的认知水平差异巨大,但学生的成长从一定程度上取决于教师个人的转变,这就需要一套新的教学实施模式,来保证学生的全面发展。高中生物学学科全息育人,正是立足于培养德智体美劳全面发展的人而设计的教学模式,这也是最快捷、最有效地解决学生发展需求的途径。

高中生物学学科全息育人,从备、教、学、评各个环节做了精心的设计,从育人体系到单元教学设计、课时设计、教学评价以及学科全息育人研修,都提出了具体要求,这就为教师的成长明确了方向,让教师的教育行为始终以学生的德、智、体、美、劳全面发展为核心,可真正实现教师的价值引领作用。这也使得高中生物学学科全息育人模式兼具了育人性和自育性的特点。生物学学科作为与生命联系最紧密的学科之一,以其特有的性质发挥着独特的教育性。了解生物学学科的教育性,充分发挥生物学学科的教育性,是当代生物学教师的职责和使命,是其自我提升的重要途径。因此,对生物学学科育人功能方面的研究是势在必行的,意义也是相当重大的。

四、着力学生发展——回归教育本真

从社会发展的变迁过程中我们可以清楚地发现这么一条规律:社会发展水平、文明程度、经济水平越高,社会对人的要求越高。从古代士族教育到现代的大众教育,从最初的应试教育、素质教育到现在的核心素养教育,社会发展对人的要求越来越高,教育目标和教育理念也一直在不断革新。

21世纪是经济全球化、信息化迅速发展的时代,社会与经济日新月异的变革,使得越来越多的国家开始思考如何培养社会所需人才这一问题。从发展的角度来看,培养的学生应具备终身发展和社会发展所需要的必备品格和关键能力,成为全面发展的人。联合国教科文组织(UNESCO)于1996年在《教育:财富蕴藏其中》的报告中提出,"界定21世纪社会公民必备的基本素质"。1996年,世界经合组织提出"知识经济概念",第二年便开始着手研究21世纪人人都应该具备的素养——核心素养。经济基础决定上层建筑,人才的培养决定经济发展水平,谁掌握了先进的人才培养体系,谁就能在国际竞争中掌握主动权。因此,我国先后提出科技是第一生产力、科教兴国战略、全面推进素质教育、科学发展观和核心素养教育。核心素养的提出,不仅回答了教育的最终问题,即教育应该培养什么样的人,同时也回答了在当代社会对人的发展要求和教育的育人目标。

科技的发展、社会的进步、生活水平的提高,让人们开始对教育展开更深刻的思

考,教育只有面向现代化,面向世界,面向未来,培养的公民才能更好地达到终身发展和社会发展的要求。高中生物学学科全息育人,从课堂理念、原则和方法到课程实施、评价以及研修,均是以培养全面发展的人为核心的。社会对人才的要求也不仅是知识的储备和技术的娴熟,还更加注重人才的综合素养。学校是教育教学的主阵地,担负着培养人才的重任,通过课程实施实现育人。高中生物学作为国家课程有着极其重要的作用和地位,而高中生物学学科全息育人必将为课程育人探索出一条行之有效的路径。

第二章

高中生物学学科全息育人点导引

本章将基于对全息育人理念和"五育"的理解，介绍全息育人点设计的依据，提炼高中生物学中的全息育人点导引，并对新课标人教版高中生物学必修教材中各单元全息育人点进行梳理和整合。高中生物学学科全息育人点导引将认知育人、德性育人、审美育人、健康育人、劳动育人这五育作为一级目标，将育人目标结合学科特征划分为五个方面。"五育"彼此相互依存，不可分割。教师可以根据自己的教学需求，确定哪些教学内容体现哪方面的育人特性，期望为众多生物学教师提供学科育人方向的指引，使其在学科育人教学中有效地渗透全息育人理念，最终达到全息育人的目的。

第一节 高中生物学学科全息育人点设计的依据

一、全息育人点确定的历史依据

各个时期的教育家、思想家提出了一些关于教育目的的思考，得到当时以及后世社会认可并流传开来，如教育在于"化民成俗""涵养德性"，在于培养"君子""成人"，在于发展人的"良知良能"等。1902年，梁启超发表《论教育当定宗旨》一文，首次提出要制定和贯彻全国统一的教育宗旨，这一思想被清政府采纳。1936年，国民党政府公布了《中华民国宪法草案》，但因抗战爆发，直至1946年，这部宪法才经过修正后正式通过，该宪法第158条规定："教育文化，应发展国民之民族精神、自治精神、国民道德、健全体格、科学及生活智能"，这是新的教育宗旨。社会主义建设初期，教育的目的在于培养有社会主义觉悟的有文化的劳动者。新中国成立后，党和国家第一次明确表述教育目的是在1957年，毛泽东同志在《关于正确处理人民内部矛盾的问题》中指出："我们的教育方针，应该使受教育者在德育、智育、体育几方面都得到发展，成为有社会主义觉悟的有文化的劳动者。"1958年，中共中央、国务院在《关于教育工作的指示》中正式肯定了这一教育目的，这是对培养全面发展的社会主义新人的第一次概括表述。20世纪80年代,教育的目的在于培养有理想、有道德、有文化、有纪律的"四有"新人。十三届四中全会后,江泽民同志继承和发展了邓小平同志培养"四有"新人的目标,进一步提出教育在于培养有理想、有道德、有文化、有纪律的社会主义事业建设者和接班人。党的十六大报告中指出:"全面贯彻党的教育方针,坚持教育为社会主义现代化建设服务,为人民服务,与生产劳动和社会实践相结合,培养德智体美全面发展的社会主义建设者和接班人。"坚持以马克思列宁主义、毛泽东思想、邓小平理论和"三个代表"重要思想为指导,深入贯彻十六大精神,全面落实《新时代爱国主义教育实施纲要》《新时代公民道德建设实施纲要》,紧密结合全面建设小康社会的实际,继承并发展了教育目的与人才培养观。2004年9月19日,中国共产党第十六届中央委员会第四次全体会议通过的《中共中央关于加强党的执政能力建设的决定》要求,"全面贯彻党的教育方针,培养德智体美全面发展的社会主义建设者和接班人",形成了完备的教育目的思想和人才培养目标体系。在2018年全国教育大会上,习近平总书记强调要构建德智体美劳全面培养的教育体系。党的十九届四中全会进一步明确了"培养德智体美劳全面发展的社会主义建设者和接班人"的培养目标。2019年,中共中央、国务院出台了《关于深化教育教学改革全面提高义务教育质量的意见》,提出了"坚持'五育'并举",强调"突出德育实效""提升智育水平""强化体育锻炼""增强美育熏陶""加强劳动教育",以此"全面发展素质教育"。国务院办公厅则发布了《关于新时代推进普通高中育人方式改革的指导意见》,"突出德育时代性""强化综合素质培养""拓展综合实践渠道""完善综合素质评价"等,来"构建全面培养体系"。

纵览新中国成立以来的不同教育目的与培养目标,可以发现:其一,都力图反映我国社会主义教育的基本性质,以马克思主义关于人的全面发展学说为理论基础。无论是毛泽东同志的"使受教育者在德育、智育、体育几方面都得到发展",邓小平同志的"培养有理想、有道德、有文化、有纪律的'四有'新人",江泽民同志的"培养德、智、体、美全面发展的社会主义事业的建设者和接班人",胡锦涛同志提出的"努力培育有理想、有道德、有文化、有纪律的,德、智、体、美全面发展的中国特色社会主义事业建设者和接班人",还是习近平总书记提出的"立德树人"培养德智体美劳全面发展的社会主义建设者和接班人,都是以马克思主义全面发展理论为理论基础,力求培养"全面发展的人"。其二,教育目的与培养目标都为政治经济服务。各级各类学校,都力图使学生在德智体美劳等方面得到全面发展,成为合格的社会主义事业的建设者和接班人,为社会主义建设服务,为人民服务。

二、高中生物学学科与全息育人的契合

结合德、智、体、美、劳全面发展的新时代教学目标，全息育人的开展是符合时代发展需求的。全息育人可分为五个维度：德性育人、认知育人、健康育人、审美育人、劳动育人，以对应新时代需求——德、智、体、美、劳全面发展。但必须指出，虽然将全息育人划分为五个维度，但作为载体的教学内容所能够展示的维度并不是孤立的，可以多维度并举，也可以多维度融合。

高中生物学的课程目标是培养学生的核心素养：生命观念、科学思维、科学探究、社会责任等，高中生物学学科核心素养与全息育人的理念是相匹配的。全息育人在于五育融合，实现学生德、智、体、美、劳全面发展，讲求课程的育人特性。高中生物学学科的开展，以客观事实构建知识体系，产生生命观念，以科学思维搭建思维桥梁，以科学探究探索自然世界，以社会责任构建道德准线，在学、思、做的过程中学知识、育德性、追审美、重劳动、享健康。所以，在高中生物学课程的开展过程中可有效实现全息育人。

高中生物学课程中必修课程选择的是现代生物学的核心内容，与社会和个人生活关系密切，对于提高全体高中学生的生物学学科核心素养具有不可或缺的作用。因此，本书将必修模块作为全书的编写对象。

三、全息育人点设计

（一）认知育人

1. 认知育人的内涵

认知育人，即智育。苏联著名教育实践家和教育理论家苏霍姆林斯基认为智育是"获得知识和形成科学世界观，发展认识能力和创造能力，培养脑力劳动文明，养成一个人在整个一生中对丰富自己的智慧和把知识运用于实践的需要"。[1]在教育辞典中意为"教育者向受教育者传授系统的文化科学知识和技能，并在此基础上发展受教育者的智能"。

而基于中国特色社会主义新时期需求，学校智育的基本任务转变为：向学生传授系统的现代化科学基础知识和技能，大力提高学生的科学文化水平并培养科学态度，为学生奠定比较完整的知识基础；积极发展学生的智力，尤其是创造性思维能力，培育勇于探索的精神，发展学生多方面的兴趣和才能。教育者必须认识到，学生对于知识

---

[1] 瓦·阿·苏霍姆林斯基.给教师的建议(修订本全1册)[M].杜殿坤，编译.北京：教育科学出版社，1984：卷首语.

的掌握是发展其认知能力、创造能力的手段。

结合前人对于智育的理解,笔者认为认知育人是学科本质属性的客观反映,是对客观世界的理性认识。认知育人知识可分为陈述性知识、程序性知识、策略性知识这三类。其中陈述性知识主要说明事物是什么,程序性知识主要说明怎样做,策略性知识主要说明如何学习和如何思维。

2.高中生物学学科中的认知育人

高中生物学必修内容教学,以课程内容为载体,发展学生的核心素养。如需要学生深入理解生物体的物质和结构基础、生物多样性和适应性的形成原因、生物遗传和进化的原理和规律。而在这个学习的过程中,学生需要培养归纳与概括、演绎与推理等科学思维。学生还要学会对生活进行观察,学会提问、设计实验、实施实验和结果交流与讨论,在实践中培养科学探究的能力。

高中生物学课程必修模块分为《分子与细胞》和《遗传与进化》两部分。在《分子与细胞》这一模块中,学生通过两个大概念(细胞是生物体结构与生命活动的基本单位;细胞的生存需要能量和营养物质,并通过分裂实现增殖)从分子水平、亚细胞水平、细胞水平认识生命的本质。知晓生命活动的运行是物质、能量变化的统一,是细胞结构与功能的统一,细胞会经历生长、增殖、分化、衰老和死亡的生命历程等知识。《遗传与进化》这一模块包含遗传的基本规律、遗传的细胞基础、遗传的分子基础、生物的变异和进化等内容。让学生理解"遗传信息控制生物性状,并代代相传"和"生物的多样性和适应性是进化的结果"这两个大概念,进而形成生命观念、养成科学思维、发展科学探究能力。对高中生物学课程必修模块知识进行梳理,可知高中生物学所涉及的学生智力发展内容包括知识、能力和思维三个方面,这与《普通高中生物学课程标准(2017年版2020年修订)》中提出的生物学核心素养中的生命观念、科学思维、科学探究三个层面是相符合的,所以将生命观念、科学思维、科学探究设置为认知育人的二级目标,从知识、能力以及思维三个方面提出生物学学科育人的基本目标。

(二)德性育人

1.德性育人的内涵

德性育人即德育。"德育"一词在20世纪初期传入我国,得到过王国维、蔡元培先生的倡导,逐渐成为我国教育界的通用术语,也是我国教育非常重要的成分。

对于德性育人而言,在其活动过程中应该传递、掌握社会行为规范,促进社会客观要求转化为主体内心需要,促进社会意义(价值)转化为主体意义(个人价值),形成社会主体的个体品德,形成社会群体中实际的人与人的社会关系的社会活动。[①]就中国

---

① 曾欣然.德性心理、美育心理研究[M].重庆:西南师范大学出版社,2019:27.

国情而言,应该加强社会主义核心价值观教育、中华优秀传统文化教育、生态文明教育,教育和引导学生热爱中国共产党、热爱祖国、热爱人民,拥护中国特色社会主义道路,弘扬民族精神,增强民族自尊心、自信心和自豪感,增强公民意识、社会责任感和民主法治观念,学习运用马克思主义基本观点和方法观察问题、分析问题和解决问题,学会正确选择人生发展道路的相关知识,具备自主、自立、自强的态度和能力,初步形成正确的世界观、人生观和价值观。所以,德育是教育者将一定社会的思想道德内化为个体思想的教育。[①]

2.高中生物学学科中的德性育人

高中生物学课程以落实社会主义核心价值观作为根本任务,将其渗透于课程的整个开展过程中,体现了学生对个人品格的追求。通过实验探究引导学生实事求是地研究,通过小组活动引导学生合作共赢,通过科学思辨引导学生辩证思考,通过介绍相关法律法规提升学生法治观念,通过调查互助引导学生尊重友爱,使学生建立正确的世界观、人生观、价值观。同时,课程通过榜样感召、情感共鸣、事实列举、文化介绍等可以有效地开展爱国主义教育。

(三)审美育人

1.审美育人的内涵

审美育人即美育。古代以"诗""乐"为主要内容的美育是为了教化天下、治民安邦;近代王国维、梁启超、蔡元培、鲁迅、丰子恺等倡导美育是为了开启民智或唤醒国民的反抗意识;当代美育继承了近现代美育思想,在社会稳定、物质文明高度发展的背景下,满足人的精神需要,美化自身,提升个体的内在境界,促进人的全面发展。[②]

经过不断的发展,审美育人的内涵得到了丰富并适应了社会主义的时代特征。审美育人是在课程开展过程中,引导学生欣赏美、创造美、表现美的教育。特别强调将培育和践行社会主义核心价值观融入审美育人全过程,引导学生树立正确的审美观念、陶冶高尚的道德情操、培育深厚的民族情感、激发想象力和创新意识、拥有开阔的眼光和宽广的胸怀、提升自身的审美水平和人文素养。美育不是艺术学科所特有的,其在各学科中都有渗透。

2.高中生物学学科中的审美育人

高中生物学学科可以有效地践行审美育人,引导学生体验美、认识美进而创造美。课程开展过程中多样化的图、表等内容,从系统观、物质与能量观、进化与适应观、稳态

[①] 孙峰.当代中国德育价值观的变革[D].西安:陕西师范大学,2010.
[②] 刘晓光.中国美育的发展史及当代大学使命[J].美与时代(下半月),2009(02):117-118.

与平衡观各个方面渗透对美的认识;通过图表设计、概念搭建、实践认知,创造美的内容、逻辑,发展个人的生物学审美观念,最终实现学生的全面提升。

(四)健康育人

1.健康育人的内涵

健康育人是在体育的基础上进一步完善而提出的概念。

狭义的健康指的是一个人的身体健康,生理各项指标处于正常范围。后来健康的概念有所扩大,指一个人在身体、精神和社会等方面都处于良好的状态,既包含自身的健康,也包含环境的健康。所以,健康育人不再是单纯的体育锻炼,而是身体和心理、个体和环境的协调发展。

健康育人可定义为学校和各学科层面有计划、有组织地帮助学生采取对健康有利的行为和生活方式。[1]它的核心在于引导学生降低健康风险,树立正确的健康观,进而提高学生的生活质量。通过学校的管理和学科的渗透,强化学生的健康责任,促进学生健康全面发展,促进社会健康和谐发展。

2.高中生物学学科中的健康育人

整个高中生物学课程涉及较多健康育人的素材,可结合具体内容引导学生关注自身健康、环境健康。例如,通过对组成细胞的糖类分子和蛋白质的学习,遗传病的了解,细胞癌变知识的认识,倡导学生养成健康的生活方式;通过了解稳态的概念和生命活动的调节内容,进一步让学生理解健康生活的重要性;通过对人脑功能的介绍,进一步让学生认识到心理健康的重要性,养成积极乐观的生活态度;通过对生态环境的了解和对系统的认知,进一步让学生顺应自然,改造环境,提高生活质量。

(五)劳动育人

1.劳动育人的内涵

劳动是创造物质财富和精神财富的过程,是人类特有的基本社会实践活动。劳动教育是发挥劳动的育人功能,对学生进行热爱劳动、热爱劳动人民的教育的活动。实施劳动教育的重点是在系统的文化知识学习之外,有目的、有计划地组织学生参加日常生活劳动、生产劳动和服务性劳动,让学生动手实践、出力流汗、接受锻炼、磨炼意志,培养学生正确的劳动价值观和良好的劳动品质。劳动教育是党在新时代对教育提出的新要求,是中国特色社会主义教育的重要内容,是立德树人根本任务的重要组成部分。劳动教育注重体验,注重用劳动去创造价值,进而使人懂得珍惜劳动成果,尊重

---

[1] 吴纪饶.大学生健康教育[M].北京:高等教育出版社,2005:24-26.

劳动成果。劳动教育是对客观世界真实的认知,能够与社会和自然建立确切的联系,使教育对象认识现实社会和自然,体会、参与、改造社会与自然。

2.高中生物学学科中的劳动育人

高中生物学劳动育人是指在生物学教学过程中通过实验操作和生活实践在学生中弘扬劳动精神,教育引导学生崇尚劳动、尊重劳动,懂得劳动最美丽、劳动最崇高、劳动最伟大的道理,长大后能够辛勤劳动、诚实劳动、创造性劳动。学生通过探究、实践去体验各项技能的操作和意义,体验与生物学有关的职业,更好地适应生活和社会。

第二节 高中生物学学科全息育人框架设计

一、全息育人框架设计

结合2019年人教版生物学必修1《分子与细胞》、必修2《遗传与进化》和2020年修订的《普通高中生物学课程标准》,以及全息育人理念和生物学学科的育人特点,我们设计了必修模块高中生物学学科全息育人框架。教师在日常教学中,结合全息育人框架,可以有效地融合认知育人、德性育人、审美育人、健康育人、劳动育人,实现立德树人的根本任务。

高中生物学学科全息育人框架将认知育人、德性育人、审美育人、健康育人、劳动育人这五育作为一级目标,将育人目标结合学科特征划分为五个方面。五育彼此相互依存,不可分割。教师可以根据自己的教学需求,确定哪些教学内容体现哪方面的育人特性。(表2-1)

表2-1 高中生物学学科全息育人框架

一级目标	二级目标	三级目标(具体描述)
认知育人	生命观念	**结构与功能观**:运用结构与功能观,阐释生物体组成结构和功能之间的关系。 **进化与适应观**:运用进化与适应观阐述生物的多样性和统一性,以及与环境的关系等。 **稳态与平衡观**:利用稳态与平衡观阐释稳态的维持和调节机制,生态系统的平衡原理等。 **物质与能量观**:从物质与能量的视角对中学生物学教学内容中的生物学现象、事实、重要概念及基本观念进行归纳与概括,形成物质与能量观念下对生命本质的认识。
	科学思维	**归纳与概括**:培养学生对大量的生物学事实进行深化、简化、条理化和系统化的能力,从而厘清知识脉络,形成知识网络体系,准确地把握生物学基本规律。 **演绎与推理**:从一般性的前提出发,通过推导即"演绎",得出具体与生物学有关的陈述或个别结论,进而在面对生产、生活中与生物学相关的新问题情境时,能够有效展开探讨、审视或论证。 **模型与建模**:通过建构模型来研究揭示原型的形态特征和本质,以简化和直观的形式来显示复杂的事物或过程,从而引导学生学会正确运用文字、图示建构模型来表征并阐明相关生命活动的原理。
	科学探究	**探究方法**:指在生物学探究过程中发现新现象、新事物,或提出新理论、新观点,揭示事物内在规律的工具和手段。 **探究能力**:基于给定的条件设计并实施探究实验方案或工程学实践方案,运用多种方法如实记录和分析实验结果,能举例说明人类的活动对环境产生的影响,以及生物多样性对生态系统的维持、人类生存和发展的重要意义。 **探究精神**:指学生愿意主动地研究生物,发现自然事物的某些规律、联系、属性等的心理倾向。
德性育人	个人实现	**正确的人生观**:人生观是对人生的价值、目的、道路等的观点的总和,是对人生的根本看法。它不仅决定着一个人对周围事物的态度,而且调节人的行为、活动方向和进行方式。通过生物学的学习,学生可以正确地认知自己的存在,合理地认识生存环境,适应环境,改造环境。 **正确的价值观**:通过对生命本质和历程的学习,能够形成自己的人生追求,并且将自己的追求和社会的需求进行统一,在满足自身身心追求的基础上奉献社会。 **正确的世界观**:通过生物学科学知识的学习,运用生命的物质观、生命的信息观、结构与功能观、生物的进化观、对立统一观去认识世界,进而建立辩证唯物主义世界观。
	社会参与	**社会责任**:基于对生物学的认识,参与个人与社会事务的讨论,做出理性的解释和判断,解决生产生活问题的担当和能力。如面对生殖性克隆人、基因编辑婴儿等社会热点议题,遵循正确的伦理道德,利用生物学重要概念或原理,阐明个人立场,做出决策。 **生态保护**:形成人与自然和谐共处的生态文明观,形成保护环境、维护生态平衡的行为习惯,积极参与绿色家庭、绿色学校、绿色社区等行动,并提出人与自然和谐相处的一些建议。

续表

一级目标	二级目标	三级目标（具体描述）
审美育人	国家认同	**国家认识**：了解我国的生物多样性现状，了解在世界范围内我国生物学家的杰出成就，提升学生的民族自豪感和使命感。 **政治认同**：通过了解我们国家对生态环境保护、对自然灾害等采取的举措及所取得的成果，形成对国家政治体制的认同感。 **文化自信**：将传统食品工艺、中医药文化和健康的生活方式等引入课堂，坚定学生的文化自信。
审美育人	审美欣赏	**自然美**：能多方面立体化感知自然存在本身之美，认同美在生物学中是普遍存在的。 **科学美**：在探索认识生命世界的过程中，感知并认同科学思维、科学方法、科学技术以及科学理论所蕴含的美。 **社会美**：能够欣赏生物学家在科学研究进程中所展现的人格美，认同生物科学技术应用于生产实践所展现的社会价值美。
审美育人	审美创造	**创造性想象、创造性思维、创造性行为**：能够结合自身对生物学学习对象的认识去梳理自己对审美对象的概括、升华，并能够在掌握生物学知识的基础上进行模型建构、扩展探究，最终形成属于自己的生物学创造。
健康育人	身心健康	**身体健康**：学生有良好的健康行为习惯，身体结构完好、功能正常，能够顺利完成日常学习。 **心理健康**：通过认识生命的本质，如细胞代谢、细胞凋亡等，学生能够正确认识自我，正确认识环境并适应环境。
健康育人	环境健康	**自然环境**：通过生物学原理的学习，能够营造良好的家居、校园、社区、城市自然环境，进而提升生活质量。 **社会环境**：养成健康文明的生活方式，自觉远离毒品，参与毒品危害的宣传；能够鉴别并自觉地抵制封建迷信和伪科学。
劳动育人	劳动观念	**劳动精神**：主要指学生对实验、农业生产、生活实践中有关劳动的热爱态度以及学生在具体与生物学有关的生活实践和实验操作过程中体现出来的积极人格气质。 **劳动价值**：正确地认知劳动所产生的直接价值和潜在价值，以及劳动过程中附加的精神愉悦满足等其他价值。
劳动育人	劳动技能	**实验操作**：能针对给定的生物学问题，设计实验计划，使用实验器具，动手实践和探究体验，记录并分析实验结果。 **生活实践**：能够将生物科学、生物技术结合工程学、数学知识等综合运用到生活实践中，解决生活中的实际问题。 **职业体验**：学生在农业生产过程、科学研究中直接经历物质财富的创造过程，体验从简单劳动、原始劳动向复杂劳动、创造性劳动的发展过程，学会使用各项生产工具和科学仪器，掌握相关技术，如组织培养技术、育种技术、实验操作等，感受劳动创造价值，增强对劳动成果的价值认识，体会平凡劳动和科学劳动中的伟大。

二、全息育人框架理解

高中生物学学科全息育人框架分为三级目标。其中一级目标确定五育的方向,二级目标在五育的基础上分层次,三级目标是对二级目标的细化。

(一)认知育人

认知育人作为高中生物学学科知识的核心内容,包括高中生物学知识和生物学学科的思维方式。通过认知育人,加深学生对生物学的理解,形成结构与功能观、物质与能量观、稳态与平衡观、进化与适应观等,为学生进一步理解科学的本质、科学研究的思路和方法,形成科学的态度和精神打下基础。[1]研究者通过整合,将《普通高中生物学课程标准(2017版)》中提出的核心素养中的生命观念、科学思维、科学探究设为学科认知的二级目标,从知识、能力以及思维等方面提出生物学学科学习的基本目标。

生命观念目标下设置结构与功能观、进化与适应观、稳态与平衡观、物质与能量观作为三级目标。学生能够运用结构与功能观,阐释生物体组成结构和功能之间的关系;运用进化与适应观阐述生物的多样性和统一性,以及与环境的关系等;利用稳态与平衡观阐释稳态的维持和调节机制、生态系统的平衡原理等;以物质与能量的视角对中学生物学教学内容中的生物学现象、事实、重要概念及基本观念进行归纳与概括,形成物质与能量观念下对生命本质的认识。

科学思维目标设置了归纳与概括、演绎与推理、模型与建模作为三级目标。培养学生对大量的生物学事实进行深化、简化、条理化和系统化的能力,从而厘清知识脉络,形成知识网络体系,准确地把握生物学基本规律;从一般性的前提出发,通过推导即"演绎",得出具体与生物有关的陈述或个别结论,进而在面对生产、生活中与生物学相关的新问题情境时,能够有效地展开探讨、审视或论证;通过模型与建模来研究揭示原型的形态特征和本质,以简化和直观的形式来显示复杂的事物或过程,从而引导学生正确运用文字、图示建构模型来表征并阐明相关生命活动的原理。

科学探究目标设置了探究方法、探究能力、探究精神作为三级目标。探究方法是指在生物学探究过程中发现新现象、新事物,或提出新理论、新观点,揭示事物内在规律的工具和手段。探究能力是学生基于给定的条件设计并实施探究实验方案或工程学实践方案,运用多种方法如实记录和分析实验结果,能举例说明人类的活动对环境产生的影响,以及生物多样性对生态系统的维持、人类生存和发展的重要意义,能主动合作推进探究方案或工程学实践的实施,并运用科学术语报告实验结果。探究精神指

---

[1] 张秀红.核心素养视域下的生物学观念:内涵、价值、内容体系及教学[J].课程·教材·教法,2017,37(9):91-97.

学生能够主动地研究生物,发现自然事物的某些规律、联系、属性等的心理倾向。

(二)德性育人

德性育人就中国国情而言,重点在于加强对社会主义核心价值观、中华优秀传统文化、生态文明的教育,使学生运用马克思主义基本观点和方法观察问题、分析问题和解决问题,初步形成正确的世界观、人生观和价值观。

高中生物学学科本身的特性就具有德性育人的特质。高中生物学核心素养培养本身包含社会责任一项,结合总结和归纳,共梳理出了三个德性育人的二级目标,分别为个人实现、社会参与和国家认同。

个人实现在于帮助学生树立正确的世界观、人生观、价值观,故笔者设置了正确的人生观、正确的价值观、正确的世界观作为三级目标。通过对生命本质和历程的学习,能够形成自己的人生追求,并且将自己的追求和社会的需求进行统一,在满足自身身心追求的基础上奉献社会。通过生物学学科知识的学习,运用生命的物质观、生命的信息观、结构与功能观、生物的进化观、对立统一观去认识世界,进而建立辩证唯物主义世界观,成为一名"正三观"的社会主义接班人。

社会参与目标下设置了社会责任、生态保护作为三级目标。生物学学科本身是一门自然科学课程,在生产实践中应用广泛,渗透于社会生活的方方面面。在生物学学科教学过程中需要学生树立环保意识、关注社会议题。让学生形成人与自然和谐共处的生态文明观,形成保护环境、维护生态平衡的行为习惯,积极参与绿色家庭、绿色学校、绿色社区等行动,并提出人与自然和谐相处的一些建议。学生在面对有争议的社会议题时,如生殖性克隆人、基因编辑婴儿等社会热点议题,能利用生物学重要概念或原理,通过逻辑推理阐明个人立场,做出决策。

国家认同目标下设置了国家认识、政治认同、文化自信作为三级目标。国家认同渗透爱国理念,培养学生对国家的认同感、归属感和骄傲感。教学过程中,通过对我国生物多样性、对世界范围内我国生物学家的杰出成就的介绍,提升学生的民族自豪感和使命感,提升对国家的认识。政治认同是学生将自己认作中国少年先锋队的一员,接受中国共产党的领导,进而规范自己的行为。通过了解我国对生态环境保护、对自然灾害等采取的举措及所取得成果,明晰中国特色社会主义的优越性,进而形成对国家政治体制的认同感。文化自信是指学生对中华民族、中国以及中国共产党自身文化价值的充分肯定和积极践行,并对其文化的生命力持有的坚定信心。生物学教学中可将传统食品工艺、中医药文化和健康的生活方式等内容引入课堂,坚定学生的文化自信。

（三）审美育人

审美育人是基于学生的发展，培育和践行社会主义核心价值观，通过生物学学科的学习，引导学生体验美、认识美进而创造美。

结合课程特点和学生发展需求，将审美育人目标分为了审美欣赏和审美创造这两个二级目标。

审美欣赏使学生能够体会、认知到生物学学科中的自然美、科学美、社会美。所以将自然美、科学美、社会美设为审美欣赏的三级目标。学生能多方面立体化感知自然存在本身之美，认同美在生物学中是普遍存在的；在探索认识生命世界的过程中，感知并认同科学思维、科学方法、科学技术以及科学理论所蕴含的美；能够欣赏生物学家在科学研究进程中所展现的人格美，认同生物科学技术应用于生产实践所展现的社会价值美。

审美创造是学生在认识到美的存在后能够结合自身认知特点开发创造符合社会规律的美，包括美的创造性思维、创造性想象、创造性行为。所以将创造性思维、创造性想象、创造性行为设为审美创造的三级目标。具体为能够结合自身对生物学习对象的认识去概括、升华审美对象，以及能够在掌握生物学知识的基础上进行模型建构、扩展探究，最终形成属于自己的生物学创造。

（四）健康育人

健康育人指在生物学学科教学过程中有计划、有组织地帮助学生形成对健康有利的行为模式和生活方式。在整个高中生物学课程开展过程中，涉及较多健康育人的素材，可结合具体内容引导学生关注自身健康与环境健康。所以，将身心健康和环境健康作为健康育人的两个二级目标。

身心健康包括身体健康和心理健康两个三级目标。身体健康在于培养学生良好的健康行为习惯，学生身体结构完好和功能正常，能够顺利完成日常学习。心理健康是指学生通过认识生命的本质，如细胞代谢、细胞凋亡等，能够正确地认识自我，正确地认识环境和及时适应环境。

环境健康包括自然环境和社会环境这两个三级目标，旨在从外在环境提升学生的健康水平。自然环境健康指学生通过生物学原理的学习，能够营造良好的家居、校园、社区、城市自然环境，进而提升生活质量。社会环境健康指学生养成健康文明的生活方式，自觉远离毒品，参与毒品危害的宣传；能够鉴别并自觉地抵制封建迷信和伪科学。

(五)劳动育人

高中生物学学科劳动育人是指在生物学教学过程中通过实验操作和生活实践,在学生中弘扬劳动精神,教育引导学生崇尚劳动、尊重劳动,懂得劳动最美丽、劳动最崇高、劳动最伟大的道理,长大后能够辛勤劳动、诚实劳动、创造性劳动。

高中生物学学科的核心就在于"做"研究,从实践中学习。所以,将劳动育人分解为劳动观念和劳动技能两个二级目标。

树立劳动观念是从思想上让学生认知到劳动的意义和重要性,劳动观念分为劳动精神和劳动价值这两个三级目标,主要指学生对实验、农业生产、生活实践中有关劳动的热爱态度以及学生在具体与生物有关的生活实践和实验操作过程中体现出来的积极人格气质。

劳动技能从实验操作、生活实践、职业体验这三个三级目标出发对学生进行培养。实验操作是指学生能针对给定的生物学问题,设计实验计划,使用实验器具,动手实践和探究体验,记录并分析实验结果;生活实践是指学生能够将生物科学、生物技术结合工程学、数学知识等综合运用到生活实践中,解决生活中的实际问题;职业体验是指学生在农业生产过程、科学研究中直接经历物质财富的创造过程,体验从简单劳动、原始劳动向复杂劳动、创造性劳动的发展过程,学会使用各项生产工具和科学仪器,掌握相关技术,如组织培养技术、育种技术、实验操作等,感受劳动创造价值的意义,增强对于劳动成果的价值认识,体会平凡劳动和科学劳动的伟大。

第三节 高中生物学学科全息育人点设计

一、高中生物学必修模块全息育人点设计说明

人教版普通高中生物学必修教材是围绕着"发展学生的生物学学科核心素养,全面落实育人价值"进行修订的。为落实重要概念的建构,发展学生的生物学学科核心素养,教材内容在设计思路、呈现方式、活动类型等方面进行了精心安排。

《普通高中生物学课程标准(2017年版)》明确指出,生物学课程的设计宗旨是发展学生的生物学学科核心素养。生物学学科核心素养包括生命观念、科学思维、科学探

究和社会责任。由此,生物学教学必须以发展学生的生物学学科核心素养为宗旨,进行五育具体的落实。

必修1模块教材的知识体系是以生命的系统观为基本统领,分别介绍了系统的组成、结构、功能和发展。在第一章中建立的是生命的系统观(细胞是基本的生命系统和系统的层次性),体现了生命系统的层次性,第二至五章分别从生命系统的组成、结构、功能等方面对细胞这个基本的生命系统进行了介绍,体现了生命系统的整体性和开放性。第六章回到了系统的发展,阐述了细胞的增殖、分化、衰老和死亡的机制和特征,体现了生命系统的动态性。必修2模块《遗传与进化》有助于学生认识生命的延续和发展,了解遗传变异规律在生产生活中的应用;领悟假说演绎、建立模型等科学方法及其在科学研究中的应用;理解遗传和变异在物种繁衍过程中的对立统一,生物的遗传变异与环境变化在进化过程中的对立统一,形成生物进化观点。

生物学学科核心素养的四个方面有着紧密的联系。生命观念是生物学学科核心素养的核心,是明确社会责任意识,承担社会责任和义务的基石。科学思维和科学探究是形成生命观念的基础,前者提供思维过程和方法,后者提供科学方法和实证;科学思维和科学探究互为倚重,科学思维是科学探究的重要内涵,科学探究是科学思维的实证过程;在进行科学思维和科学探究并形成生命观念的过程中,可形成一定的社会责任意识和义务。

下面结合新修订的《分子与细胞》和《遗传与进化》模块教材进行具体介绍和五育育人点说明。基于对高中生物学核心素养的培养,实现学生德、智、体、美、劳全面发展,我们从各章出发,挖掘出了高中生物学必修1、必修2教材部分的育人点,供大家参考。

二、全息育人点导引

(一)《分子与细胞》育人点

课题名称			育人点
第1章 走进细胞	认知育人	生命观念	系统观:不同的生命系统结构层次都能体现系统性,成分之间不是独立存在的,而是相互作用构成整体。
		科学思维	归纳与概括:通过一系列的具体事实推出细胞学说。
		科学探究	探究精神:通过回溯细胞学说的建立过程,体会科学家的探究精神。探究能力:使用高倍显微镜观察几种细胞,并分析不同细胞的异同。

续表

课题名称			育人点
	德性育人	社会参与	生态保护:针对发菜被过度采挖破坏生态的事实,让学生认识到环境保护的重要性。
		国家认同	国家认识:通过对大熊猫和冷箭竹的介绍,增强学生对国家的认同感。
	审美育人	审美欣赏	自然美:细胞的多样性与统一性。
	健康育人	环境健康	自然环境:分析水华产生的原因。
	劳动育人	劳动技能	实验操作:使用高倍显微镜观察几种细胞。
第2章 组成细胞的分子	认知育人	生命观念	物质观:生命系统的各种生命活动都有其物质基础;组成细胞的物质具有特殊性,蛋白质等大分子物质既是生命赖以生存的物质,也是生命活动的产物。 结构与功能观:蛋白质、核酸等物质在细胞中的功能是由其组成和结构决定的。 物质与能量观:糖类既是细胞的重要物质成分,又是生命活动的主要能源物质。
		科学思维	模型与建构:构建蛋白质和核酸的结构模型。
		科学探究	探究能力:检测生物组织中的糖类、脂肪和蛋白质。
	德性育人	个人实现	正确的人生观:水的形式在不同环境中会转换,引导学生在顺境和逆境中正确调节自我;微量元素含量虽微小却不可或缺,引导学生正确认识自己的存在。
		社会参与	关注社会议题:关注蛋白质用于制造手术缝合线;关注DNA指纹技术用于刑侦工作;关注营养保健食品的科学性。
		国家认同	国家认识:了解我国科学家人工合成世界上第一个蛋白质——结晶牛胰岛素。
	审美育人	审美创造	审美创造:构建蛋白质和核酸的结构模型。
	健康育人	身心健康	躯体健康:了解肥胖、高血压、龋齿、某些糖尿病等都直接或间接与长期糖、脂摄入超标有关,养成良好的饮食习惯,适当控糖、控脂。
		环境健康	自然环境:在实验结束后,将废液收集到废液瓶中统一处理后排放,营造良好的实验室环境。
	劳动育人	劳动观念	劳动价值:认识科学家人工合成结晶牛胰岛素的价值。
		劳动技能	实验操作:检测生物组织中的糖类、脂肪和蛋白质。 职业体验:在生物科学史话中,感受劳动创造价值,体会科学劳动中的伟大。

续表

课题名称			育人点
第3章 细胞的基本结构	认知育人	生命观念	结构与功能观:细胞膜的结构与功能、细胞器之间的分工合作。 系统观:细胞的生物膜系统。
		科学思维	归纳与概括:细胞膜的结构。 模型建构:流动镶嵌模型(课外制作:利用废旧物品制作生物膜模型)、植物细胞和动物细胞亚显微结构。
		科学探究	探究精神:对细胞膜结构的探索。 探究方法:提出假说、同位素标记法、思考与讨论——对细胞膜成分的探索、细胞核有什么功能。 探究能力:用高倍显微镜观察叶绿体和细胞质的流动。
	德性育人	个人实现	世界观、人生观、价值观:通过对世界上首例体细胞克隆猴的诞生的思考形成国家和民族自豪感、自信心,同时收集克隆技术可能带来的社会和伦理问题,形成自己的观点。 社会责任:通过对细胞器之间协调配合的学习,明确分工与合作的必要性,认识到人在社会上都有自己的责任,同时也需要社会支持。
		国家认同	国家认识:我国政府明确禁止克隆人。
	审美育人	审美欣赏	自然美:用高倍显微镜观察叶绿体和细胞质的流动。
		审美创造	创造性想象:尝试制作真核细胞的三维结构模型。
	健康育人	身心健康	身体健康:与社会的联系,肾功能障碍。
		环境健康	自然环境:利用废旧物品制作生物膜模型。
	劳动育人	劳动技能	实验操作:用高倍显微镜观察叶绿体和细胞质的流动。
第4章 细胞的物质输入和输出	认知育人	生命观念	结构与功能观:自由扩散和协助扩散;主动运输与胞吞胞吐;原生质层。 稳态与平衡观:第二节"问题探讨"。 物质与能量观:主动运输与胞吞胞吐。
		科学思维	归纳与概括:水进出细胞的原理。 模型建构:渗透作用;"思考·讨论"。
		科学探究	探究方法:类比推理法。 探究能力:"问题探讨""探究·实践";"练习与应用"拓展题。 探究精神:"探究·实践";人类对通道蛋白的探究历程。
	德性育人	个人实现	正确的世界观、人生观、价值观:通过对水分子转运途径的研究,和对通道蛋白的探索历程,认同科学史是不断发展的,勇于质疑和探索。
	审美育人	审美欣赏	科学美:生物科学史话。 社会美:章首页"高血压药物说明书"。

36

续表

课题名称			育人点
	健康育人	身心健康	身体健康:章首页"高血压药物说明书";"与社会的联系"。了解囊性纤维化病因,预防阿米巴痢疾。
		环境健康	自然环境:"与社会的联系",加强公共卫生建设,预防阿米巴痢疾。
	劳动育人	劳动观念	劳动价值:生物科学史话,开展通道蛋白研究以治疗疾病。
		劳动技能	实验操作:"探究·实践",探究植物细胞的吸水和失水。 生活实践:"联系与应用",果脯、淡水原生生物、柽柳原理。
第5章 细胞的能量供应和利用	认知育人	生命观念	结构与功能观:酶的作用;线粒体与有氧呼吸。 进化与适应观:线粒体的起源。 稳态与平衡观:细胞代谢离不开酶。 物质与能量观:色素与光合作用。
		科学思维	归纳与概括:有氧呼吸和无氧呼吸的异同;影响呼吸作用的因素。 演绎与推理:酶的作用。 模型建构:酶作用条件比较温和。
		科学探究	探究方法:控制变量和设计对照实验。 探究能力:探究酵母菌细胞的呼吸方式。 探究精神:酶本质和光合作用探索历程。
	德性育人	个人实现	正确的人生观、正确的价值观、正确的世界观:关于酶本质和光合作用的探索历程中取得的成就。
		社会参与	社会责任:酶本质的探索历程。 生态保护:呼吸作用与温室效应;植物光合作用的意义。
		国家认同	国家认识:关于酶本质的探索中提到4000多年前的酿酒技术和《康熙字典》中的"酶"。 文化自信:关于酶本质的探索中提到4000多年前的酿酒技术和《康熙字典》中的"酶"。
	审美育人	审美欣赏	自然美:章题图、压图小诗;植物光合作用。 科学美:线粒体结构与有氧呼吸;叶绿体的结构适于进行光合作用。
		审美创造	创造性想象:光合作用的原理运用。 创造性思维:呼吸作用原理的应用。 创造性行为:酶在生活中的作用。
	健康育人	身心健康	身体健康:慢跑等有氧运动利用呼吸原理。
		环境健康	自然环境:植物的光合作用。
	劳动育人	劳动观念	劳动精神:关于酶本质和光合作用的探索历程是在实验和争论中进行。
		劳动技能	实验操作:比较过氧化氢在不同条件下的分解实验;探究酵母菌细胞呼吸的方式;探究环境因素对光合作用强度的影响。 生活实践:酶为生活添彩;细胞呼吸原理的应用。

续表

课题名称	育人点	
第6章 细胞的生命历程	认知育人	**生命观念**
		结构与功能观：通过学习细胞有丝分裂过程中染色体进行精确复制和分离，使子代细胞与亲代细胞的染色体数目保持一致，从而维持了细胞的遗传稳定性，感悟生命过程的精致和奇妙。
		进化与适应观：理解自我更新是生物体的存在方式和生命的运动规律，解释细胞的增殖、分化、衰老和死亡对生物个体发育的意义。
		科学思维
		归纳与概括：1.通过学习有丝分裂过程中染色体形态、行为和数量的变化，认识到有丝分裂的实质是维持亲子代细胞在遗传上的稳定性，体现从现象到本质的认识过程；2.个体衰老的过程也是组成个体的细胞普遍衰老的过程，是更多细胞走向死亡的过程，据此，可以帮助学生认识细胞衰老和死亡与个体衰老之间的关系，让学生学会辩证地看待部分与整体之间的关系。
		模型建构：1.运用模型解释细胞不能无限长大的原因；2.建立物理模型、数学模型阐释有丝分裂的过程。
		科学探究
		探究能力：探究实践"观察根尖分生区组织细胞的有丝分裂"，要求学生能够选择适当的材料制作临时装片，并运用高倍显微镜进行观察，从而发展科学探究的技能。
	德性育人	**个人实现**
		正确的人生观：在学习细胞的增殖、分化、衰老和死亡时，认识细胞分化形成的不同组织细胞之间的分工合作对个体的积极意义，从而进一步认识个人与集体、个人与社会的关系，认同合作与奉献的意义。
		正确的世界观：细胞的生命历程包括生长、增殖、分化、衰老和死亡。学习本章内容，可以正确理解生命系统的发展变化规律，用科学的眼光看待生和死，进而珍爱生命，正视死亡。
		社会参与
		社会责任：1.介绍一些研究成果，如干细胞学说、细胞衰老的原因学说、细胞自噬等，可以帮助学生理解这些研究成果对于增进人类健康的重要意义；
		2.由细胞衰老和个体衰老的关系联想到我国已经步入老龄化社会的现状，从而懂得关爱老年人，形成一定的社会责任意识。
		良好的社会适应能力：如核苷酸构成核酸的过程。
		国家认同
		国家认识：我国于2001年正式成立中国造血干细胞捐献者资料库（中华骨髓库）。
	审美育人	**审美欣赏**
		自然美：细胞分化形成了形态结构多样的细胞，发挥着不同的功能，共同完成生命活动。
		社会美：1.骨髓移植和中华骨髓库的研究救治了许多白血病患者的生命；2.细胞自噬机制的研究对许多疾病的防治有重要意义。
		审美创造
		创造性行为：基于对细胞通过有丝分裂维持染色体数目稳定的理解，尝试以审美的视角举例阐释生命过程。
	健康育人	**身心健康**
		心理健康：通过细胞和个体会经历生长、增殖、分化、衰老和死亡等生命进程，引导学生正确认识自身。
		环境健康
		社会环境：运用生命的现象、历程等基础认知，辨别与其相悖的迷信思想和虚假传言。

续表

课题名称		育人点
劳动育人	劳动观念	劳动精神:在"观察根尖分生区组织细胞的有丝分裂"实验中,选择合适的材料,积极动手实践。
	劳动技能	实验操作:在"观察根尖分生区组织细胞的有丝分裂"实验中,要求学生能够选择适当的材料制作临时装片,并运用高倍显微镜进行观察。

(二)《遗传与进化》育人点

课题名称			育人点
第1章 遗传因子的发现	认知育人	生命观念	结构与功能观:豌豆花的结构;豌豆植株的结构。
		科学思维	归纳与概括:分离定律和自由组合定律。 演绎与推理:对分离现象和自由组合现象的解释。 模型建构:对分离现象和自由组合现象的解释;性状分离比的模拟实验。
		科学探究	探究方法:假说演绎法。 探究能力:"问题探讨";"探究·实践";"思维训练";"练习与运用"(设计实验)。 探究精神:分析孟德尔获得成功的原因;"练习与运用"(联系生活)。
	德性育人	个人实现	正确的世界观、人生观、价值观:不受"融合遗传"观点束缚,坚持自我,提出不同的理论,体会到思想独立、不随波逐流且敢于对世俗说"不"的魅力,并认同科学需要创新和发展。
		社会参与	关注社会议题:"练习与应用"(对优良性状水稻、奶牛、玉米的培养);孟德尔遗传规律的应用(根据白化病人的内因等问题提出自己生物学角度的见解)。
		国家认同	政治认同:我国科学家袁隆平将全部心血倾注于杂交水稻事业,为中国及世界粮食生产做出巨大贡献。
	审美育人	审美欣赏	自然美:自然界豌豆等生物的遗传多样性。 科学美:利用假说演绎法从豌豆入手,总结出精妙的遗传学定律,解释自然界的遗传现象。
		审美创造	创造性想象、思维:对分离现象的解释。
	健康育人	身心健康	心理健康:孟德尔遗传规律的应用(对白化病的科学解释,做到不自卑、不歧视)。
		环境健康	社会环境:孟德尔遗传规律的再解释(真理被发现可能会迟到,但总会到来)。
	劳动育人	劳动观念	劳动精神:一对相对性状的杂交实验、两对相对性状的杂交实验。
		劳动技能	实验操作:一对相对性状的杂交实验、两对相对性状的杂交实验;对分离现象、自由组合现象解释的验证;性状分离比的模拟实验。 职业体验:育种工作者。

续表

课题名称	育人点		
第2章 基因和染色体的关系	认知育人	生命观念	结构与功能观:精子的形成过程;卵细胞的形成过程;分析减数分裂中基因和染色体的关系。 进化与适应观:精细胞的变形对受精作用的意义;受精作用。
		科学思维	归纳与概括:精子的形成过程;卵细胞的形成过程。 模型建构:精子的形成过程;卵细胞的形成过程;建立减数分裂过程中染色体变化的模型。
		科学探究	探究能力:"思考·讨论";"思维训练";课后习题(查阅资料、设计实验)。 探究精神:染色体遗传理论的奠基人——摩尔根。 探究方法:尝试运用假说-演绎法分析萨顿的假说和摩尔根的果蝇杂交实验。 探究能力:学会使用显微镜。
	德性育人	个人实现	世界观、人生观、价值观:认同基因是物质实体;认同观察、提出假说、实验等方法在建立科学理论过程中所起的重要作用。认同科学研究需要丰富的想象力,大胆质疑和勤奋实践的精神以及对科学的热爱。
		社会参与	关注社会议题:"科学·技术·社会"人类辅助生殖技术;"问题讨论",红绿色盲、维生素D佝偻病。
	审美育人	审美欣赏	自然美:精子的形成过程;卵细胞的形成过程。 社会美:"练习与应用"拓展应用;"科学·技术·社会"人类辅助生殖技术。
		审美创造	创造性想象:尝试制作真核细胞的三维结构模型。
	健康育人	身心健康	身体健康:"与社会生活的联系",吸烟会影响男性精子的数量和质量。
	劳动育人	劳动观念	劳动价值:"科学·技术·社会"人类辅助生殖技术。
		劳动技能	实验操作:观察蝗虫精母细胞减数分裂装片;了解伴性遗传理论在实践中的应用。
第3章 基因的本质	认知育人	生命观念	结构与功能观:1.DNA的双螺旋结构决定了DNA的稳定性,而稳定的结构适于储存遗传物质;2.DNA的双螺旋结构与其半保留复制方式也是相适应的;3.沃森和克里克基于DNA双螺旋结构模型做出DNA半保留复制的预测,体现了科学家利用结构与功能观进行科学研究的方法。 物质与能量观:基于对DNA复制过程的认识,阐明物质、能量和信息变化。 遗传与进化观:基于对DNA分子结构的认识,解释其结构特点与编码遗传信息、复制和传递遗传信息的适应关系。
		科学思维	演绎与推理:1.对艾弗里实验进行分析,理解自变量控制中的"加法原理"和"减法原理";2.运用假说-演绎法探究DNA的半保留复制方式。 模型建构:通过DNA双螺旋结构模型"的"探究·实践"活动,培养学生建构模型的科学思维。

续表

课题名称		育人点
	科学探究	探究方法:通过对本章介绍的离心、同位素标记、体外转化体系等技术的了解,理解物理学和化学方法在生物学研究中的重要作用,进一步领悟多学科交叉的必要性。 探究能力:通过"制作DNA双螺旋结构模型"的"探究·实践"活动,"证明DNA是遗传物质的实验","DNA结构模型的构建","证明DNA半保留复制的实验"的"思考·讨论"活动,提高学生的探究能力、动手能力与合作能力。 探究精神:基于科学家对基因本质的探索历程,认同人类对遗传物质的认识是不断深化、不断完善的过程,认同科学家的探索求真、交流合作等科学精神在科学研究中的重要性。
德性育人	个人实现	正确的世界观:认识到DNA碱基序列的统一性和多样性,理解DNA中储存着丰富多样的遗传信息,通过对DNA半保留复制方式的学习,理解DNA的准确复制是遗传信息稳定传递的基础,也是生命延续的基础,从而进一步理解生命的本质。
	社会参与	社会责任:1.关注DNA指纹技术在亲子鉴定和现代刑侦领域上的应用;2.以DNA检测在严查偷猎野生动物中的应用为素材设置练习题,培养学生爱护野生动物的思想。
	国家认同	国家认识:1.我国科学家将外源生长激素基因导入鲤鱼的受精卵中,培育出了转基因鲤鱼;2.北京大学的科研人员应用单细胞基因组测序技术,进行遗传病防治。
审美育人	审美欣赏	自然美:以北京中关村高科技园区的DNA雕塑为观察对象,感受DNA双螺旋结构的对称美。 社会美:1.DNA指纹技术在亲子鉴定和现代刑侦领域中的应用价值;2.单细胞基因组测序技术在遗传病防治中的重要作用。
	审美创造	创造性行为:学生在"制作DNA双螺旋结构模型"的探究实践中,基于已有证据进行物理模型建构,形成属于自己的生物学创造。
健康育人	身心健康	心理健康:根据DNA是主要的遗传物质、DNA结构的复制,认识生命的本质和延续的基础,正确认识自我。
	环境健康	社会健康:以DNA检测在严查偷猎野生动物中的应用为素材,培养学生抵制野生动物的买卖,爱护野生动物的思想。
劳动育人	劳动观念	劳动精神:学生在构建DNA双螺旋结构的过程中表现出不断试错,但积极创造的精神。
	劳动技能	实验操作:用DNA模型盒中的各个组件动手搭建DNA的结构模型。 生活实践:从生物学的角度评述人脸识别技术的可行性。

续表

课题名称			育人点
第4章 基因的表达	认知育人	生命观念	物质和能量观、信息观:遗传信息的转录、遗传信息的翻译、中心法则。 进化观:遗传密码。
		科学思维	归纳与概括:DNA甲基化的表观遗传。 演绎与推理:遗传密码的破译。
		科学探究	探究方法:提出假说。 探究能力:"思考·讨论";"思维训练";课后习题(查阅资料、设计实验)。 探究精神:遗传密码的破译。
	德性育人	个人实现	人生观、价值观:通过了解中心法则的提出和修正过程,以及表观遗传的发现等,认同科学是不断发展的,人类对自然界的探究永无止境。
		社会参与	生态保护:第二节"与社会的联系"。
		国家认同	政治认同:通过"复习与提高",了解我国对苯丙酮尿症的应对机制。
	审美育人	审美欣赏	社会美:"练习与应用"拓展应用;"科学·技术·社会"基因工程的应用。
	健康育人	身心健康	身体健康:"与社会生活的联系"吸烟的危害;"复习与提高"苯丙酮尿症的发病机制。
	劳动育人	劳动观念	劳动价值:"科学·技术·社会"基因工程的应用。
第5章 基因突变及其他变异	认知育人	生命观念	结构与功能观:基因突变导致生物性状的改变。 进化与适应观:基因突变、基因重组、染色体变异的意义。
		科学思维	归纳与概括:基因突变的特点。 演绎与推理:分析相关性。
		科学探究	探究方法:提出假说。 探究能力:探析低温诱导的植物染色体数目变化,调查人群中的遗传病。 探究精神:遗传密码的破译。
	德性育人	个人实现	人生观、价值观:通过对变异和人类遗传的认知,知晓个人的独特性、幸运性,珍惜自己所拥有的健康身体,平等地对待遗传病患者。
		社会参与	社会责任:精准医疗、基因组编辑、基因检测的利与弊、基因治疗。
		国家认同	国家认识:虎起源于我国黄河中游。 文化自信:基因组编辑。 政治认同:航天育种的开展。
	审美育人	审美欣赏	自然美:金鱼的养殖与培育。
	健康育人	身心健康	身体健康:细胞癌变、基因突变的原因,遗传病的检测和预防。
	劳动育人	劳动观念	劳动价值:单倍体育种工作的开展、无籽西瓜的培育。
		劳动技能	职业体验:遗传咨询师。

续表

课题名称	育人点			
第6章 生物的进化	认知育人	生命观念	结构与功能观:如基因突变的实例。	
^	^	科学思维	归纳与概括:如染色体变化带来的变异是可以遗传的。	
^	^	科学探究	结构与功能观:如细胞的癌变。 归纳与概括:如因遗传物质改变而引起人类疾病。	
^	德性育人	个人实现	正确的人生观:如遗传病的检测与预防。 正确的价值观:如基因检测的利弊。	
^	^	社会参与	关注社会议题:如常见遗传病类型。 良好的社会适应能力:如精准医疗、遗传咨询师。	
^	^	国家认同	正确的世界观:如基因检测的利弊。	
^	审美育人	审美欣赏	审美欣赏:如遗传信息在复制的过程中出错引起的变异是可以遗传的。 审美精神:如基因组编辑。	
^	^	审美创造	审美创造:如低温诱导植物细胞染色体数目的变化。	
^	健康育人	身心健康	躯体健康:如常见遗传病类型。 心理健康:如遗传病的检测与预防。	
^	^	环境健康	道德健康:如调查人群中的遗传病。	
^	劳动育人	劳动观念	模拟探究:如基因突变。	
^	^	劳动技能	社会调查:如调查人群中的遗传病。	

第三章

高中生物学学科全息育人教学设计

本章从高中生物学学科全息育人教学设计应遵循五育融合设计理念、单元整体设计理念、逆向教学设计理念，坚持系统性原则、目的性原则和可行性原则出发，详细介绍高中生物学学科全息育人教学设计的方法，具体内容包括教材分析、育人目标设计、育人活动设计、信息技术融合以及育人资源设计。最后以必修1《分子与细胞》"细胞的生命历程"这一单元作为单元案例，介绍如何进行高中生物学学科全息育人理论指导下的单元教学设计；以必修2《遗传与进化》"DNA的结构"为课时案例，介绍如何进行高中生物学学科全息育人理论指导下的课时教学设计。

第一节　高中生物学学科全息育人教学设计理念和原则

一、设计理念

教学设计理念是教学设计由经验层次上升到理性、科学层次的基本前提，是对教学思想、教学规律的客观总结和表现。依据科学的教学设计理念来设计教学活动，实际上就是要求教学设计的教学方案和措施符合一定的教学思想和教学规律。教师只有自觉运用科学的教学设计理念指导教学设计，才有可能使教学摆脱狭隘的经验主义，进而实现全息育人的教育目的。

(一)五育融合设计理念

高中生物学学科全息育人教学设计中的"全息育人"即全方面、全方位、多渠道育人。落实到高中生物学学科教学中，"全息育人"具体指通过德性育人、认知育人、健康育人、审美育人以及劳动育人实现学生德、智、体、美、劳全面发展，简称"五育"。五育融合既是一种育人理念，也是高中生物学学科全息育人教学设计的基本理念之一。在进行教学目标设计和教学活动设计时，都应从德、智、体、美、劳五个方面进行，从而体现育人的"全息性"。

(二)单元整体设计理念

单元整体设计理念是从全息育人的角度出发,摒弃以往单课设计只片面注重学科知识的教学而忽略学科教学的育人价值,以单元为主题进行整体教学设计,可避免知识碎片化,有助于实现学科内以及学科间相关知识的整合。在教学中,教师围绕单元主题开展教学活动,能有效提高课堂教学效率,有助于学生对知识的深入理解和迁移应用,也有助于发展学生的核心素养。

根据单元整体设计理念,高中生物学学科全息育人教学设计是指教师在实施课堂教学前根据学科全息育人教学思想、课程标准的要求和教学对象的特点,从单元整体角度出发,对教学目标及有关教学构成因素进行确认并建立各因素之间逻辑关系的活动。它是以单元教学设计为基础,同时融入高中生物学学科全息育人的基本思想与方法而形成的,并通过书面文件的形式呈现出来。

(三)逆向教学设计理念

格兰特·威金斯和杰伊·麦克泰在《理解为先模式单元教学设计指南(一)》一书中提出:"优质设计即'逆向'设计。"他们认为成效最高的教学在开始时就要明确预期学习结果并且还要有学习真实发生的证据。

在逆向教学设计理念的指导下,教师在进行教学设计时,从全息育人预期目标出发逆向规划相应的整个教与学的过程,整个设计过程可分成三个阶段:一是分析学情确定单元育人目标和课时教学目标;二是围绕学习内容和学生特点确定恰当的评价方法;三是规划教学活动的环节并设计完成育人目标的学习活动。

二、设计原则

高中生物学学科全息育人教学设计是运用系统方法,对教学系统中的构成因素及教学活动进行五育融合,形成高中生物学学科全息育人活动方案的操作过程。高中生物学学科全息育人教学设计的原则,即制订高中生物学学科全息育人教学设计所应遵循的基本要求,对高中生物学学科全息育人教学设计工作的顺利开展起着规范和指导作用。

(一)系统性原则

所谓系统性原则是指高中生物学学科全息育人教学设计要坚持系统思维,运用系统方法对教学构成因素即教学活动进行整体分析和策划,制定目标明确且有针对性的教学活动方案,以规范实际教学活动的开展。

落实全息育人教学设计系统性原则,除了要关注教学构成因素本身的育人价值,更重要的是要将教学各组成因素按照全息育人的理念进行系统化组装,从而反映出新时代的新要求。如此,才能真正提升育人质量。

(二)目的性原则

所谓目的性原则是指高中生物学学科全息育人教学设计要有明确的方向和清晰的目标指向。通过教学设计所制定的教学活动方案,要能够指导教学活动的开展,使学生在德、智、体、美、劳等各方面有实际收获。

在进行全息育人教学设计时,首先要从主观上意识到全息育人的价值和意义。从而有目的、有计划地进行教学活动设计,并评价和比较这些活动方案。贯彻目的性原则,要从系统性原则的要求出发,顾及教与学的整体性以及涉及的相关系统的诸多因素,尤其要重视育人目标的制定。准确明晰的育人目标既指向一般学科认知方面的任务完成,也指向德性育人、健康育人、审美育人和劳动育人任务的完成;既能够引领教学活动的方向,也能够为检测育人目标的达成情况提供依据。

(三)可行性原则

所谓可行性原则是指高中生物学学科全息育人教学设计要符合学生、教师以及教学环境等主、客观条件,既要考虑学生的认知水平,又要考虑教学实施设备的差异,从教师自身条件的实际出发,同时具有可操作性,能指导教学实践。

贯彻可行性原则,尤其要重视情境的创设。创设真实的问题情境,既容易激发学生学习的积极性和主动性,又能培养学生的社会参与意识和对国家的认同感,同时还有助于学生树立劳动观念,培养学生的劳动技能。

第二节　高中生物学学科全息育人教学设计方法

一、教材分析

(一)概念界定

高中生物学学科全息育人教材分析不同于一般的教材分析,它强调从单元整体和课时的视角,以学科全息育人教学思想和课程标准为依据,明晰教学单元或课时在整个教材体系中的地位及其与其他单元或课时的关系,明确此单元或课时的育人价值,厘清单元或课时的知识结构以及各知识点之间的关系,进而对单元或课时的教学内容进行分析、整合、重组,对课程标准的要求和学生的需求以及学科的内在逻辑关系进行统整,最终更好地帮助学生有意义地建构高中生物学学科知识体系。

本书中"单元"是依据《普通高中生物学课程标准(2017年版2020年修订)》划分的。参照大概念下的重要概念,可将普通高中生物学必修课程划分成11个单元(表3-1)。

表3-1　普通高中生物学必修课程单元划分

模块	大概念	单元(重要概念)
《分子与细胞》	细胞是生物体结构与生命活动的基本单位	各种细胞具有相似的基本结构,但在形态与功能上有所差异
		组成细胞的分子
		细胞的基本结构
	细胞的生存需要能量和营养物质,并通过分裂实现增殖	细胞的物质输入和输出
		细胞的能量供应和利用
		细胞的生命历程
《遗传与进化》	遗传信息控制生物性状,并代代相传	遗传的分子基础
		遗传的细胞学基础和基本规律
		可遗传变异
	生物的多样性和适应性是进化的结果	生物来自共同祖先
		适应是自然选择的结果

(二)分析依据

高中生物学学科全息育人单元或课时教材分析基于发展学生学科核心素养,以学科全息育人教学思想、课程标准以及单元或课时内容等为依据。

1.学科全息育人教学思想

"全息育人"教学思想是基于"教育性教学,实施完整性育人"的五育融合理念,以及全面育人、育全人的教育理念进行构建的。根据学科全息育人教学思想,在单元或课时教材分析时,应以实现五育融合,培养德、智、体、美、劳全面发展的人为根本目的,充分挖掘和科学揭示教材所承载的认知育人、德性育人、健康育人、审美育人、劳动育人的内容。

2.课程标准

课程标准是规定某一学科的课程性质、课程目标、内容目标、实施建议的教学指导性文件。与教学大纲相比,课程标准在课程的基本理念、课程目标、课程实施建议等几部分阐述得更为详细、明确,特别是提出了以核心素养为宗旨的基本要求。课程标准是教学实施的基本依据,是学科教学的指导性文件。在进行高中生物学学科全息育人教材分析时,要以落实学科核心素养和学科课程标准为目的,精准把握课程标准中的课程理念、课程目标和课程内容等。

3.教材内容

教材是课程标准具体化落实的主要载体,教材内容的选择应符合课程标准的要求。普通高中生物学教材既是教师开展教学活动的基本课程资源,也是学生学习的主要资源,它不仅教给学生学科知识(认知育人),还承载了德性育人、健康育人、审美育人以及劳动育人的价值。因此,在理解课程标准的基础上,要全面把握普通高中生物学教材的价值取向、教材的知识结构以及教材的编写意图和特点。通过教材分析对单元教学内容进行整合和二次开发,以便最大程度地发挥教材的育人价值。

(三)主要内容

教材分析是高中生物学学科全息育人教学设计的重要一环,其目的在于明确单元的育人价值、厘清此单元的知识结构、教学重难点以及学生学习结果的预期,进而合理规划育人活动,确立并达成育人目标。

高中生物学学科全息育人教材分析的主要内容如下。

1.解读课程标准

解读课程标准是开展教材分析的第一步。"课程内容"中的"内容要求"是本文中单元划分的主要依据;"教学提示"中明确了为帮助学生对概念的理解应开展的教学活动;"学业要求"指明了教学的育人价值;"学业质量"是学生在完成学习后的学业成就表现,是制定育人目标(二级目标和三级目标)的依据之一;"实施建议"中对教学与评价、学业水平考试与命题、教材编写等进行了说明,这为教师更好地理解教材和实施教学提供了基础。课程标准从宏观上为课堂教学的实施提供了依据和指导,但要将课程标准的理念和要求与学科全息育人基本要求有机融合,教师还必须在认真解读和深刻理解课程标准的基础上,明晰课程标准对教学内容的学习要求,并进一步将其细化到各级育人目标之中。

2.分析教材

教材分析内容包括育人价值、知识结构和教学重难点等。

育人价值分析指分析某单元或某课时在教材中的地位及其与其他单元的关系,分析某单元或课时教学内容所承载的育人价值(包括德性育人、认知育人、健康育人、审美育人、劳动育人),细化到具体的知识点。

单元或课时的知识结构指从单元视角厘清单元的核心概念、知识结构以及它们之间的联系,进而绘制出具有整体性的单元或课时知识结构图或概念图。

二、育人目标设计

(一)概念界定

育人目标是关于教学将使学生发生何种变化的明确表述,是育人活动实施的方向和预期达成的结果。在教学过程中,育人目标是教学的灵魂,起着十分重要的作用。育人活动以育人目标为导向,且始终围绕实现育人目标而进行。

全息育人目标是学生通过单元学习后在德、智、体、美、劳等各方面要达到的预期结果,属于中观层面上的育人目标,是落实学科全息育人的基本单位。全息育人目标设计强调把握单元或课时学习内容,以进行整体设计。明确单元或课时育人目标有助于教师将教学单元或课时融合"五育"形成一个整体的目标意识,这样的目标意识将有助于指导单元或课时教学融合"五育"的全过程,对单元或课时育人活动具有指导、调控和反馈的功能。

(二)设计流程

育人目标设计是基于对单元或课时的分析,通过学情分析、教学重难点剖析,进而确定具体化目标的过程。

1.学情分析

学情,即学生的情况。学情分析就是教师对学生的充分了解,包括对学生学习态度、现有德、智、体、美、劳各方面发展水平以及已有知识经验基础等的了解。学生的学习态度是学生对学习活动持有的内在反应倾向,对学生的学习起着十分重要的作用。学生现有发展水平和已有知识经验基础对即将开始的学习活动也有着至关重要的作用,是学生学习活动的基础性条件,决定着教学是否可能、是否有效。此外,学情分析也是确定教学重难点的主要依据。

2.教学重难点剖析

教学重点是在课程标准和教材分析的基础上确定的教学所阐述的高中生物学学科中最重要的原理或规律,它既是学科核心素养和学科全息育人价值的集中体现,也是一个单元或课时最基本、最核心的教学内容;单元或课时教学难点是基于学情分析确定的单元或课时中较为抽象的、难以理解的、容易混淆的教学内容。

教学重点和难点既有区别也有联系,教学难点不一定是教学重点,但有时两者也可能重合。

3.育人目标撰写

育人目标是根据单元或课时主题、内容结构和育人价值,结合学情和重难点分析等综合研究制订的,包含德性育人、认知育人、健康育人、审美育人和劳动育人五个方面的内容。

育人目标的表述要做到清晰且可测量。撰写清晰且可测量的单元育人目标应包含四个要素,即行为动词、具体内容、标准、条件。行为动词指明学生通过什么手段来进行学习,如举例说出、设计、比较、阐述;内容即具体的知识点,如有丝分裂、细胞分化、细胞的全能性;标准指明目标可接受的表现水平、掌握的程度或预期的熟练程度;条件即学生行为实施的环境、情况或场景。

三、育人活动设计

(一)育人活动概念界定

育人活动设计是以落实学科全息育人、实现"五育"融合为根本出发点,依据普通高中生物学学科内在的知识逻辑和高中学生的认知逻辑,统筹安排适切的学习活动以完成"五育"融合目标。

(二)育人活动的类型

高中生物学学科育人活动可分成多种类型。本书中的育人活动是根据活动的场地不同划分的,包括课堂活动、实验室活动以及社会实践活动等。其中,课堂活动包括演示实验、思考与讨论、建构模型等;实验室活动包括分组实验、标本制作、模型观察、实验探究(小组活动)等;社会实践活动包括参观学习、野外考察、社会调查以及科普宣传等。

(三)单元育人活动设计构成的要素

育人活动设计一般应包括活动目标、活动资源、活动过程、活动评价以及活动注意事项几个要素。

活动目标即育人活动结果,育人活动目标服务于教学总体育人目标,活动目标的制订应紧扣学科全息育人的总要求,以实现"五育"(也可是"五育"中的部分)为目的。

活动资源即完成某项育人活动所需要的各类学习资源,如生物材料、实验器材、实验药品、标本、模型、视频、图片、文字材料、场馆资源、自然资源等。

活动过程即学生完成学习活动任务所经历的认知或实践操作过程,包括活动情境的创设、活动内容以及活动记录等。

活动评价即对学生在育人活动中的具体表现以及任务完成情况的评价,包括评价主体(学生/教师/其他)、评价方式(口头评价/纸笔测验)以及评价项目(观察分析/方案设计/实验操作/活动记录/交流合作/其他)等内容。

活动注意事项即影响育人活动顺利实施的各种因素,尤其是安全因素,如实验器材的操作、药品的配制与使用、实验废弃物的处理等。

四、信息技术融合

(一)信息技术融合的概念界定

信息技术融合指将信息技术融合到高中生物学学科教学活动的过程,即在高中生物学学科育人活动过程中,利用现代化的信息技术去创新高中生物学学科育人模式,将现代化的信息技术应用于高中生物学学科育人的各个方面,既包括教师教的过程,也包括学生学的过程,同时还包括课后育人效果的测评。

(二)信息技术融合的路径

信息技术与高中生物学学科育人活动融合的路径主要有以下三个方面。

1.创设真实性的活动情境

课程标准在教学实施建议中明确指出:需要为探究性学习创设情境,例如提供相关的图文信息资料、数据,或呈现生物标本、模型、生活环境的图片或影像资料等,这为信息技术与高中生物学学科育人活动的融合指明了方向。高中生物学与实际生活联系非常紧密,生活中处处蕴含生物学知识和生物学问题,但能直接作为情境应用于课堂的素材就不容易找了,需要教师借用信息技术从生活情境中选择和加工符合高中学生生物学认知水平的真实学科情境,从而激发学生的学习兴趣,促进学生体验与探究。此外,也可借助信息技术创设"虚拟化"的学科情境,丰富学生的认知方式,增强师生之间的互动与交流。

2.构建信息化的育人资源

罗狄曾经说过:"通往真实世界的通行证不是知识,而是能被利用的资源。"育人资源是实现"五育"融合的重要保障,建立信息化的育人资源是实现信息技术与高中生物学学科育人活动有效融合的基础。传统意义上的高中生物学教学资源包括教材与教辅、挂图、模型等,资源呈现形式单一,不能很好地辅助教师的教与学生的学,利用现代化手段将知识以图片、动画、视频、微课等形式表征出来,不仅能为教师和学生提供丰富的教学材料,还能为创设育人活动情境和实现个性化教学服务提供帮助。

3.形成现代化的评价手段

评价是日常教学过程中不可或缺的重要环节,而对评价结果的科学分析和及时反馈,是提高评价时效性的关键。将信息技术应用于教学评价过程,借助信息技术生成评价资源,及时、全面、客观地统计反馈信息有利于教师及时改进育人方式,调整育人活动,使育人活动的各个环节与学生的认知水平相适应,从而有效促进学生德、智、体、美、劳全面发展。

五、育人资源设计

(一)育人资源概念界定

育人资源是为育人活动的有效开展提供的各种可被利用的条件,通常包括教材、案例、视频、图片、课件等,也包括教师资源、教具、基础设施等。

育人资源设计是围绕实现"五育"融合而开展的单元育人活动来组织加工相关资源的活动。教师和学生可先查阅并收集大量与高中生物学有关的各类资源,然后根据育人活动的目的对资源进行整理、分析、筛选,并进行加工、重组和创造,以形成单元育人资源。单元育人资源的设计与开发能力是现代教师专业技能发展水平的重要体现,促进教师加强设计与开发育人资源的能力既是实现"五育"融合的重要保障,也是提高课堂教学效率的主要途径。

(二)育人资源的类型

根据高中生物学的学科特征和育人活动的需求,可以将高中生物学学科全息育人的育人资源分为实验室资源、场馆资源、媒体资源以及自然资源等。

实验室资源指根据育人活动的需求,利用专用仪器(包括实物模型)、药品和生物材料对生物学现象、规律等进行研究时形成的资源。场馆资源主要指与生物学学习有关的各类社会场所,如植物园、动物园、自然博物馆、苗圃基地以及动物繁育基地等。媒体资源主要指与高中生物学内容有关的以文本、图像、视频、软件等为载体的资源。自然资源主要是与高中生物学育人活动有关的自然资源,如校园环境、自然保护区以及风景名胜区等。

教材既是常用的文本资源,同时也是重要的育人资源。高中生物学教材中包含着丰富的、形式多样的育人资源。2019年人教版普通高中生物学教材中的育人资源以三种形式出现:第一,以简约的文字、精美的图片出现在正式文本中;第二,以"学科交叉""知识链接""科学方法""相关信息""与社会的联系""生物科技进展""批判性思维""生物科学史话""想象空间""科学·技术·社会""与生物学有关的职业"等板块出现在辅助资料中;第三,以"课外制作""思维训练""问题探讨""思考·讨论""练习与应用""探究·实践""复习与提高"等板块出现在课堂活动的要求或课后作业的设计中。充分利用和挖掘高中生物学教材所蕴含的育人资源,是高中生物学教学实现"五育"融合的关键。

第三节　单元教学设计案例分析

高中生物学学科全息育人教学设计案例是以人民教育出版社出版的普通高中教科书生物学必修1《分子与细胞》(2019年)为参照,根据第二节中对单元的划分,选取"细胞的生命历程"这一单元作为案例,介绍如何进行高中生物学学科全息育人理论指导下的单元教学设计。

一、单元教材分析

(一)课程标准解读

本单元包含3个次位概念,在课程标准中的具体内容要求如下。

> 【内容要求】
> 2.3 细胞会经历生长、增殖、分化、衰老和死亡等生命进程
> 2.3.1 描述细胞通过不同的方式进行分裂,其中有丝分裂保证了遗传信息在亲代和子代细胞中的一致性
> 2.3.2 说明在个体发育过程中,细胞在形态、结构和功能方面发生特异性的分化,形成了复杂的多细胞生物体
> 2.3.3 描述在正常情况下,细胞衰老和死亡是一种自然的生理过程

本单元(重要概念)包含三个次位概念(2.3.1、2.3.2和2.3.3),为帮助学生达成对此单元的理解,要求开展"制作和观察根尖细胞有丝分裂简易装片,或观察其永久装片"的教学活动。通过观察处于细胞周期不同阶段的细胞,结合有丝分裂模型,描述细胞增殖的主要特征,并举例说明细胞的分化、衰老、死亡等生命现象。

(二)单元育人价值

1. 在教材中的地位

本单元要深刻认识细胞这个系统的产生、发展和消亡的过程,必须了解前面几个单元介绍的细胞生命系统的物质组成、结构和功能的知识内容,因此,本单元的学习需要以前几个单元的内容为基础。

细胞增殖、细胞分裂、细胞周期、有丝分裂等概念与生物学必修2《遗传与进化》一书中有关减数分裂的内容联系很紧密,是学生学习减数分裂的基础。

本单元的学习也是学生学习后续必修模块和选择性必修模块的基础。

2. 本单元的育人价值

(1)德性育人

个人实现:完成本单元的学习后,学生通过细胞分化形成的不同组织细胞之间的分工合作、细胞衰老和凋亡对个体的积极意义,认识到个人与集体、个人与社会的关系,从而认同合作与奉献的重要意义。对细胞衰老与个体衰老关系的学习可以帮助学

生认识细胞衰老和死亡与个体衰老之间的关系,从而学会辩证地看待部分与整体之间的关系。通过对细胞生命历程的系统学习形成一些基本生物学概念,辨别与其相悖的迷信思想和虚假宣传。

社会参与:在讲到干细胞时,教材通过介绍脐带血中含有的大量干细胞可用于治疗血液系统疾病,以引导学生查阅相关资料;在"科学·技术·社会"栏目中,引导学生关注骨髓移植和中华骨髓库的建设;在介绍"细胞衰老与个体衰老的关系"时,教材最后提到"人衰老后就会出现免疫力下降,适应环境能力减弱等现象",隐含了关爱老年人的情感;在"与社会的联系"栏目中介绍了我国进入老龄化社会的现状,并明确提出了"在日常生活中如何行动,才能真正做到关爱老年人"的问题,提示青少年学生对老年人的关爱不能仅停留在情感上,还要落实到行动上。通过与实际生产和生活联系,增强学生的社会责任意识。

国家认同:本单元在介绍动物细胞的全能性时,呈现了国际领先的克隆猴研究成果,既有助于学生理解动物体细胞核的全能性,又能增强学生的民族自豪感和爱国情怀。

(2)认知育人

生命观念:本单元的学习使学生可以正确理解生命系统的发展变化规律,学会以科学的眼光看待生死,进而珍爱生命,正视死亡。

科学思维:本单元通过对有丝分裂过程中染色体和DNA的形态、行为和数量变化的学习,让学生认识到有丝分裂的实质是维持亲子代细胞在遗传上的稳定性,体现了从现象到本质的认识过程,有助于发展学生抽象概括的科学思维。通过对细胞凋亡的学习,可以帮助学生认识和理解生命活动中的一种因果关系。此外,"细胞的增殖"一节的"思维训练"既可以帮助学生理解细胞为什么不能无限长大,也可以训练学生"运用模型作解释"的科学思维。

科学探究:本单元的"探究·实践:观察根尖分生区组织细胞的有丝分裂"既可以让学生通过实际操作,观察真实的细胞有丝分裂过程,将知识建立在观察实证的基础上,又可以进一步训练选择合适的材料制作临时装片和操作显微镜的科学探究技能。

(3)健康育人

身心健康:本单元介绍了一些科研成果,如干细胞的全能性、细胞衰老的原因、细胞自噬等,可以帮助学生理解这些研究对于增进人类健康的重要意义。通过对细胞衰老和死亡的学习,学生可以认识到生命的衰老和死亡是一种自然的生理过程,既受基因控制,又受环境影响,只要我们养成健康的生活方式,就能降低疾病发生的概率。

环境健康:通过对"细胞需要不断与环境间进行物质和能量的交换,需要生活环境的稳定"等知识的学习,让学生认识到生活环境的重要性,进而培养关注环境、参与环境保护的意识。

(4)审美育人

审美欣赏:本单元章首页中翠绿的叶片和鲜艳的红花向人展示了生命的美丽,再配上处于有丝分裂中期的细胞图片,提示植物开花与细胞分裂的关系。题图左下方配的一首小诗,既展示了个体的生命现象,也折射出了细胞的生命历程,通过诗与画的精妙融合,不仅能使学生收获认知的愉悦,还能丰富精神生活,提升审美境界。此外,学生通过学习有丝分裂过程中染色体进行的精确复制和均分,使亲子代细胞的染色体数目保持一致,维持了细胞遗传的稳定性,可以感悟到生命过程的精致和奇妙。

审美创造:本单元在"细胞的增殖"一节安排了"观察根尖分生区组织细胞的有丝分裂"探究实践活动,让学生亲自动手制作根尖分生区细胞有丝分裂的装片并进行观察,有助于培养学生的审美创造能力。

(5)劳动育人

劳动观念:本单元在介绍植物组织培养时,增加了"经组织培养得到的微型观赏植株"的图文,既有助于学生形成感性认识,又能培养学生的劳动精神。

劳动技能:本单元的"探究·实践:观察根尖分生区组织细胞的有丝分裂"可以训练学生制作临时装片和操作显微镜的技能。

职业体验:本单元在"与生物学有关职业"一栏介绍了"病理科医师",分别从职业描述、就业单位、主要工作、学历要求、必备素质和职业乐趣六个方面做了全方位的介绍,目的是让学生认识到学习知识和发展能力的重要性,严谨踏实的工作态度和工作作风的重要性。此外,对于这一职业的介绍,还渗透了个人价值观的教育,希望学生能从中悟出工作无高低贵贱之分,认识到每一项工作都有它独特的社会价值,就如同病理科医师这样的工作人员,虽然从事的工作默默无闻,也同样值得人们尊敬。

(三)单元知识结构

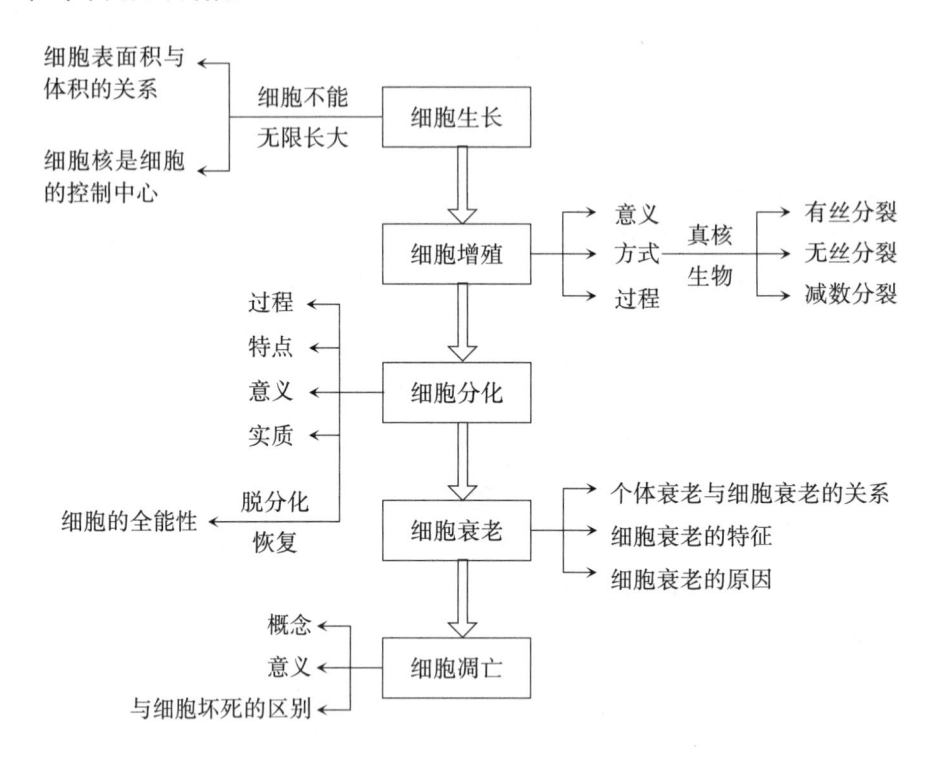

```
细胞表面积与体积的关系 ┐
                    ├ 细胞不能无限长大 → 细胞生长
细胞核是细胞的控制中心 ┘
                                ↓
                           细胞增殖 → 意义
                                  → 方式 ┐ 真核生物 → 有丝分裂
                                  → 过程 ┘          → 无丝分裂
                                ↓                  → 减数分裂
过程 ┐
特点 │
意义 ├→ 细胞分化
实质 │    ↓
     │  细胞衰老 → 个体衰老与细胞衰老的关系
脱分化│          → 细胞衰老的特征
恢复 ┘          → 细胞衰老的原因
细胞的全能性     ↓
概念 ┐
意义 ├→ 细胞凋亡
与细胞坏死的区别 ┘
```

二、单元育人目标设计

(一)学情分析

学生在初中学过"细胞通过分裂产生新细胞""受精卵通过细胞分裂和分化形成组织、器官(系统),发育为多细胞生物体"等内容。但是都了解得很浅,没有深入到细胞分裂的过程、细胞分化的机制水平,而对这些问题的深入认识,正是此单元的学习要求。教师在组织育人活动时,可以利用学生已有的基础知识,通过恰当的教学策略,实现知识的迁移,使新知识有效地整合到学生原有的知识结构中,使学生头脑中的知识结构体系得到丰富和发展。

本单元中细胞衰老、干细胞研究等问题,都是现代社会人们关注的热点问题。教师在组织育人活动时,要联系学生已有生活经验,使学生感受到生物学知识与社会生活的密切联系,所学生物学知识在现实社会生活中有用武之地。

(二)单元重难点

1. 单元重点

(1)有丝分裂各时期的特点和意义。

(2)细胞分化的概念、原因和意义。

(3)细胞全能性的概念。

(4)细胞衰老的特征。

(5)细胞凋亡的含义。

2. 单元难点

(1)有丝分裂过程中染色体的行为变化和DNA的数量变化。

(2)观察根尖分生区细胞的有丝分裂。

(3)细胞分化的原因。

(4)细胞全能性的概念。

(5)细胞衰老和个体衰老的关系。

(6)细胞凋亡的含义。

3. 单元育人目标

(1)德性育人目标。

①学会辩证看待部分与整体之间的关系;认识到个人与集体、个人与社会的关系,从而认同合作与奉献的重要意义。

②增强社会责任意识。

③培养民族自豪感和爱国情怀。

(2)认知育人目标。

①正确理解生命系统的发展变化规律,以科学的眼光看待生和死,进而珍爱生命,正视死亡。

②养成抽象概括能力和学生"运用模型作解释"的科学思维能力;认识和理解生命活动中的一种因果关系。

③提高科学探究技能。

(3)健康育人目标。

认识到生活环境的重要性,养成关注环境,参与环境保护的意识,进而形成健康的生活方式,以减少疾病的发生。

(4)审美育人目标。

提升审美境界和审美创造能力。

（5）劳动育人目标。

①培养劳动精神。

②提升实验操作技能。

③增强职业体验。

三、单元育人活动设计

(一)单元育人活动目标

1. 通过"思维训练:运用模型作解释",既可以帮助学生理解细胞为什么不能无限长大,进而理解细胞增殖的必要性,又可以训练学生"运用模型作解释"的科学思维。

2. 通过开展"探究·实践:观察根尖分生区组织细胞的有丝分裂",认识细胞有丝分裂各时期染色体的行为特征,同时强化显微镜操作技能。

3. 通过观察模拟动画或制作模型,引导学生理解有丝分裂过程中各时期染色体的变化规律;通过归纳与概括,尝试用图标曲线描述染色体、DNA的数量变化规律,阐明有丝分裂保证了遗传信息在亲代和子代细胞中的一致性。

4. 通过"思考·讨论:比较构成人体组织的细胞",说出细胞分化的概念及原因。

5. 通过搜集和分析有关干细胞研究进展与人类健康的资料,说出干细胞的具体应用,引导学生愿意参与捐献干细胞的公益活动,养成健康生活方式,增强社会责任意识。

6. 通过社会老龄化相关问题的资料搜集和分析,说明细胞衰老和凋亡与人体健康的关系,关注人的健康问题。

(二)单元育人活动内容

活动1:思维训练:运用模型作解释

活动2:探究·实践:观察根尖分生区组织细胞的有丝分裂

活动3:观察模拟动画或制作模型

活动4:思考·讨论:比较构成人体组织的细胞

活动5:搜集和分析有关干细胞研究进展与人类健康的资料

活动6:搜集和分析我国社会老龄化相关问题的资料

(三)单元育人活动设计案例

案例1 思维训练:运用模型作解释

活动名称	运用模型作解释				
活动目标	"思维训练:运用模型作解释",既可以帮助学生理解细胞为什么不能无限长大,进而理解细胞增殖的必要性,又可以训练学生的"运用模型作解释"的科学思维。				
活动类型	思考与讨论	活动空间	教室	活动时间	2~3 min
活动资源	1.电脑制作的边长分别为2 mm、4 mm和8 mm的正方体模型。 2.思考与讨论题。 (1)细胞的表面积和体积的比值与细胞的大小有什么关系? (2)从物质运输的效率看细胞为什么不能太大? (3)细胞越小,越有利于细胞与外界的物质交换,那么,细胞是越小越好吗?				
活动过程	第一步:教师创设情境,引出活动主题:细胞不能无限长大的原因有很多,细胞的大小影响物质运输的效率,可以作为一种解释。物质运输的效率与细胞的大小有什么关系呢? 第二步:提出问题引导学生展开讨论。 第三步:师生归纳总结,得出细胞的大小与物质运输效率之间的关系。				
活动评价	评价主体	■ 学生 ■ 教师 □ 其他			
	评价方式	■ 口头评价 ■ 纸笔评价			
	评价项目	□ 方案设计 □ 实验操作 □ 活动记录 □ 活动分析 ■ 交流合作 □ 其他			
注意事项	活动情境的创设。				

案例2 探究·实践:观察根尖分生区组织细胞的有丝分裂

活动名称	观察根尖分生区组织细胞的有丝分裂				
活动目标	通过开展"探究·实践:观察根尖分生区组织细胞的有丝分裂",认识细胞有丝分裂各时期染色体的行为特征,同时强化显微镜操作技能。				
活动类型	实验	活动空间	实验室	活动时间	30 min
活动资源	洋葱根尖、数码显微镜、载玻片、盖玻片、培养皿、镊子、滴管、烧杯、吸水纸、质量分数为15%的盐酸、体积分数为95%的酒精、质量浓度为0.01 g/mL的龙胆紫染液、质量浓度为0.01 g/mL的龙胆紫染液苯酚品红溶液、质量浓度为0.02 g/mL的醋酸洋红溶液、清水、永久装片。				
活动过程	取材(上午10点到下午2点,剪取3 mm洋葱根尖)→制作临时装片(解离→漂洗→染色→制片)→观察(低倍镜→高倍镜)→讨论分析结果、得出结论。				
活动评价	评价主体	□ 学生 ■ 教师 □ 其他			
	评价方式	■ 口头评价 ■ 纸笔评价			
	评价项目	□ 方案设计 ■ 实验操作 ■ 活动记录 □ 活动分析 ■ 交流合作 □ 其他			
注意事项	安全使用剪刀,使用时注意将尖端偏离自己和他人; 注意盐酸、染色剂的使用规范,避免这些物质触及皮肤、衣物和眼睛,建议操作时戴一次性手套。				

四、信息技术融合

(一)创设真实性的活动情境

通过信息技术,创设真实的问题情境并一以贯之,将育人活动置于与学生认知水平相适应的真实的问题情境中,更能激发其积极性和主动性。本单元主要讨论细胞的增殖、分化、衰老和死亡,属于细胞水平的生命历程,内容较为抽象,学生不好理解。但是,个体水平的生命历程大家比较熟悉,尤其是我们人类的生命历程。通过初中生物学的学习,学生已经知道人类从受精卵开始,经过一系列的生长、发育,产生后代,最后出现衰老、死亡。教师可利用信息技术将人的生命历程制作成2~3 min的短视频,在单元学习前,通过短视频引导学生思考人类(生物个体)为什么会经历这样一个生命历程,并引导学生从细胞水平来寻找答案,从而开启本单元的学习讨论。

(二)构建信息化的育人资源

除利用信息技术创设单元问题情境之外,还可利用信息技术制作大量信息化的育人资源,推动育人活动的顺利开展。如:动植物细胞有丝分裂过程动画(连续分裂过程、分阶段分裂过程)、有丝分裂过程中染色体的形态行为变化图像视频、植物组织培养过程图像视频、体细胞克隆猴"中中"和"华华"资料介绍视频等。

(三)形成现代化的评价手段

信息技术与评价能有效融合从而提高评价的时效性和精准性在本单元也可得到很好的体现。如在"探究·实践:观察根尖分生区组织细胞的有丝分裂"活动中,可利用信息技术与数码显微镜结合构建数码互动实验室,教师利用教师显微镜监控各实验小组的数码显微镜和平板的使用情况,既可以及时掌握学生显微镜使用情况,也可监控学生的学习情况。同时,利用显微镜上的平板还可及时对学生知识掌握情况进行快速检测与反馈,从而提高活动效率。

五、单元育人活动资源

育人资源是实现育人目的的关键。本单元主要包括以下育人资源。

1. 实验室资源:(数码)显微镜实验室。
2. 媒体资源。

(1)文本资源:教材;干细胞研究新进展资料;我国社会老龄化相关问题的资料;等等。

(2)图像资源:动植物细胞有丝分裂过程中染色体、染色单体、DNA数量变化分析图;人体上皮细胞、骨骼肌细胞、软骨细胞、神经细胞图;植物叶肉细胞、表皮细胞、储藏细胞图;组织培养得到的微型观赏植株图;等等。

(3)视频资源:人的生命历程视频;动植物细胞有丝分裂过程视频;有丝分裂过程中染色体的形态行为变化视频;植物组织培养过程视频;体细胞克隆猴"中中"和"华华"介绍视频;等等。

3. 场馆资源:医院病理科(有条件的学校可带领学生参观体验)。

第四节 高中生物学学科全息育人课时教学设计案例分析

高中生物学学科全息育人课时教学设计案例是以人民教育出版社出版的普通高中教科书生物学必修2《遗传与进化》(2019年)第三章"基因的本质"中的第二节"DNA的结构"为案例,介绍如何进行高中生物学学科全息育人理论指导下的课时教学设计。

一、教材分析

(一)课标解读

1. 内容要求:概述DNA分子是由四种脱氧核苷酸构成,通常由两条碱基互补配对的反向平行长链形成双螺旋结构,碱基的排列顺序编码了遗传信息。

2. 教学提示:为帮助学生理解,促进学生德、智、体、美、劳全面发展,本节可开展"搜集DNA分子结构模型建立过程的资料并进行讨论和交流"和"制作DNA分子双螺旋结构模型"等教学活动。

3. 学业要求:学完本节课,学生能够结合DNA双螺旋结构模型,阐明DNA分子作为遗传物质所具有的特征。

(二)育人价值

1.本节内容在教材中的地位

"DNA的结构"为人教版高中生物学必修2《遗传与进化》的第三章第二节,本节内容有"DNA双螺旋结构模型的建构"和"DNA的结构"。在"DNA双螺旋结构模型的建构"部分,教材以科学家的探索历程为主线,还原了沃森和克里克建构DNA双螺旋结构模型的过程。通过阅读,学生不仅能了解DNA的基本结构,也能从中体会到科学探究的艰辛与曲折。在"DNA的结构"部分,考虑到内容比较抽象,学生不易理解,教材采用图文并茂的形式讲述了DNA结构和主要特点,并用黑体字解释了碱基互补配对原则。此外,还设置了探究·实践:"制作DNA双螺旋结构模型"的活动,进一步加深学生对DNA结构的认识。

2.本节内容的育人价值

(1)德性育人

"问题探讨"以坐落于北京中关村高科技园区的DNA雕塑为情景,目的在于引导学生思考:为什么DNA可以作为高科技的标志?可由此展开讨论,通过介绍我国在生物科技方面所取得的研究成果,增强学生的民族自豪感和家国情怀。

(2)认知育人

本节通过探究DNA的结构来认识生命,理解生命的物质性以及结构与功能等。通过回顾沃森和克里克建构DNA双螺旋结构模型的过程,培养学生的科学思维和科学探究精神。

(3)审美育人

本节由北京中关村DNA雕塑开始阐述,介绍了沃森和克里克的DNA双螺旋结构模型,以及怎样制作DNA双螺旋结构模型等内容,学生对生命之美的认识经历了感知生命之美(DNA的艺术美)到探索生命之美(DNA结构的精致美)再到创造生命之美(制作DNA双螺旋结构模型)的过程,使审美能力不断提升。

(4)劳动育人

本节中的"探究·实践:制作DNA双螺旋结构模型"在培养学生养成劳动习惯和提高劳动技能(动手能力)方面具有重要作用。

二、育人目标

(一)学情分析

通过必修1的学习,学生对核酸的组成、结构和功能有了一定的认识,再通过必修2第三章第一节"DNA是主要的遗传物质"的学习,对DNA有了更进一步的了解,这为本节内容的学习奠定了基础,也激发了学生学习的积极性和主动性。

(二)教学重难点

1. 教学重点

(1)DNA结构的主要特点。

(2)制作DNA双螺旋结构模型。

2. 教学难点

DNA结构的主要特点。

3. 育人目标

(1)通过展示DNA雕塑和DNA衍射图谱分析,让学生感知到DNA分子的结构之美;通过图片展示"A、T、G、C碱基配对方式",让学生感悟到DNA分子结构的精致之美;通过课堂知识小结,使学生再次感悟到生物学知识的内在逻辑美,从而提高学生审美能力。

(2)通过设问引导学生阅读教材,培养学生获取信息的能力和科学探究的能力。

(3)通过提供DNA组件,让学生以小组为单位建构DNA结构模型,培养动手能力。

(4)通过引导学生观察、分析各小组建构的DNA模型,总结DNA双螺旋结构模型的特点,培养学生科学思维能力。

三、教学流程

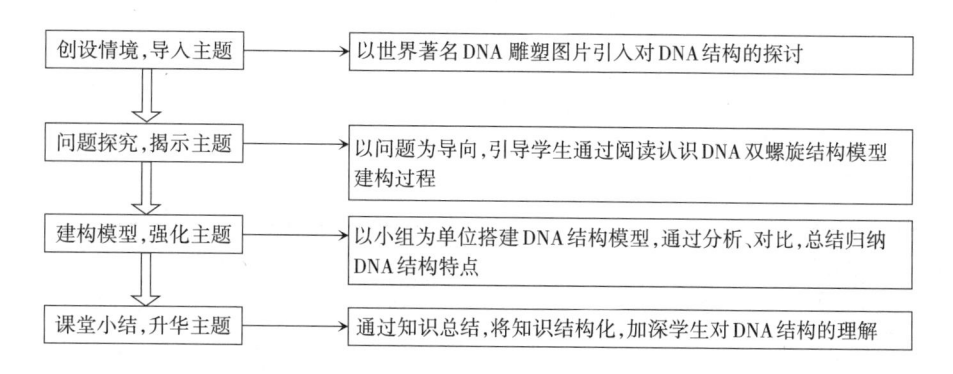

创设情境,导入主题	→	以世界著名DNA雕塑图片引入对DNA结构的探讨
↓		
问题探究,揭示主题	→	以问题为导向,引导学生通过阅读认识DNA双螺旋结构模型建构过程
↓		
建构模型,强化主题	→	以小组为单位搭建DNA结构模型,通过分析、对比,总结归纳DNA结构特点
↓		
课堂小结,升华主题	→	通过知识总结,将知识结构化,加深学生对DNA结构的理解

四、教学过程

环节	学习内容	教师活动	学生活动	五育融合育人点提示
课题导入	创设情境导入新课	展示世界各地典型的DNA雕塑图片。 提问：(1)图片中的DNA雕塑在形态上有何特点？ (2)DNA双螺旋结构模型是怎样建构出来的？在结构上有何特点？	欣赏图片，思考并回答问题。	通过呈现DNA雕塑的图片，培养学生感知生命之美的能力。
新课展开	DNA双螺旋结构模型的构建	展示沃森、克里克和威尔金斯的照片。 Francis Harry Compton Crick (1916—2004)　　James Dewey Watson (1928—)　　Maurice Hugh Frederick Wilkins (1916—2004) 介绍：1962年沃森、克里克和威尔金斯三人因建构出DNA的结构模型共同获得诺贝尔生理学或医学奖。DNA结构模型的建构经历了一个怎样的曲折过程呢？请大家阅读教材48页"思考·讨论"相关内容，讨论以下问题。 (1)沃森和克里克是怎样推算出DNA呈双螺旋结构的？ (2)DNA中的碱基是如何配对的？它们位于DNA的什么部位？ (3)沃森和克里克默契配合，揭示了DNA的双螺旋结构，是科学家合作研究的典范，在科学界被传为佳话。他们的这种工作方式给予你哪些启示？	阅读、讨论。	通过问题引导学生阅读资料，培养学生获取信息的能力和科学探究的能力。

环节	学习内容	教师活动	学生活动	五育融合育人点提示
	蛋白质的基本单位——氨基酸	根据学生的回答，补充完善以下信息。 1.衍射又称为绕射，光线照射到物体边沿后通过散射继续在空间发射的现象。衍射的结果是产生明暗相间的衍射花纹，代表着衍射方向（角度）和强度。根据衍射花纹可以反过来推测光源和光栅的情况。将 DNA 纯化后，结晶。生成晶体后，使用同步辐射 X 射线投射到 DNA 晶体上，X 射线将产生衍射，衍射符合布拉格公式。 2.DNA 衍射图谱分析。 （1）X 型说明 DNA 的结构是螺旋形的。 （2）菱形说明 DNA 分子是长链。 （3）直线的间距是 DNA 分子重复单元（一个完整的螺旋）的间距。 （4）缺少了两条直线，这是因为另一条螺旋的干扰。 从这幅图可以得出：(1)DNA 结构是双螺旋形；(2)DNA 分子的半径约为 10 Å；(3)碱基对的间距是 3.4 Å；(4)每个完整的螺旋高度是 34 Å。 3. 为什么 A 一定与 T 配对，G 一定与 C 配对呢？	思考、回答。	培养学生的科学思维能力和精致鉴赏能力。

续表

环节	学习内容	教师活动	学生活动	五育融合育人点提示
	蛋白质的结构及其多样性	只有A与T配对,G与C配对,才能形成几何形状的完美互补。 只有A与T配对,G与C配对,才能形成绝佳的氢键。 提供DNA模型组件,指导学生分小组搭建DNA双螺旋结构模型。 脱氧核苷酸的种类: 腺嘌呤脱氧核苷酸 鸟嘌呤脱氧核苷酸 胞嘧啶脱氧核苷酸 胸腺嘧啶脱氧核苷酸 提问:DNA双螺旋结构有何特点呢? 引导学生通过观察、分析、比较自己以及他人建构的DNA模型,总结DNA双螺旋的结构特点。	以小组为单位,建构并展示DNA双螺旋结构模型。 学生通过观察自己的模型,比较各小组的模型,通过分析、归纳,总结出DNA双螺旋结构模型的特点。	强化DNA双螺旋结构,培养学生动手、创造生命之美的能力。 培养学生的科学思维能力。
课堂小结		引导学生完成课堂小结。 基本元素:C、H、O、N、P ⇩组成 小分子化合物:脱氧核糖、磷酸、碱基(A、T、H、C) ⇩构成 基本单位:脱氧核苷酸(4种) ⇩反向平行(氢键) 链状结构:脱氧核苷酸链 (一级结构) ⇩聚合(3,5-磷酸二酯键) 空间结构:双螺旋结构 { 特点 特性 (二级结构) 脱氧核苷酸的种类 腺嘌呤脱氧核苷酸 鸟嘌呤脱氧核苷酸 胞嘧啶脱氧核苷酸 胸腺嘧啶脱氧核苷酸	根据教师的提示,总结本节课所学知识。	知识结构化,让学感受到生物学知识内在的逻辑结构美。

第四章

高中生物学学科全息育人课堂教学实施

本章主要介绍高中生物学全息育人的课堂教学理念、实施原则和实施方案。从深度聚焦核心素养、培养科学思维、推动学生科学思维、落实社会责任、注重科学特性等理念出发,阐释了高中生物学全息育人个性化、生本性、生成性原则,并就具体的教学方法实施方案进行阐述。如在教育教学设计时,教师应该充分考虑生物学知识与育人目标的有机结合;在教学实施过程中,应关注育人目标的达成情况及动态变化;教学实施完成后,教师应总结教学过程中学生的动态生成,并调整设定的育人目标。最后以《遗传与进化》模块中"DNA是主要的遗传物质"一节作为课例,对高中生物学课堂教学的设计理念、具体实施进行了详细介绍。

第一节　　高中生物学学科全息育人课堂教学理念

一、全息育人理念

全息育人理念强调从"学科教学"转向"学科育人"。所谓学科育人,就是以学科知识为载体,以育人为目标,挖掘学科的德育、美育内涵,结合健康教育和劳动教育等人格养成价值,培养学生的学科核心素养,实现学生德、智、体、美、劳全面发展。在此理念引领下,全息育人课堂教学实施理念除应关注传统教学课堂实施中适合学生发展的理念外,还应建立适合学生五育融合的生物学课堂教学策略实施理念。

(一)以"学生为本"实现五育融合

高中生学习具有主动性、创造性及发展性等特点,在生物学课堂教育教学过程中处于主体和中心位置,这一理念始终不变。学生为本、五育融合就是遵循教育教学的规律,坚持学生为主体的课堂教育理念,尊重、关注和爱护学生,引导学生积极主动地参与自主学习和合作探究学习,促进高中生快乐学习、合作学习、创造学习、健康学习,并能升华为审美学习,使其成长为德、智、体、美、劳全面发展的新时代高中生。

(二)转变教学理念重视"五育融合"

在全息育人背景下,高中生物学课堂教学应该重视对学生的引导和启发,引导学生更好地开展生物学问题的探究,提高学生本身的知识层次和学习能力。在人教版2017课标教材中有部分知识与所用初中生物学教材呈现的知识关系紧密,例如细胞基本结构、原核与真核细胞的差异及生物分类等。针对这部分知识,教师应通过多种信息渠道、多种呈现方式、多种学习方法启发学生,给予学生合适的机会、充足的时间进行问题的分析和问题的解决,鼓励学生自主进行对比和总结。以启发式学习作为导入点,以合作学习作为探究点,以自主对比分析作为升华点,实现由表观学习导向学生知识和能力的内化,由知识能力的提升导向学生审美意识和审美创造的升华,从而实现真正意义上对学生的"五育"。

(三)聚焦学科特色,重视科学思维探究

主动学习源于思考,思考推动主动学习。生物学是一门以实验为基础,具有科学性、实践性的学科,是一门集理论、观察、实验于一体的学科,与生命、生活都息息相关。可谓生活处处有启发,自然处处可观察,在观察过程中就会有疑问,有疑问就会想探究,但要达成教学目标,就得要求学生有大胆提问的勇气和能力,在问题驱动下培养科学探究思维。可目前具备这些能力的学生只占少数,更多的学生需要通过生物学课堂学习积累基础的生物学知识,故应鼓励学生大胆设问,激发学生学习能力。全息育人理念下的生物学课堂教学可以让教师设计全方位、全过程、全要素的高效生物课堂,从而达成认知育人和劳动育人有机融合,德性育人、健康育人及审美育人升华的学科育人目标,而不是单纯的学科教学。

二、深度聚焦学科核心素养

学科核心素养是学科育人价值的集中体现,学生通过学科学习可逐步形成正确的价值观,形成必备品格和关键能力。生物学学科核心素养包括生命观念、科学思维、科学探究和社会责任。

(一)全息育人建构学生生命观念

生命观念是指对观察到的生命现象及相互关系或特性进行解释后的抽象,是人们经过实证后的观点,是能够理解或解释生物学相关事件和现象的意识、观念和思想方法,生物学学科所提出的生命观念与全息育人理念中的德性育人、审美育人、健康育人

等观念高度契合。

1. 结构与功能观

不同的研究者对结构与功能关系的认识各不相同,有的认为结构是功能的基础且功能的实现依赖于特定的结构;有的则认为一定的结构必然有与之对应的功能。在生物教学过程中也有不少教师时常说结构决定功能,但现在看来这样的观点显得有些机械。生物学的许多观点是柔性的、非线性的,并且是动态变化的,如内环境的稳态,既是相对稳定的状态,又并非一成不变。因此,生物学的结构与功能观是在课堂教学过程中需要不断贯穿培养的辩证思维。

2. 进化与适应观

自然界的各种生物和生态系统都是协同进化的结果,它们是作为一个有机整体不断发展的,学生应认识到尊重自然、顺应自然、保护自然,与大自然和谐共生的重要性。在新课标版必修2教材中,第6章专门用于介绍"生物的进化",这一章的合理运用将很好地促进学生建立进化与适应观,如第1节"生物有共同祖先的证据",教师合理运用情境引导学生认识到研究生物的进化也是基于证据的基础之上,并认识到人类是经过漫长的进化历程而来的,是自然界的一员,并为后面学习生物与环境打下基础。

3. 稳态与平衡观

赵占良老师认为将稳态与平衡观列为生命观念之一,是因为稳态和平衡是从细胞到生物圈所有层次的生命系统普遍存在的特性。2017版课标强调所有的生命系统都存在于一定的环境之中,在不断变化的环境条件下,依靠自我调节机制维持其稳态。在理解稳态和平衡概念的基础上,学生可通过进一步抽象概括、提炼升华,使之内化为看待事物、分析问题的视角、思路甚至态度倾向,形成稳态与平衡观。如在内环境稳态教学过程中,学生结合初中教材所学内容可以联想到人体内环境稳态离不开各个细胞、组织、系统的参与,而内环境是否处于稳态之中对各个细胞、组织和器官正常功能的实现具有重要作用。

4. 物质与能量观

生物学中关于物质与能量关系的探讨更应该紧扣生命这一核心要素,物质观的核心是生命的物质性观点。物质的运动和变化是一切生命活动的基础,物质有序地组织起来形成结构,生命体的各种结构都有其独特的物质基础。"ATP是能量货币"一节和"光合作用与呼吸作用"相关内容,就是很好的物质与能量观建立的有机载体。这两部分内容并非完全独立,光合作用和呼吸作用过程中均会产生能量并合成ATP,ATP再水解释放出能量,这个过程的学习将有效地帮助学生建构物质与能量观。在这部分内容的教学过程中,教师需合理搭配学习情境建立起这两部分内容间的联系,时刻渗透物质是能量的载体,能量是物质流动的动力的思想观念。当然,要充分理解这一点,还需结合生态系统功能——"能量流动和物质循环"加强思维训练。

与原课标相比,2017版课标对科学探究提出了新的要求:实践、创新。实践、创新是"学生发展核心素养"的重要内容,科学探究是培养学生实践创新能力的重要途径。在探究活动中培养学生的实践、创新能力,增加动手实践的活动,增强探究活动的开放性,反映出了对学科育人价值的要求,与全息育人理念中的劳动育人高度契合。

(二)全息育人培养学生科学思维

"科学思维"是指尊重事实和证据、崇尚严谨和务实的求知态度,运用科学的思维方法认识事物、解决实际问题的思维习惯和能力。

1.全息育人培养学生"假说演绎"思维

高中生在生物学学科上第一次接触到假说—演绎法应该是在学习孟德尔遗传定律时,这种科学方法的运用在高中生物学教材中多次体现,如摩尔根研究基因与染色体关系及其他科学家研究DNA复制方式时也运用了假说—演绎法。因此,在学生首次认识假说—演绎法时,教师就应该结合教材进行整体设计,总结教材中哪些知识用到了假说—演绎法,不仅要对假说—演绎法这种科学研究方法进行学习和训练,还要让学生学会迁移运用。

2.全息育人培养学生"模型建构"思维

"模型建构"这一科学方法的学习和运用可以说在高中生物学学习过程中随处可见,不论是必修教材还是选择性必修教材中均有体现,但在传统的教学过程中很多教师为了节省时间和精力会删掉许多建模活动。在全息育人实现五育融合的课堂教学过程中,要争取带领学生完成教材上所列举的每一个建模活动,只有在不断训练的过程中学生的建模思维和建模能力才能有所提高。如"血糖平衡调节"一节的建模,在传统教学过程中,很多教师认为这个模型建构较为抽象,学生难以完成。但事实上在我们带领学生建模的过程中,基础好的同学是非常有兴趣的,并且他们的这种建模积极性也会带动基础稍差的同学积极学习,可能在一次建模过程中有大部分学生不能又快又好地完成,但在多次建模之后绝大多数学生都能自主完成。因此,教师要充分利用好教材资源,充分搭建好学生学习的平台和梯度,不论是数学模型建构还是物理模型建构,甚至是较为抽象的概念模型建构,学生也是能够不断去尝试的。只有有了敢于尝试的信心,才有成功的可能。

3. 全息育人培养学生"归纳概括"思维

归纳法是2017课标版教材明文总结出来的方法,这是在旧教材中没有的,强调归纳法有完全归纳与不完全归纳两种,这样的总结有利于学生认识到生物学概念的不全面性。

(三)全息育人推动学生科学探究

"科学探究"是指能够发现现实世界中的生物学问题,针对特定的生物学现象,进行观察、提问、实验设计、方案实施以及对结果进行交流与讨论的能力。

1. 全息育人视野下生物学学科学探究的基本思路与方法

生物学学科学探究的方法仍然遵循科学探究的一般过程,即提出问题、作出假设、制订计划、实施计划、得出结论、表达和交流。但不同的是全息育人视野下的生物学学科学探究在提出问题时均采取具有启发性的问题设置且启发性应是长远的;制订计划环节的主体是学生,教师应鼓励学生先自己梳理思路,尽管他们梳理的思路并不一定完整或科学,在学生思考的基础上教师给予指导并指引方向,学生修改和补充后形成具有可操作性且科学的计划;表达交流也不局限于课堂,可将交流迁移到网络平台,完成线上交流和反馈。

2. 全息视野下生物学学科学探究实现五育融合

在科学探究准备阶段发挥学生主观能动性,考查学生自主学习能力,充分实现认知育人及劳动育人。科学探究实施阶段推行小组合作学习和成果实时分享,实现线上线下结合交流,充分挖掘德性育人及审美育人点。

另外应充分利用学校的假期实践活动,让学生的科学探究活动充分得到延伸。学生结合自己的实际情况选择研究主题,以小组为单位讨论方案可行性,在主题选择上要求尽量具有创新性,为每年的"自然环球日"比赛做准备。培养学生健康的学习方式和生活方式,锤炼健康的心理素质,从而落实健康育人理念。

(四)全息育人落实学生社会责任

"社会责任"是指基于生物学的认识,参与个人与社会事务的讨论,做出理性解释和判断,解决生产生活问题的担当和能力。

1. 全息育人促使学生形成生态意识

生态意识是一种反映人与自然环境和谐发展的新的价值观。日益恶化的生态环境急切地呼唤人们增强生态意识,要求人们注重维护社会发展的生态基础,强调从生态价值的角度审视人与自然的关系和人生目的。国家层面也要求我们每个公民保护我们赖以生存的家园,生物学教材中有许多素材关系到生态环境,如生态系统概念、组成、功能及稳定性等,都可以帮助学生学习生态环境与生物之间的关系,形成健康的生态意识,最终让学生形成生态保护的行动目标。在不断践行生态保护的基础上,学生可形成主动实现生态保护的意愿。但这样的健康育人及德性育人目标的达成仅依托课堂教学是不够的,课堂教学中更多是启发学生的生态保护意识,而要将这种意识变成实际行动还需要更多地组织学生实践行动,例如植树节主题活动的开展和实施就是不错的载体。

2.全息育人促使学生升华关爱生命的观念

全息育人可使学生认识到生命的重要性,认识到各个生物与人类之间的重要关系,从而爱护生命。

三、注重学科科学特性

(一)高中生物学学科的复杂性和整体性

高中生物学课程阐述了生命系统的复杂性,高中生物学教学系统的一个显著特征就是其复杂性。复杂性科学的新进展为我们研究高中生物学课程与教学系统的复杂性提供了新的视野与方法论。基于复杂性科学的基本观点,高中生物学课程涉及生命系统的复杂性主要表现为生命的非线性、自组织性和系统性。利用好高中生物学学科知识体系的复杂性和整体性,可以更多地为教育教学提供资料,让学生在真实的探索情境中体验生物学学科的学科艺术。众所周知,生物学是研究生命现象和生命活动规律的科学。通俗地说,生物学的研究对象就是生物。什么是生物?这个看似基本而简单的问题,在生物学中却难以找到令人满意的答案。初中生物学教材解释为"有生命的物体就是生物",但这一说法并不能提供判断一个物体是不是生物的依据,因为它并未指出什么样的物体才是有生命的物体。何况有生命的东西并不一定称得上是生物,比如多细胞生物体内的一个细胞,蜥蜴逃避敌害时自动断下来的尾巴等。换言之,生命体和生物体之间不能画等号。虽然用一句话给生物下定义有困难,但是在绝大多数情况下,可以依据生物的基本特征来判断一个物体是不是生物,比如生物都有新陈代谢、生殖和发育、遗传和变异、应激性等。其实这些特征也都是以生物为前提来描述的,比如新陈代谢就定义为生物体内或活细胞内所有化学反应的总和,而病毒不具有细胞结构,自然也谈不上有新陈代谢,但多数人仍将它看作生物。再比如生殖,如果不以生物为前提来定义的话,那就只好说成是自我复制,但能自我复制的也不一定就是生物,如计算机病毒;不能生殖的也不一定不是生物,比如骡、工蜂,包括人类也有不具备生殖能力的个体。定义生物的困难就说明生物界的复杂性和多样性,即说明生物学研究对象的复杂性和多样性。

(二)高中生物学的理科性和灵活性

生物学是一门自然科学,所以"高中生物学"在现有高中教学体系中被划分到"理科"。但是如果你就此认为可以用纯理性的思维去学习高中生物学,那就大错特错了。虽然生物学有很多"理性"的成分存在,但是它首先是一门以"大量科学事实"和"概念"构建起来的学科。推动生物学发展的手段主要是观察和实验,而不是逻辑推理。随着现代生物学的发展,科学家不断发现原先认为正确的生物学观点也存在一些不妥之处。因此,高中生物学教材也必须加以修改,但是仍然无法反映出庞大而复杂的生物学事实。虽然我们可以将生物学知识点通过一定的逻辑联系起来从而有助于记忆,但是我们首先必须承认,学习高中生物学的方法主要以探究性学习为主,学习成果也需要辅助一定的记忆。要达成这一认知育人目标,要求教师必须转变教学观念,从以前的主要训练学生的答题能力和技巧转变为学科育人。

第二节　高中生物学学科全息育人教学实施的原则

一、个性化原则

(一)师生个性

全息育人贯穿"认知育人、德性育人、审美育人、健康育人、劳动育人"五育目标,从不同的角度要求学生更加细心地观察生活中的许多自然现象,并学会用生物学知识进行解析。在育人目标达成过程中,教师应注重将生物学知识生活化,激发学生学习兴趣,让学生感受到生物学的巨大魅力。实验在认知和探究活动中地位非常重要,教师应鼓励学生勤于动手,积极思考,掌握实验探究的逻辑思路,在充分理解基本概念的基础上尝试改进与创新实验。全息育人理念下,教学设计时教师应全方位、全过程、全要素进行设计,对教师的个人能力与个人素养要求较高;在教师的引领下,学生要达成五育融合,争取成为德、智、体、美、劳全面发展的新时代人才。

在全息育人思想的指引下,分层教学有利于每个学生发挥最大的能力、激发最大的潜力,教师对学生的教育教学切忌一成不变。学生的个体差异决定着并不是每个学生都能实现五育并举,在生物学课堂教学中达成部分育人目标,也应成为教育教学的鼓励点及全息育人理念下教师的成长点。与此同时,以生物学学科课堂教学为载体的全息育人教学策略、教学育人点应随学生学习态度的改变、知识智力的发展、自学能力的增强,进行适时调整,学生应积极跟随全息育人要求不断提升自己的学习能力,培养学科学习思维,实现学科创造。

(二)教材个性

根据学生的共同基础和多元发展需求,普通高中课程方案规定高中生物学课程开设必修、选择性必修和选修课程,设置必修课程、选择性必修课程和选修课程。必修课程选择的是现代生物学的核心内容,与社会和个人生活关系密切,是后续学习发展所必需的基础,对于提高全体高中学生的生物学学科核心素养具有不可或缺的作用。选择性必修课程所选的内容是与学生未来职业和专业发展相关的基础性内容,有助于学生进一步加深对生物学大概念的理解,拓宽生物科学与技术视野,提高实践和探究能力。

2019年版教材与旧教材虽在知识主线上相似,但在知识内容的编排及思路呈现上还是有比较大的差异的。如必修1《分子与细胞》第1章"走近细胞"在多个角度和层面上均有差异。

单元说明:2019年版教材以时间为主线阐述分子与细胞、细胞与个体、个体与环境间的关系,2019年版教材具体列举2017年11月27日,世界上首个体细胞克隆猴在我国诞生的实例,并设问——为什么单细胞生物能独立生活,而多细胞动植物必须依赖各种分化细胞的密切合作才能完成复杂的生命活动?为什么细胞的形态各异,但有着大致相同的基本结构?为什么生命活动离不开细胞?以具体问题为导向指引学生学习探究的方向,明确本章探究目的,更能实现以问题驱动为导向达成全息视野下科学认知育人目标,促使学生落实科学探究。

单元说明下所附图片:旧教材展现普通光学显微镜部分结构及植物细胞观察显微照片,2019年版教材展现实验操作者具体操作数码显微镜图片。随着中学实验设备的更新和时代的发展,很多中学均配备了数码显微镜,数码显微镜的应用让学生能更加清晰地观察肉眼所观察不到的生物世界,也更能加强实验课中师生的互动、实时反馈与实时交流,有利于提升学生的科学探究能力,促使达成学科认知育人目标。

教材正文编排顺序:2019年版教材第1章第1节和第2节的某些内容实现了重新编排,将旧教材中细胞学说的有关内容提到第1节中,让学生从世界层面先了解细胞结构的发现与生物技术发展的关联,在分析细胞学说建立的过程中理解细胞学说的内容。在充分认识细胞结构的基础上再拓展到组织、器官、系统及个体等,这样更符合学生的学科认知,也能更紧密联系初中学生的学习内容,从而实现知识的迁移、能力的提升、思维的拔高,这样的内容呈现顺序有利于达成认知育人目标,学生能建构结构与功能观,培养归纳与概括的科学思维。

第1节问题探讨:旧教材以SARS作为情景资料导入,2019年版教材以大熊猫与冷箭竹为代表,通过动物细胞与植物细胞区别和联系的对比分析,进行知识的导入。前者与新冠肺炎的联系更为密切,能让学生通过对SARS病毒和新型冠状病毒的对比分析,深刻认识到呼吸系统疾病对人类生产生活的影响,从而建立正确健康的生活观和社会责任感,可较好地达成德性育人和健康育人目标。后者能让学生对我国国宝大熊猫的生活习性有更加清晰的认识,理解在进化过程中物种特化对生物生存带来的挑战。在本节后续介绍"细胞是基本的生命系统",阐述生命系统结构层次时,分别以冷箭竹作为植物代表,以大熊猫作为动物代表加以具体说明,使学生更加直观地认识由细胞到个体的建构并找到多细胞构成的高等动植物个体生命系统结构层次的区分点。植物个体由器官直接构成个体,而动物器官通过组成不同系统进而构成个体,而在旧教材中仅列举了动物细胞构成动物个体的实例,不利于学生形成系统的知识体系。以大熊猫和冷箭竹实例作为载体与主线呈现种群、群落和生态系统的概念,既有实例托举概念,又有概念总领实例,让学生在具体情景中认识种群、群落、生态系统与个体间的有机联系,建立生物与自然环境和谐统一的环保思想。相比旧教材,学生在深刻理解生命系统概念的过程中,思维更清晰,主线更明确,概念更具体,知识更系统,更加有利于通过全息方式达成德性育人目标,高度实现国家认同。

第1节"本节聚焦":旧教材中该节的"本节聚焦"更加强化宏观的聚焦,2019年版教材更加关注对细胞微观的聚焦,后者更加符合高中生的认知规律和认知水平。学生在分析细胞学说的建立过程中能认识到许多生物学规律、概念均是从实验实践中归纳总结出来的,从而引导学生认识和学习"归纳法"。归纳法强调基于事实推出一般结论的思维方法,有不完全归纳法和完全归纳法。科学研究中经常运用不完全归纳法,由此应特别注意生物学规律和概念中的例外,这也为后期学生辩证分析生物学概念奠定思维基础,这是旧教材所缺乏的,归纳法的学习有利于达成认知育人目标,培养学生基于辩证性的科学思维。

二、生本性原则

(一)全息育人视野下的生本对话

对于高中生物学的学习,学生并不缺乏阅读、记忆的能力,但在探究应用方面明显欠缺。瑞士心理学家皮亚杰所提倡的建构主义理论的核心在于让学生在"平衡与不平衡"的发展中提升自己的知识水平。课堂设疑在特定层面上突破了学生原有的认知,激发了学生自主顺应和解决问题的内驱力,引导学生自主地进行问题的解答和探究,以此来增强学生解疑和自学的能力。如在学习"细胞的增殖"内容时,要求学生掌握真核细胞增殖的重要方式(有丝分裂)的过程、特点以及应用。细胞增殖的方式这部分内容比较简单,那么在实际讲解中,如何结合教材适度拓展呢?对此,采取课件演示、学生研究的方法,让学生通过自学来进行探究,解决问题。设疑:"同学们,下面我们通过一段课件视频来探究这样两个问题:(1)细胞的增殖过程有无共同特征?若有,是什么?(2)细胞增殖方式归纳起来有几种类型?特点是什么?"学生们开始认真地进行研究和分析,通过对课件和教材的结合性学习,最终得出答案。这充分体现了学生与教材的对话和碰撞,可以检测学生对概念的掌握情况和解读资料的能力,在思维碰撞过程中达成认知育人的目标。

(二)全息育人视野下的生生对话

高中生物学课堂教学中,教师应重视学生的小组讨论与合作探究,在课堂上留出60%~70%的时间给学生进行交流讨论与合作探究,以培养学生交流合作的意识和分析讨论的能力。小组合作为学生创造了更好的互动平台,能建立融洽的生生关系,使学生学会自我赏识和相互赏识,并在分享成果时学会相互激励。在"蛋白质是生命活动的主要承担者"一节的教学中,"蛋白质的元素组成以及基本单位"这一知识内容对识记性要求较高,而且知识点比较集中,与初中生物学也有联系。学生们通过初中的学习已经有了一定的学习基础。因此,在教学中,可在课堂上针对这部分内容引导学生带着问题进行合作探究及讨论和交流,从而培养学生的归纳比较能力。问题设置如下:"为什么蛋白质的分子量这么大?它的化学元素组成有哪些?基本组成单位是什么?"同时,点拨学生进行交流和探究的方法:"同学们,在大家交流的过程中,一定要虚心听取他人的意见,并且提出自己的看法,同时要将教材中提供的知识点作为讨论的依据和基础。"通过提示,学生开始针对教材进行讨论,可避免因相互之间"猜问题"而探讨错了方向,这充分体现了课堂中生生对话对学生学习的促进作用。在自学与互学的过程中,达成学生认知育人和劳动育人的目标。

(三)全息育人视野下的师生对话

总结能够形成知识系统,让学习程序变得贯通,达到事半功倍的效果。在生物学教学中,教师要适时地教学生如何总结,让学生学会在总结中反思,查漏补缺,同时加强知识间的联系,在知识巩固中提高生物学知识的学习效果。此外,还应将总结常态化,使学生在今后的学习和生活中及时反省,及时地发现自身存在的不足,有针对性地进行改正,最终达到提升自身综合素养的目的。在高中生物学教学中,注重引领学生进行总结,定期让学生进行自我反思,从而使学生学会正确地看待自身存在的问题。在学完"基因的本质"一节后,可带领学生进行总结,并且传授给学生总结的方法:"同学们,通过这章内容的学习,相信大家已经对基因的本质有了一个系统的了解,下面请大家从以下几个方面进行总结和反思,一是概念的认知是否清楚,需要大家针对每一个概念进行复习,如DNA、基因、染色体等,二是知识点的相互链接是否清晰,如转录、翻译的过程,三是基因的DNA结构知识,大家是否能够熟练掌握。"通过问题串引,学生能够很好地进行总结与反思,达到了锻炼学生逻辑思维的目的。教师在教学的过程中,如果只注重对学生学习方法的总结训练,那么学生就很难看到自身的不足,不能进行及时改进,也就无法实现进步。在生物学学习中,总结和反思是不可分割的,经常指导反思有益于学法的改进。应在思维碰撞、学习总结过程中达成认知育人、劳动育人、德性育人等育人目标,生物学是一门基于实践研究的学科,育人目标的达成也应该贯穿于科学探究实践。

三、生成性原则

(一)课堂生成的生命性

传统课堂把"生成"看作一种意外收获,全息育人课堂则把"生成"视为一种价值的追求;传统课堂将教师预设外的课堂反馈看成一种"教育智慧",全息育人课堂则把"生成"视为彰显课堂生命力的常态要求。

(二)课堂生成的历时性

高中生物学课堂教学须在教育思想上坚持证据求真的基本科学探究精神。大多数生物学家在实际上都践行着证据求真的基本精神。开放多元的教学资源观,要求高中生物学教学不应拘泥于某一具体的教学内容,而是应通过这些生物学素材和知识,培养学生客观真实的生物学研究态度、分析比较的思维能力、借鉴反省的自我意识、全面真切的人文关怀。只有创设生物学教学的"情景",让学生"身临其境"地学习,学生的学习活动才能带有"实践"的性质。"情景·实践"教学模式是高中生物学课堂教学实现有效性的基本途径。现在有些教师较片面地理解新课程的理念,在具体的教学过程中不遵守常规课堂的基本要求,大大地降低了新课堂教学的有效性。课堂教学的生成性与教学环节的完整性的统一,课堂教学的开放性与教学任务的整体性的统一,发展学生的个性与班级要求的共性的统一,保护学生兴趣爱好的特殊性与激励学生挑战自我均衡发展的全面性的统一,承认学生的差异性与要求学生形成学科知识的系统性的统一,是课堂教学有效性的具体保证。

(三)课堂生成的流动性

在企业经营中有一个非常重要的指标是资产的流动性,资产流动的速度和比例是重要的企业健康运营指标。但是很少有人认识到知识也是有流动性的,只有流动起来、用起来的知识才能体现它的真正价值。从流动性的角度审视全息育人课堂,可以理解为课堂中要让师生大脑中的知识流动起来,知识的分享、信息的交换都有助于激活神经元的新联结,形成新的学习。在全息育人的课堂里,应尽可能用准确、生动且易懂的表达将知识和信息整合起来、流动起来。可通过有力的提问促进学生深入思考,激活内在知识的汇集与流动;及时应答并把整合好的信息再流动出去,触发同伴之间知识的流动;不同层次的学生需要老师和同伴不同层次的暗示,可用暗示的方式打开思维的闸门,促成全班的知识流动。流动起来的知识与信息能够激发出多种知识的延伸和重组,如创新是知觉的重组,灵活运用是知识的延伸,启发是知识的迁移。全息育人课堂实现对学生的五育融合不是空谈,需要在各个学科课堂教学及课后延伸中逐步渗透和实现,而这一育人大目标的实现需要教师们始终牢记我们教学的目标是通过学科知识实现育人,并非单纯地只要求学生掌握那一点点学科知识。

(四)课堂生成的增值性

新课程理念让我们深知,教学不是教师教学生学,不是教师传授学生接受的过程,而是教与学交往互动的过程,师生双方相互交流,相互沟通,相互启发,相互补充。在这个过程中教师与学生分享彼此的思考、经验和知识,交流彼此的情感、体验与观念,丰富教学内容,求得新的发现。教师应将教学是一个发展的、增值的、生成的过程的观念深入内心。[①]

---

① 陈晓艳,穆新彪. 如何让课堂因生成而增值[J]. 中小学教学研究,2012(4):55-56.

生成性课堂相对于传统预设性(封闭性)课堂而言,更加彰显课堂教学的开放性、动态性与多元性。不以完成既定课堂教学计划作为教学成功的唯一标准,充分重视师生思想认知的差异性和复杂性,最终实现教学个性化构建。在全息育人课堂里,教师应变"预设"为"预备"。它们的共同之处均是在课堂教学之前为实现课堂教学有效性而进行准备,但不同的是"预备"是为促成课堂的有效生成而服务的,仅仅是一个引子,引发学生实现最大限度的个人体验,强化学习兴趣,完成知识建构,而非单纯地掌握知识。教师应变"判定"为"对话",诱发个性生成。全息育人课堂提倡师生、生生平等对话,无论教师提出问题,还是学生质疑,均是在师生和生生间合作探究基础之上的探讨、辨析、交流。再者,教师还应辨析课堂的"有效生成"和"无效生成"。有的教师认为生成性课堂很浪费时间,其之所以形成这样的观点是因为课堂被很多的"无效生成"所占用。为避免课堂上"无效生成"的产生,教师应从学生的实际学习需要出发,确立基于教材分析和学情分析的准备性目标,根据目标集中做好"预备"。此外,教师还应不断自我学习和强化,有能力将课堂中的某些无效生成巧妙地转化为有效生成。

第三节　高中生物学学科全息育人教学实施的方案

一、全息育人视野下生物学课堂教学方法

(一)情景暗示法

通过精心设计教学环境,借助于表演、游戏、背景音乐等暗示性手段,使学生在有意识和无意识交互作用的影响下,激发和强化高度的学习动力,充分发挥学习潜能,取得较好的学习效果。

(二)自主学习法

为达成拓宽学生视野,培养学生学习习惯和自主学习能力的目标,锻炼学生的综合素质,教师通常给学生留思考题,或对遇到的一些问题让学生利用网络资源自主寻找答案,然后提出解决问题的措施,并进行讨论评价[①]。

---
① 袁洪峰.中学生物课堂教学方法浅谈[J].读写算(教育教学研究),2011(1):213,163.

(三)现场教学法

其是以现场为中心,以现场实物为对象,以学生活动为主体的教学方法。如在校内外实训基地进行的育种试验布局规划、试验设计、作物性状的观察记载等项目的教学。

(四)任务驱动法

教师给学生布置探究性的学习任务,学生查阅资料,对知识体系进行整理,教师再选出学生代表进行讲解,最后由教师进行总结。任务驱动教学法可以以小组为单位进行,也可以以个人为单位进行,它要求教师布置任务要具体,其他学生要积极提问,以达到共同学习的目的。[①]

(五)美感体验法

学生在审美感知、审美理解的过程中,有所感悟、有所体会,才能得到审美享受。感悟越深刻,获得的审美享受越强烈。[②]在教学过程中,应留出足够的时间,让学生细细地思考、静静地品味。

(六)审美检测法

通过考查学生在学科活动和审美活动中的实际表现来推测学生审美欣赏力、表现力和创造力的发展情况,以把握教学目标的达成度,检测教育教学效果。[③]

二、达成不同五育目标的教学方法实施

(一)认知育人

高中生物学学科的知识体系由数十个核心概念建构起来,包括细胞、细胞增殖、细胞呼吸、光合作用、遗传、变异、染色体、基因、进化、育种、生态系统和内环境等,这些核心概念的本质内涵、拓展外延及相互关系是生物学学科认知的核心与基础。生物学属于理科学科,其学习方法涉及分析归纳、数学计算、模型建构及推理判断,知识概念的学习均以理解学习为主线,灵活运用是最终目的。因此,学科认知教学适宜采用讲授

[①] 姜振安."任务驱动"教学法与学生实践能力培养[J].职教通讯,2003(7):48.

[②] 赵伶俐.课堂教学技术[M].重庆:重庆出版社,2006:35.

[③] 赵伶俐.课堂教学技术[M].重庆:重庆出版社,2006:35.

法、读书指导法、任务驱动法、自主学习法、情景暗示法及合作学习法等开展。

(二)德性育人

生物学是以生命研究为主线的自然科学,也是一门高度重视实验的科学,生物学的许多规律及结论均是通过实验得出的。除考纲规定的十几个必修实验外,教材正文中的许多佐证、边栏知识、课后练习及选修教材中均有大量隐性实验。实验是非常好的教学资源和教学载体。结合实验教学及德性育人的特点,该育人目标的达成适宜采用现场教学法、任务驱动法和讨论法等。

(三)审美育人

生物学学习的体验也是对人的自我生命的一种升华和超越。在以生物学为中心的教学过程中,既要强调概念、判断、推理、原则、规律的掌握,也要重视对个体的情感、体察、领悟、想象、回忆等心理功能的发挥。生物学应充分关注人的体验能力,关注人的全面发展,培养感性与理性和谐统一的人。这种人有敏锐的体察能力,丰富的想象能力,充分的领悟能力,自如的对话交流能力,有童心、有灵性、有超越精神。生物学是充满灵动的学科,培养的也应是灵动的学生,具有审美眼光和审美能力的学生。为达成审美育人目标,可采用直观演示法、参观教学法、任务驱动法、美感体验法及审美检测法等。

(四)健康育人

生物学是学生高中阶段学习中与生活关系最为密切的学科,涉及食品、健康、医药、生理、育种、农业等多个领域。生物学的高考试题也常常以与日常生活联系紧密的情景资料作为背景知识,考查学生获取知识、分析资料的能力,比较常见的如地中海贫血、白化病、糖尿病、苯丙酮尿症、佝偻病、人类ABO血型研究、生态农业模型、生物多样性保护等。与生活生产的紧密联系赋予了生物学学科趣味性和可读性。在身临其境的教学中,强化学生的健康意识是水到渠成的。为更好地达成健康育人的目标,教学宜采用任务驱动法、现场教学法等。

(五)劳动育人

生物学是一门对实践性要求非常高的学科,随着新课程实施、课程标准及学科教材更新,生物学教学的实践性要求更为明确。实验模块如"生物组织中糖类、脂肪、蛋白质的鉴定""绿叶中色素的提取和分离""观察根尖分生区组织细胞的有丝分裂""低温诱导染色体数目加倍""样方法调查种群密度"及选修一传统发酵技术中的实验均对学生的动手实践能力要求较高。敢于实践、安全实践是生物学学科的基本素养和能力要求,以生物学教材中的实验作为载体开展实践教学具有很强的可行性和实效性,可为劳动育人目标的达成提供基础。在劳动育人目标达成过程中,适合运用自主学习法、讨论法、任务驱动法及现场教学法等开展教学。

无论采用什么样的教学方式,方法都不是一成不变的,需要每位教师结合自己学生的特点及教学内容的属性进行适当的搭配和调整。

第四节　高中生物学学科全息育人课堂教学课例分析

一、课题

DNA是主要的遗传物质。

二、课型、课时

新课,1课时。

三、教材及学情分析

(一)教材分析

首先对接大概念,该节内容属于次位概念即DNA是主要的遗传物质,该次位概念又属于"亲代传递给子代的遗传信息主要编码在DNA分子上"这一重要概念,它们都归属于"遗传信息控制生物性状,并代代相传"这一大概念。本节内容是人教版生物学必修2第三章第一节,只有认同了DNA是遗传物质这一功能,学生才能很好地与下节内容DNA的结构建构联系;只有明确了DNA分子的结构,才能理解DNA是如何携带遗传信息的,进而理解基因和DNA的关系,乃至为后面理解基因如何控制生物体的性状(基因的表达)打下基础。学习本节可以帮助学生从分子水平理解遗传规律和遗传的细胞学基础。

本节主要体现了科学思维、科学探究、社会责任三大生物学核心素养。其中,科学思维主要培养学生尊重事实证据,崇尚严谨和务实的求知态度;科学探究方面注重提高学生科学探究的能力;社会责任方面使学生学会用科学的方法解释和判断生活中的现象。

(二)学情分析

1.优势

(1)学生初步认识了DNA的分子组成,知道DNA是遗传物质。

(2)本节之前学生已经学习了遗传规律以及减数分裂,从细胞水平上认识了遗传现象的本质。

(3)学生学习了假说—演绎法,具备一定的实验探究能力。

2.不足

(1)对DNA分子结构认识不全面。

(2)对先进的科学技术手段了解不够,分析复杂实验现象的能力不够。

四、育人目标

(一)认知育人

1.科学思维

(1)理解肺炎双球菌转化实验的原理和过程。

(2)理解T_2噬菌体侵染大肠杆菌的原理和过程。

(3)总结人类对遗传物质的探索过程。

2.科学探究

(1)通过分析教材经典实验,培养学生的实验探究能力。

(2)通过分析图文资料,提升学生识图和语言表达能力。

(二)审美育人

学习科学家严谨的态度,以及大胆质疑、不断创新的精神。

(三)德性育人

认识实验技术的进步在探索遗传物质奥秘中的重要作用。

(四)健康育人

认同人类对遗传物质的认识是不断深化的过程。

(五)劳动育人

通过课内实验模拟和探究的实施,使学生能够针对特定的生物学现象进行观察、提问、设计实验、实施方案并对结果进行交流与讨论。

五、学习重难点

1. 肺炎双球菌转化实验的原理和过程。
2. 噬菌体侵染细菌实验的原理和过程。

六、教学过程

环节	教学方式	教师活动	学生活动	设计意图 (育人点及育人效果预期)
课题导入	视频导入	同学们,2012年播放了一部非常火爆的古装电视剧——《甄嬛传》,其中有这样一场景(播放视频)。 　　大家刚刚观看的视频中涉及一种古老的亲子鉴定方法,大家看出来了吗? 　　教师简要介绍滴血验亲并揭示其不科学之处。(滴血验亲在古时一直被奉为圭臬,没有人怀疑。但按现代法医学理论分析,其缺乏科学依据。) 　　现代的验亲方法则选用DNA亲子鉴定。 　　为什么是DNA? 这是因为现在我们已经明确父母和子女之间传递的遗传物质是DNA。 　　事实上,人们确定什么是遗传物质,经过了漫长的探索历程。今天,让我们一起重温他们探索的过程。请大家翻到教材第42页,我们一起学习第三章的第一节。	学生观看视频。 回答问题:滴血验亲。	培养学生以生物学视角分析生活现象的意识和能力,让学生感受到正确知识的背后是科学家们漫长的探索和艰辛的付出。

续表

环节	教学方式	教师活动	学生活动	设计意图（育人点及育人效果预期）
新课教学	合作探究，突破重点；讨论分析，拓展思维	一、早期推测 以时间轴的形式呈现： 　　早在1866年，孟德尔通过豌豆杂交实验，提出了"遗传因子"；1909年，约翰逊给它起了一个新的名字——"基因"；同年，摩尔根开始果蝇杂交实验，后证明基因在染色体上。从此，人们对遗传物质的探索聚焦到染色体上，但由于技术条件的限制，直到20世纪中叶人们才明确染色体的物质组成，即主要由DNA和蛋白质组成。(副板书) 　　在早期这段时间，大多数科学家认为蛋白质是生物体的遗传物质，DNA通常被认为是很不可能的。原因是什么呢？ 　　学生阅读教材第42页第2自然段至第43页第1自然段的内容，找出原因。 二、DNA是遗传物质 1.格里菲斯的肺炎双球菌转化 　　就在几乎所有人都认为遗传物质是蛋白质的时候，一个人偶然的观察发现，激发了人们对遗传物质本质的进一步探索。这位"无心插柳"的人叫格里菲斯，他是英国卫生部的一位医学官员。 　　他注意到肺炎双球菌能使人患肺炎，于是以小鼠为实验材料研究肺炎双球菌如何使人患肺炎。格里菲斯研究了两种不同类型的肺炎双球菌，是哪两种？如何区分？ 　　学生阅读教材第43页，完成学案表格。 　　由学生核对学案答案。 　　小组讨论分析实验。 　　这是一种转化现象，加热杀死的S型细菌中含有促成这一转化的物质。 　　格里菲斯还发现，这些S型细菌的后代也是有传染力的，说明这种性状的转化是什么？ 　　他将这种活性物质命名为"转化因子"。然而，他并没有深入研究"转化因子"究竟是什么物质。 2.艾弗里肺炎双球菌转化实验。 　　活动：探究"转化因子"的本质。 　　(1)提出问题："转化因子"是什么物质？ 　　(2)作出假设：引导学生做出完整假设。 　　(3)设计实验。 　　小组讨论：设计实验思路。 　　师生共同分析艾弗里实验过程： 　　对格里菲斯的细菌转化现象进行了深入研究，科学家艾弗里正是这么做才取得了成功。	师生共同回顾。 阅读教材(1分钟左右)，学生表述。 阅读教材，填表。 讨论、表达、交流。 学生回答：是可以遗传的。 小组讨论。	回顾早期历史，认同科学探索的漫长，领会结构决定功能。 同伴协作学习提高学习效率。 科学分析实验，体会科学实验的严谨。 体会科学探究过程。 实验结果和结论的转换。

续表

环节	教学方式	教师活动	学生活动	设计意图（育人点及育人效果预期）
		他将S型菌的物质分离、提纯后加入培养R型菌的培养基中,结果如下。这里出现了S型菌。你的结论是什么? 艾弗里还设置了DNA+DNA酶这一组。 通过前面几组相互对照已得到结论,设置这一组是否多此一举?有什么意义?(组内讨论,回答) 引导学生对这一步骤思路上的重要性进行分析:如果DNA是转化因子,添加DNA一定会发生转化现象,"有因有果"。反过来,如果DNA是"转化因子",去除DNA,则一定不会发生转化现象,"无因无果"。充分证明DNA就是"转化因子"。比如必修1探究某种矿物质是植物生长所必需的,我们的思路也是如此:去掉该物质植物生长受到影响,加入该物质植物生长又得到恢复,进而证明该物质是植物生长所必需的。 艾弗里研究物质功能科学严谨的方法值得我们学习。 在当时,绝大多数人都认为DNA不可能是遗传物质,甚至连艾弗里本人都不敢确信这样的结果。1944年,他提出DNA才是使得R型菌产生稳定遗传变化的物质,立马引来很多质疑。许多反对者认为:DNA不纯,很可能是混有的少量蛋白质发挥实质作用。因此,他做了大量的工作,不断提高样品的纯度,他还发现DNA纯度越高,转化就越有效。但他实验中提取的最高纯度的DNA也还有0.02%的蛋白质。所以,始终有人对他的实验表示怀疑。 3.赫尔希和蔡斯的噬菌体侵染实验 自然界中有没有这样的一种生物材料,它只由DNA和蛋白质组成?且DNA和蛋白质能天然分离呢? T_2噬菌体这样一种DNA病毒就是我们想要的答案。 同大多数反对者一样,赫尔希和蔡斯原本是希望通过实验否定艾弗里的结论。他们以T_2噬菌体为实验材料进行了研究。 (1)实验材料:T_2噬菌体。 ①结构:它的头部和尾部的外壳都是由蛋白质组成的,头部内含有DNA。(模式图) ②生活方式:T_2噬菌体是一种专门寄生在大肠杆菌体内的病毒。它能特异性吸附在大肠杆菌表面,它侵染大肠杆菌后,会在大肠杆菌内进行大量增殖。(模型解释,强化特异性吸附) (2)探究。 ①提出问题:那究竟将什么注入大肠杆菌体内? ②作出假设:(模型)。	回答。 小组讨论。 小组讨论。 直观感受。	感悟科学家实验的严谨、科学性。 领会实验思路和方法。

续表

环节	教学方式	教师活动	学生活动	设计意图（育人点及育人效果预期）
		③设计实验。 A.实验设计思路 究竟是哪种物质被注入呢？接下来我们得设计实验一探究竟。小组讨论实验设计思路。 DNA和蛋白质是肉眼看不见的分子，如何观察它们各自的去向？ 通过问题串的形式，学生小组讨论解决对T_2噬菌体的标记。 如何对T_2噬菌体的DNA、蛋白质进行放射性同位素标记？ a.选用哪种元素进行标记？(标什么？) 追问：为什么不选用C、H、O、N等元素进行标记？ b.是同时标记还是分别标记(一组标记蛋白质、一组标记DNA)？ 追问：为什么？ 介绍分别标，分开、单独研究各自的作用。 放射性自显影技术仅能检测到放射性的强弱，无法分辨是哪种元素的放射性。 c.如何对噬菌体进行放射性同位素标记？(怎么标？) 追问：能否直接用放射性培养基培养T_2噬菌体进行标记？ 得到DNA含有^{32}P或蛋白质含有^{35}S标记的噬菌体(模型)，解释红色表示被放射性同位素标记。接下来，让被标记的T_2噬菌体去侵染未被标记的大肠杆菌，一段时间后，必然会发生吸附(模型)，将物质注入。 d.如何检测^{32}P或^{35}S标记的噬菌体是否进入大肠杆菌细胞？ 比如^{35}S标记的蛋白质(模型)。 （图示：大肠杆菌 与 大肠杆菌） 通过模型突破搅拌和离心难点。 问：这两种大肠杆菌的放射性有无区别？具有这种大肠杆菌的表面仍吸附着放射性的噬菌体，它们的放射性情况有无区别？ PPT展示分开后得到的结果，问两者的放射性有没有区别。 PPT展示简化具体过程。	回答。 学案讨论。 思考、回答。	体会探究过程。 合作学习，突破难点。 学生直观感受。

续表

环节	教学方式	教师活动	学生活动	设计意图 (育人点及育人效果预期)
		④结果预测。 　据假说,应该有什么样的结果?小组讨论,将预测结果写在学案对应的表格中。 　追问:为什么这样预测? 　提炼:上清液,大肠杆菌细胞外,未进入;沉淀物,大肠杆菌细胞内,进入。 　为误差分析做铺垫: 　追问:我认为都不吻合,理由如下:如果与假设1吻合,胞外,上清液不可能有^{32}P标记的DNA;如果与假设1吻合,胞外^{35}S标记的蛋白质应该是100%。这该做何解释? 　看学生理解程度,如果学生能说出来,大胆让学生表述,如果不能,引导学生明白但凡实验均有误差,究竟是哪些操作引起的,同学们可以课后进一步思考。 　⑤结论。 　DNA进入,蛋白质没有进入大肠杆菌。 　⑥进一步实验。 　检测子代噬菌体,利用原始数据,提问学生能得到什么结论。 　亲代注入的DNA的确传了子代。 　结论:DNA是真正的遗传物质。 　1952年,赫尔希和蔡斯通过该著名实验,更有说服力地证明了艾弗里的观点。人们最终确信DNA是遗传物质。这个实验可以看作量变到质变的经典范例。他们的实验思路是什么? 三、RNA是遗传物质 　是否所有生物的遗传物质都是DNA呢?人们又把目光转向了RNA。人们发现烟草花叶病毒是一种RNA病毒。其仅由RNA和蛋白质组成,不同类型的烟草花叶病毒感染烟草在烟草叶上产生的病斑不同。 　问:RNA和蛋白质哪一种是它的遗传物质呢?该如何设计实验,你的思路是什么? 　科学家们正是这么做的,结果发现仅RNA就能使烟草感染,这说明了什么? 　因为绝大多数生物的遗传物质是DNA,所以DNA是主要的遗传物质。从1866年孟德尔提出"遗传因子"到人们认同DNA是主要的遗传物质,历时几乎1个世纪。我们可以发现科学探索是在曲折中不断前行,每个人的一小步都是科学发展的一大步。	积极思考。 小组讨论,小组言人展示预测结果。 分析实验结果、得到实验结论。 思考、回答。	形成直观印象,为搅拌和离心的解释做好铺垫。 　为实验结果分析做铺垫。 原始数据增强实验的科学性,培养学生分析数据的能力。 回扣本节实验设计思路和方法,为烟草叶病毒实验设计做好铺垫。 　应用本节所学方法设计实验。

续表

环节	教学方式	教师活动	学生活动	设计意图（育人点及育人效果预期）
课堂反馈		组织学生完成课堂练习及课后拓展学习。	学生反馈，完成相应任务。	培养学生运用知识解决实际问题的能力。
课堂小结		1.一个结论。 2.两种方法。 DNA为什么能够作为遗传物质呢？是否与它的结构密切相关？DNA有什么样的结构呢？	学生自主思考，整理。	回顾课堂，构建知识体系，使所学知识系统化，强化重点。
作业布置		1.下列实验中，不符合"将各种物质分开，单独地、直接地研究其在遗传中的作用"这一实验思路的是（　　）。 A.格里菲斯的肺炎双球菌转化实验 B.艾弗里的肺炎双球菌转化实验 C.噬菌体侵染细菌实验 2.下列有关探索DNA是遗传物质实验的叙述正确的是（　　）。 A.格里菲斯通过小鼠体内转化实验证明DNA是遗传物质 B.艾弗里分别提取S型菌的DNA、蛋白质、多糖等物质，通过体外转化证明了DNA是主要的遗传物质 C.赫尔希和蔡斯用^{35}S和^{32}P同时标记噬菌体的蛋白质和DNA，证明了DNA是遗传物质 D.噬菌体侵染实验比肺炎双球菌体外转化实验更具说服力 3."噬菌体侵染细菌的实验"是研究遗传物质的经典实验，主要过程如下：①标记噬菌体→②噬菌体与细菌混合培养→③搅拌、离心→④检测放射性。下列叙述正确的是（　　）。 A.①需要利用分别含有^{35}S和^{32}P的细菌 B.②中少量噬菌体未侵入细菌会导致实验失败 C.③的作用是加速细菌的解体 D.④的结果是沉淀物中检测到放射性		

第五章 高中生物学学科全息育人教学评价

基于高中生物学五育融合基础,本章对高中生物学全息育人的教学评价进行思考、补充、融合,借此更好地促进全息育人课程设计和实施的落地。

　　全章包括五部分内容。首先,以教学评价的意义为导言,基于《国家中长期教育改革和发展规划纲要(2010–2020年)》提出的提高学生综合素质和培养德、智、体、美、劳全面发展的社会主义建设者和接班人的要求,针对全息育人和生物学学科科学课程的本质,提出教学评价的理念和应遵循的原则,除突出育人方向外,还要尤其关注学生作为完整、独立、复杂的生命有机体,课程设计与评价要以全面性原则、发展性原则为指导。其次,对五育融合在评价维度上进行了明确,基于育人目标从全过程、多维度对教学进行评价。最后,对评价方法进行概述,并以《免疫调节》(节选)和《细胞的能量"货币"ATP》(节选)为例进行了简要评价举例。

第一节　高中生物学学科全息育人教学评价理念

一、教学评价的理念指导

　　教学评价要以教学评价理念为指导。人是有意识的,人的活动是在意识指导下的自觉的、能动的活动。马克思认为:人类的特性恰恰就是自由的自觉的活动,这是强调人的活动由自觉意识所指导。在人的意识中,一个主要的层次是理念,这是基于对事物本质认识的基本理念。人们正是以理念为基础,形成相关的方法论,进而形成宏观的操作方略和微观的具体操作方法。任何行为的发展都要有理念的指导,只有以理念为指导,才能系统性、全面性实现行为的进一步发展。教学评价作为人的一种自觉的活动,也要以一定的理念为指导,这里起指导作用的理念就是教学评价理念。教学评价理念是形成教学评价机制、制定教学评价标准、选择教学评价方法的重要依据。

二、教学评价理念

全息育人是基于《国家中长期教育改革和发展规划纲要(2010—2020年)》提出的提高学生综合素质和培养德、智、体、美、劳全面发展的社会主义建设者和接班人要求的教学新方向。变革教学评价观念是实现五育融合教学实践的重要基础,同时教学评价的合理设置能有效促进教育理念和目标的落实。在全息育人教学实践中教学评价是必不可少的环节。

从五育融合的视域来看,教学评价理念主要包括以下几个方面的内容:以德智体美劳全面发展为核心导向;多元化和自主化评价相结合;促进学生个性化发展贯穿始终。

教学评价的具体操作过程中应对课堂教学目标的实现程度、教学活动中使用的方式是否有效、教学过程的创新、对教学内容的熟悉程度、学法培养等方面进行评价,便于教师随时调整自己的教学行为,反思和改善自己的教学计划与教学方法,不断提高教学水平,从而达到促进教师专业发展的目的;同时对学生课堂的参与度、学生课堂的知识获得情况等方面进行综合评价,在对学生的评价维度上应该以学科核心素养发展为主,兼顾学生德性、审美和健康等多维度的发展。

第二节 高中生物学学科全息育人教学评价原则

2020年6月30日,中央全面深化改革委员会第十四次会议审议通过了《深化新时代教育评价改革总体方案》,首次提出了改进结果评价,强化过程评价,探索增值评价,健全综合评价"四个评价"。会议还指出,教育要落实立德树人根本任务,遵循教育规律,针对不同主体、不同学段、不同类型的教育特点,改进结果评价,强化过程评价,探索增值评价,健全综合评价,着力破除唯分数、唯升学、唯文凭、唯论文、唯帽子的顽瘴痼疾,建立科学的、符合时代要求的教育评价制度和机制。高中生物学学科全息育人课堂教学评价应基于以下原则设计。

一、突出育人的方向性

五育融合视域下的教学评价体系的建构应始终坚持以习近平新时代中国特色社会主义思想为指导，全面贯彻党的教育方针，落实立德树人根本任务，把社会主义核心价值观、"六个下功夫"等要求融入评价体系中，从而保证五育融合视域下的教学评价体系始终保持正确的方向，发挥积极的育人功能和导向作用。紧密围绕"培养什么人"这一教育首要问题，将培养德、智、体、美、劳全面发展的社会主义建设者和接班人作为根本任务，使教学评价体系真正发挥好立德树人、引导教学的核心功能。

二、坚持科学性

基于生物学学科核心素养导向，根据学科素养要求，结合学生实际认知发展并充分考虑国家课程标准内容，实现科学引导；重点关注教和学的关系，灵活调整引导方法和手段，实现有效引导。

三、以学习为中心

学生和学习者是两个完全不同的概念，建构主义认为，"学生是说服自己从教学中获取特殊知识和技能的人，学习者则是从自己的经验中建构自己意义的人"。基于这一概念，"以学习为中心"不是人本主义，且应和个人主义划清界限。"以学习为中心"要把握以学生为主体和以学生学习为中心这两大基本要求。

"以学习为中心"教学评价的理念，主要坚持以评促学，而不是监控学生的学习。教师的教学、学生的学习和教学的评价，三者是相互联系、相互结合的，而不是"分"与"离"的关系。从评价标准来看，"以学习为中心"的教学评价的焦点不在于教师对知识的传递，而在于学生知识和能力的获得。"以学习为中心"的评价标准关注的是学生对学习资源的利用情况，关注的是学生的学习结果，而不是教学的输入与资源。

以"以学习为中心"的教学评价主要对学习者的学习需求、学习过程、学习情感、学习方式和学习结果五个要素进行评价。

四、发展性原则

发展性评价更重视评价对象未来的发展能力，而不是刻意地为其下一个结论，确定一个等级，因而在教育评价的实践中脱颖而出，成为目前教育界普遍认为最科学合理的评价方式之一。①

发展性评价强调在目标实现过程中帮助学生进行自我认识、完善和发展,并继续朝着预期目标前进。发展性评价以学生终身综合素质和能力的发展为核心思想,在制定评价标准、评价过程和选择评价手段时,都要着重考虑学生的发展情况。

发展性原则就是不能用静止的考试数据去判断学生的好坏或给学生下定义,而要用动态的数据、发展的观点积极地评价学生。发展性评价可以为课堂教学改革提供可借鉴的材料,为教育当局提供教育决策的基础,更好地指导学校的教学;为教师判断自己上课是否有效服务,可以帮助教师优化课堂教学,寻找有效的教学模式,更好地总结与改进课堂教学;可以帮助中学生找到最好的学习方法,优化中学生的自主学习过程,促进学生自身素质的全面发展。

全息育人教学评价要关注师生的共同发展。首先,要将核心功能定位在促进学生作为完整的人的发展上,尊重学生在教学过程中的主体地位,对教学是否促进学生取得预期的进步和发展进行评价,要促使学生充分发展,包括学生认知与人格的发展、智慧的发展、生成性的发展、面向未来的发展;还要关注教师教学效能的有效发展,促进教师的专业成长。②

五、全面性原则

全面性原则是指在教育教学评价过程中不仅要注重知识传授,还要注重学生身心的全面发展,提高学生的学习质量水平,增强学生主动学习的兴趣,培养学生全面学习发展的能力。这一原则既关注课堂教学目标的完成度,又注重培养学生的动手能力、创新意识,还重视学生人生观和价值观的培养,以便使学生有积极的生活学习态度和坚强的克服困难的意志力。我们还必须促进全体学生的身心全面发展,而不是个别优秀学生的身心发展。只有全体学生身心全面健康发展,教育才能振兴,教育方针才能落实,教育目标才能完成,新课改也才能得到实施。

学生是一个完整的生命体,师生共同构成了相对完整的教学生态,有效教学评价要关注学生生命的整体性,要关注师生生命的发展质量。生命的发展是一个整体,影响生命发展的要素也是一个由多要素组成的系统性的整体。教学评价既要评价"教",也要评价"学";既要评价"教师",也要评价"学生";既要评价"人",也要评价"物"。

在高中生物学教学中同样需要遵循全面性原则,让学习者能够综合运用科学的思

---

① 王汉澜.教育评价学[M].开封:河南大学出版社,1995:63.

② 辜伟节.关于中小学课堂有效教学评价的建议[J].基础教育参考,2008(3):4—8.

维方法,合理地组织、调动不同学科的相关知识与能力,高质量地应对生活实践或学习探索中的复杂问题情境,能够触类旁通、举一反三,甚至融会贯通。具体而言,对同一层面的知识、能力、素养能够横向融会贯通,形成完整的知识结构、能力结构网络;对不同层面的知识、能力、素养能够纵向融会贯通,了解必备知识与关键能力、学科素养、核心价值之间是紧密相连、具备内在逻辑联系的整体。

全面性还应该包括情境的复杂性。教学内容设计时要求以多项相互关联的活动组成的复杂情境为载体,能够体现对学科知识、能力的综合运用,体现对学习者知识、能力、素养之间的纵向整合能力以及综合运用水平的测量和评价。[1]

第三节 高中生物学学科全息育人教学评价的维度

好的课堂评价能实现对知识到素养全方面学习的状况反馈,实现教师与学生的多维度对话。以前的课堂评价多集中在课堂知识的掌握,对学生思维能力、生物学学科核心素养、社会责任感等维度的评价和追踪较缺乏。《普通高中生物学课程标准(2017年)》中指出,评价不仅要关注学生的学业成绩,更应关注个体的进步和多方面的发展潜能。要了解学生发展中的需求,帮助学生认识自我,建立自信,发挥好评价的诊断作用、激励作用和促进作用。通过评价使每一个学生都能够体验到在原有水平上的发展,并从中得到启示,使评价能更好地服务于教育教学实践。注重评价的导向性、激励性、反馈性和鉴定性等功能的发挥,使评价既促进学生的全面发展,又推动教师的教学能力和教学水平的提高,实现评价者和被评价者共同发展。

基于课程标准和高中生物学学科全息育人教育理念的教学评价在关注知识技能培养的同时还要关注学生的五育融合,不应只局限于课堂,要体现对学生整体素质的提升和帮助,应该从教学目标、课堂氛围、学生学习状态不同目标维度以及课前、课中、课后不同时间维度多元多方式进行评价。

---

[1] 冯登立.中学基础教育教学评价体系的创建与实施[J].教学与管理,2018(31):73-76.

一、教学目标

生物学学科是一门自然科学学科,课标倡导的核心素养涵盖生命观念、科学思维、科学探究、社会责任四个方面的基本要求,这些核心素养需要教师通过每节课或每项活动来逐步培养形成。设置教学目标时除了要关注学生的认知发展和科学思维外,还要关注学生德性、审美、健康等意识方面的培养。比如在对必修2第五章第一节"基因突变和基因重组"一节进行设计时,必须使学生通过探讨诱发生物发生基因突变的因素,了解积极预防遗传病的意义和方式,养成健康的生活习惯。

二、课堂氛围

在高中生物学学科全息育人课程理念指导下,五育融合的实现需要创设情境,让学生进入氛围和情境,并且在具体的课堂情境中对学生和课堂教学进行评价。例如,提供相关的图文信息资料、数据,或呈现生物的标本、模型、生活环境,或从学生的生活经验、经历中提出探究性的问题,或从社会关注的与生物学有关的热点问题切入,等等。

三、学生学习状态

五育融合要尤其关注学生课堂上的学习状态。教师要站在学生的立场思考问题,关注学生在课堂上的交往互动、思维发展等,及时调整教学进程,从而获得与学生思维上的同步和心理上的共鸣,促进学生发展。应该鼓励学生自己观察、思考、提问,并在提出假设的基础上进行探究活动方案的设计和实施。

四、课前评价

课前评价可以诊断教师对学生的知识储备、学习能力的了解情况,进而可以据此判断教师的课堂教学设计及推进是否合理以及能否达成目标。这是教师组织学生有效学习的基础,直接关系到教学目标是否能够达成。

五、课中评价

课中评价可以掌控学生学习进展、五育融合落实情况,即诊断学生的听课状态、参与状态、情绪状态,实时掌控学生对知识的掌握情况和思想动态。这是教师组织教学和及时调整教学策略和教学方法的重要依据。

六、课后评价

课后评价诊断教学效果根本上要依据学生的学习效果、情感发展水平和后续发展趋势。即诊断学生通过学习是否掌握了本节课的基础知识,学生能力是否得到充分培养和提升,学生是否树立了正确的价值观。这是对教师教学质量的判断,也是教师进行下节课教学设计的主要依据。

第四节　高中生物学学科全息育人教学评价的方法

课堂教学是学校教学活动的主要平台,课堂评价作为整个教学评价过程中的重要组成部分,不仅是获取教学质量反馈的重要途径,还是对学校及学科育人目标实现情况进行监控的有效手段。评价的最终目的在于提高教师教学的有效性和学生学习的有效性,五育融合视域下的教学评价除了关注学生的知识技能外,还应关注学生的发展性特征和能力,其中尤其强调通过五育融合的教育使学生在认知、德性、审美、健康、劳动等各方面实现全面发展,期望学生综合能力得到长时、稳定地提升,所以在评价时要避免传统教育评价中对象和内容的单一性,有效地运用形成性评价、总结性评价、定性评价和定量评价等多种评价方式,综合全面地评价教和学的效果。评价时要注重学生之间的差异性,要关注学生的发展跟踪,要采用多元化的评价策略,要尽量在教师评价之外,让学生参与评价,形成师评、自评、互评结合的评价方式。要重视学生学习过程中的表现性评价,通过评价发现学生学习过程中的困难,及时给予针对性的指导,并矫正教学中的偏差。要尽量采用鼓励性评价,用评价激励学生,学生得到了教师的肯定,会增强自信心,获得成就感。在课堂组织中和组织后可以参考以下评价方法。

一、观察评价法

观察评价法是观课教师在课堂活动中有目的、有计划地对学生的行为表现、学习状态、听课效果、教师的课程设计、教师与学生的互动状况进行观察,以观察的结果为评价依据,对照教学目标进行评价。观察评价法作为一种质性评价方式,核心就是利用现象学中的描述来把握世界,力图描绘课堂教学过程中教师和学生的认知实践、情感体验和人际交往,用心去理解和解释教师和学生教与学的行为、想法和状态,而后在此基础上对课堂教学做出非量化的评价与持续性的改进。观察评价法的优点就是简单易行,不需要额外的评价工具,不会给学生造成紧张感,观察的是学生在最自然状态下做出的行为表现;其缺点就是教师只能被动地等待学生做出相关行为。[1]

五育融合关注学生课堂学习、课后及未来情感能力发展的评价,观察评价法在五育融合教学评价中通过倾听与观察、理解与解释能较全面地把握学生在认知方面的发展,德性、审美、健康等维度的成长。学校层面在以教研组或备课组为基本单位推行观察评价时,可参考下列框架:进入现场,开展描述——解释现象,揭示主题——协商改进,提供建议——提炼结论,获得启示。

二、书面作业评价

教育部在2014年颁布的《关于全面深化课程改革落实立德树人根本任务的意见》中明确提出:完善中学课程教学有关标准,研究制订学生发展核心素养体系和学业质量标准。说明核心素养下课堂教育还是需要纸笔测验的。教师在经过一小节课堂教学或整节课堂教学后,采用纸笔测试的方法对学生的掌握情况做出评价,能对教师教学目标达成的情况进行良好的反馈。这种测试可采用少量选择题、论述题或教师直接提问的方式,直观反映学生对知识的掌握情况。在设计作业时,还要注意生物学学科是一门紧贴学生生活实践的自然学科,是和学生的健康观念、国家认同息息相关的学科。可根据生物学学科特点,实行"多元化、开放性作业的布置与评价",这改变了传统作业的单调乏味,也能更好地使作业达到其应有的价值和作用,可以对教师五育融合目标达成情况进行反馈和跟踪。

三、表现性评价法

教师可以利用纸笔测验来检测学生知识目标的达成情况,而教学中育人目标的实现不能只局限在认知育人。生物学是一门以实验为基础的学科,在生物学学科的实验教学中,学生的动手操作能力、小组成员间的协作能力也是衡量教师教学的重要指标。德性育人、审美育人、健康育人、劳动育人等目标的达成无法单纯利用纸笔测验来实现,也就无法单纯利用纸笔测验来检测课堂五育融合是否实现。这就要更多依赖于对学生活动的观察和评价。表现性评价法是对学生在课堂活动中做出的行为表现进行动态评价的评价方法,重点运用在小组活动的部分,对小组活动中学生互相协作的表

---
[1] 杨向东,崔允漷.课堂评价:促进学生的学习和发展[M].上海:华东师范大学出版社,2012:109-110.

现、提出观点的表现和解决问题的表现等做出评价。表现性评价的优点就是教师可结合学生的行为表现推断学生背后的真实想法、思维模式以及对知识的了解程度。表现性评价法还可以用来评价学生能力的提升情况和情感态度价值观的形成情况，符合全息育人视域下教师课堂教学德性育人、审美育人、健康育人、劳动育人等目标达成的评价要求。

四、充分利用量表评价工具

教学是一种专业性活动，需要受到社会的监督和专业的评价，而专业的评价则需要明确的评价标准。因此，制订一套行之有效的评价标准，课堂教学评价就有据可依了，相应地课堂教学评价量表的价值也随即凸显出来。课堂教学评价量表是一种评分工具，描述的是对某项任务的具体期望，评价量表将任务分解成多个组成部分，并对每个部分合格或不合格的表现进行详细描述。这种评价工具一般是具体化、行为化和可操作化的。

在制订课堂教学评价量表时，一般要提前确定好需要评价的要素，根据要素确立评价指标，并就每个指标给出具体的权值分重。在使用课堂教学评价量表时，评价者观察课堂教学的实际状况，对照评价量表逐项给出相应的分值，最后给出评价等级。不同课堂教学评价量表，研究者关注的评价对象或者评价目标不同，在全息育人视域下，针对不同课堂涉及的育人点，可以设计不同类型的量表。

"高中生物学探究性学习中育人价值的实现研究"课堂教学观察表

观课人＿＿＿＿＿＿　　观课时间＿＿＿＿＿＿　　观课地点＿＿＿＿＿＿

学科	高中生物学	课题		授课人	
教学过程					
活动	一级指标	二级指标	三级指标		
活动1	教师行为	A.明目标 B.定主题 C.创情景 D.提问题 E.作假设 F.给材料 G.导方法 H.答疑问 I.评学生 J.作总结 K.其他	教的效果	A.教师的活动有效地推进了学生的活动 B.教师的活动充分地利用了学生活动的成果（教与学有互动性） C.教师对教材的处理更有利于学生学习知识、开展活动 D.教师的活动更有利于教学内容以更合宜的方式呈现给学生 E.教师的活动与预设的教学目标有效实现	

续表

活动	一级指标	二级指标	三级指标
活动1	学生行为	A.听讲 B.练习 C.阅读 D.视听 E.思考 F.交流 G.展示 H.答问 I.操作 J.评价 K.其他	学的效果	A.学生活动时间得到保证 B.大部分学生(60%)都参与活动 C.学生的活动内容丰富、形式恰切 D.学生的活动有序开展 E.学生活动与学习内容相关性强

等等。

活动	一级指标	二级指标	三级指标		
活动1	学生行为	A.听讲 B.练习 C.阅读 D.视听 E.思考 F.交流 G.展示 H.答问 I.操作 J.评价 K.其他	学的效果	A.学生活动时间得到保证 B.大部分学生(60%)都参与活动 C.学生的活动内容丰富、形式恰切 D.学生的活动有序开展 E.学生活动与学习内容相关性强	
	育人融合	A.认知育人 B.德性育人 C.健康育人 D.审美育人 E.劳动育人	融合内容	A1.生命观念 A2.学科思维 A3.科学探究 B1.个人实现 B2.社会参与 B3.国家认同 C1.躯体健康 C2.心理健康 C3.社会适应 D1.审美欣赏 D2.审美表现 D3.审美创造 E1.劳动认知 E2.劳动技能 E3.劳动习惯	
	育人策略	A.传统说教;B.创意吸引;C.直观形象;D.体验感悟;E.实践锻炼;F.相机生成;G.潜移默化;H.其他			
活动2	教师行为	A.明目标 B.定主题 C.创情景 D.提问题 E.作假设 F.给材料 G.导方法 H.答疑问 I.评学生 J.作总结 K.其他	教的效果	A.教师的活动有效地推进了学生的活动 B.教师的活动充分地利用了学生活动的成果(教与学有互动性) C.教师对教材的处理更有利于学生学习知识、开展活动 D.教师的活动更有利于教学内容以更合宜的方式呈现给学生 E.教师的活动与预设的教学目标有效实现	
	学生行为	A.听讲 B.练习 C.阅读 D.视听 E.思考 F.交流 G.展示 H.答问 I.操作 J.评价 K.其他	学的效果	A.学生活动时间得到保证 B.大部分学生(60%)都参与活动 C.学生的活动内容丰富、形式恰切 D.学生的活动有序开展 E.学生活动与学习内容相关性强	

续表

活动	一级指标	二级指标	三级指标
活动2	育人融合	A.认知育人 B.德性育人 C.健康育人 D.审美育人 E.劳动育人	融合内容	A1.生命观念 A2.科学思维 A3.科学探究 B1.个人实现 B2.社会参与 B3.国家认同 C1.躯体健康 C2.心理健康 C3.社会适应 D1.审美欣赏 D2.审美表现 D3.审美创造 E1.劳动认知 E2.劳动技能 E3.劳动习惯
	育人策略	A.传统说教;B.创意吸引;C.直观形象;D.体验感悟;E.实践锻炼;F.相机生成; G.潜移默化;H.其他
活动3	教师行为	A.明目标 B.定主题 C.创情景 D.提问题 E.作假设 F.给材料 G.导方法 H.答疑 I.评学生 J.作总结 K.其他	教的效果	A.教师的活动有效地推进了学生的活动 B.教师的活动充分地利用了学生活动的成果(教与学有互动性) C.教师对教材的处理更有利于学生学习知识、开展活动 D.教师的活动更有利于教学内容以更合宜的方式呈现给学生 E.教师的活动与预设的教学目标有效实现
	学生行为	A.听讲 B.练习 C.阅读 D.视听 E.思考 F.交流 G.展示 H.答问 I.操作 J.评价 K.其他	学的效果	A.学生活动时间得到保证 B.大部分学生都参与活动(60%) C.学生的活动充分、形式恰切 D.学生的活动有序开展 E.学生活动与学习内容相关性强
	育人融合	A.认知育人 B.德性育人 C.健康育人 D.审美育人 E.劳动育人	融合内容	A1.生命观念 A2.科学思维 A3.科学探究 B1.个人实现 B2.社会参与 B3.国家认同 C1.躯体健康 C2.心理健康 C3.社会适应 D1.审美欣赏 D2.审美表现 D3.审美创造 E1.劳动认知 E2.劳动技能 E3.劳动习惯
	育人策略	A.传统说教 B.创意吸引 C.直观形象 D.体验感悟 E.实践锻炼 F.相机生成 G.潜移默化 H.其他

续表

活动	一级指标	二级指标	三级指标
活动4	教师行为	A.明目标 B.定主题 C.创情景 D.提问题 E.作假设 F.给材料 G.导方法 H.答疑问 I.评学生 J.作总结 K.其他	教的效果：A.教师的活动有效地推进了学生的活动 B.教师的活动充分地利用了学生活动的成果(教与学有互动性) C.教师对教材的处理更有利于学生学习知识、开展活动 D.教师的活动更有利于教学内容以更合宜的方式呈现给学生 E.教师的活动与预设的教学目标有效实现
	学生行为	A.听讲 B.练习 C.阅读 D.视听 E.思考 F.交流 G.展示 H.答问 I.操作 J.评价 K.其他	学的效果：A.学生活动时间得到保证 B.大部分学生都参与活动(60%) C.学生的活动内容丰富、形式恰切 D.学生的活动有序开展 E.学生活动与学习内容相关性强
	育人融合	A.认知育人 B.德性育人 C.健康育人 D.审美育人 E.劳动育人	融合内容：A1.生命观念 A2.科学思维 A3.科学探究 B1.个人实现 B2.社会参与 B3.国家认同 C1.躯体健康 C2.心理健康 C3.社会适应 D1.审美欣赏 D2.审美表现 D3.审美创造 E1.劳动认知 E2.劳动技能 E3.劳动习惯
	育人策略	A.传统说教；B.创意吸引；C.直观形象；D.体验感悟；E.实践锻炼；F.相机生成；G.潜移默化；H.其他	
总体评价	A.育人目标全面(多育融通)，达成度高 B.学科知识视点(知识点)准确，关键词明晰 C.育人点恰切，与知识视点相度高，育人表达丰富 D.育人方式科学合理，切合知识视点结构，切合学生经验，充分调动了学生主体性 E.学生的科学思维、科学探究能力得到提升；有健康活动、实践活动的拓展延伸任务		总评等级：A.优 B.良 C.中 D.一般 E.差
观课感言及建议			

五、信息数字化评价法

当今社会是以网络技术为代表的信息时代,计算机科学以及网络技术在校园的应用已经大大改变了教育管理模式。但如何借助于信息技术让教师及时、全面、客观地了解、评价学生的发展状况,为教师走进学生的内心世界以及指导学生的发展提供足够的数据信息是值得我们探讨的新课题。现在已经有了较成熟的数字化评价系统和软件,包括在高中普及的学生综合素质评价平台。它既关注了学生的学业成绩,又注重对学生综合素质的考察,既可以关注结果,又可以展现学生成长的过程。它为教师指导学生发展提供了必要的信息保障,也为教师对学生评价方式的多元化迈出了坚实的一步,在不久的将来学生发展数字化信息综合平台将构建起家长和老师了解学生的新的空中通道,教师和家长将能够一起结合学生的具体表现给予更多的指导,从而促进学生的发展。我们可以充分利用手机作为观课工具。现在已有多款程序在教学中得到应用,如微信小程序"课题观察ketangX"等。

六、学生发展性评价的方法

发展性评价的目的是促进学生的发展,每个学生都是一个独立的个体,都有自己的潜能,都有自己特定的生活背景,都有自己的兴趣和爱好,既有共性也有个性,评价应体现以人为本的理念,应对学生五育融合全方面发展进行跟踪记录和评价。发展性教学评价顺应新课改的潮流,面向未来,它不仅重视教师在教学活动中的具体表现,还关注教师和学生的未来发展,立足于教师教学水平的提高。发展性评价方法给教师和学生都提供了一个很好的平台来发现自身的优缺点,及时自省,改正问题。[1]

档案袋评价是发展性评价的重要方式,学生和教师都要明确自己在档案袋评价中的作用,学生负责收集和保存档案袋的内容,教师负责监督引导,还需要定期开展交流活动,鼓励学生自评、互评,统计学生反思的结果,征求学生的意愿,可以将档案袋的结果呈现给学生本人、教师、学校甚至家长。生物学学科特别适合用档案袋评价方法,因为生物实验有很多非量化的因素,而档案袋评价方法恰好能弥补这个不足。

同时,发展性教学评价强调自我反思的作用。通过自我评价,教师可以发现自身的长处和不足,以便为进一步发展确定努力的方向,使评价过程成为一个连续的自我激励、自我提高的过程,从而达到促进教师专业发展的目的。教师自评的内容可以包括基本教学能力、教学过程的创新、对教学内容的熟悉程度、学法培养、课堂氛围、学生

---

[1] 陈刚.中学生物学课堂教学评价的研究[D].武汉:华中师范大学,2014.

参与的积极性等。教师自评形式应以质性评价为主,也可结合定量的等级评价。在注重过程的阶段性评价中,教师应该写好教学后记,及时总结教学过程中的得与失,并注意评价材料的积累,制作教学档案袋。①

七、横向比较法

横向比较法不是针对一节课的教学评价,而是采用比较研究的方法,将多位教师的课堂教学情况进行对比和评价,从而更加清晰地看出每节课的优缺点,并提出改进问题的建议,以促进教学水平的提高与发展。横向比较法也是教学评价过程中常用的方法。它可以分为同课横向比较和异课横向比较。例如,课堂教学比赛的评比都是预先确定一个课题,然后多位选手分别进行教学设计、现场授课,这也是同课异构的研究过程。接着评委组专家根据听课情况进行评议,决定选手的等级、名次,这样的评价就运用了同课横向比较法。又如,教学主管部门对学校进行教学视察时,常常采用异课横向比较法进行评价和反馈。教学视察是对常规课程的检查,主要是将课堂教学反映出来的观点、方法等进行归纳,从个性与共性方面提出值得肯定与推广的优点,指出需要改进的问题。

第五节 高中生物学学科全息育人教学评价的案例评析

一、案例评析一

《免疫调节》(节选)

本节内容是选择性必修《稳态与调节》的相关内容,教材将免疫调节列为内环境稳态的调节机制之一,内环境稳态的维持是神经—体液—免疫调节网络共同作用的结果。教材中首先对神经调节、体液调节做了介绍,而后才开始介绍免疫调节,意在突出免疫系统对维持机体内环境稳态的重要作用,从更深层次上揭示生命活动的整体性,

---

① 朱雪梅."多元交互式"教学评价[M].北京:北京师范大学出版社,2019:63.

对引导学生认识生命系统结构和功能的整体性具有重要的意义。同时也揭示了机体内各个系统之间联系的复杂性和多样性,说明了生命现象内在联系的普遍性。

课程标准对本节的要求:举例说明免疫调节的物质基础和结构基础;举例说明免疫调节在维持稳态上的特殊作用,即免疫防卫、免疫监控和免疫清除功能;概述人体内非特异性免疫和特异性免疫的产生、特点和作用;阐明体液免疫和细胞免疫的大致过程、区别和联系;举例说明免疫功能异常可能引发的疾病种类;举例说明免疫学理论和技术在实践中的应用。

(一)教学设计

教学内容	教学设计	学生活动	设计意图
导入	同学们,你们知道春季容易患什么传染病吗?2020年初出现了一种新型冠状病毒,它对我们的生活造成了极大的影响,让我们一起来认识一下它,看看它有多厉害。(播放新冠病毒流行动画) 流感病毒的确厉害,它主要通过呼吸道进入人体,摧毁人体细胞。那我们又是靠什么进行战斗和防卫呢?让我们共同探讨今天的课题——"免疫调节"。	学生回答。 学生观看。	联系学生生活实际,实现教学中师生互动,激发学生学习兴趣;同时借助动画视频,生动而形象地引出本节课的学习主题,激发学生的求知欲,调动学生的积极性。 引发学生对健康的思考,引入课题。
免疫系统的防卫功能	免疫调节是依靠免疫系统来实现的。免疫系统由什么组成?它们为人体构筑了几道防线呢? 任务一:自主学习。	自主学习,阅读教材内容、理解记忆。	培养学生自主学习能力。提升学生阅读提取信息的能力。
免疫系统的组成	阅读教材第35—36页的内容,完成"任务单",自主学习免疫系统的组成(5+3+3)和三道防线。 (PPT展示"免疫系统的组成") 免疫系统包括三个层次:器官、细胞、分子。 (PPT展示"人体的免疫器官"图片) 介绍免疫细胞由骨髓造血干细胞分化而来,区别B细胞和T细胞成熟的场所。	学生一起说教材插图上的五种免疫器官。	学生了解、明确人体免疫系统的组成,建立爱护身体的每一部分的观念。

续表

教学内容	教学设计	学生活动	设计意图
人体的三道防线 非特异性免疫	免疫系统为人体的健康构筑了三道防线。 (播放动画《人体的第一道防线、第二道防线》) 第一道防线:皮肤、黏膜。 第二道防线:体液中的杀菌物质和吞噬细胞。 (播放动画《第一道防线和第二道防线》) 这两道防线是与生俱来的,不针对特定病原体,而是对多种病原体起作用,所以叫作非特异性免疫。 列举:打喷嚏和伤口化脓。	学生观看,并说出第一、二道防线分别是什么。	学生理解人体的三道防线。 联系生活实际,运用所学知识解决生活中的问题。 培养学生小组合作,组织和表达的能力。
特异性免疫	这两道防线通过层层防卫能阻挡很多病原体,如果这两道防线被突破,人体的第三道防线就要发挥作用了。这就是人体的特异性免疫。什么又是特异性免疫呢? (自主学习:特异性免疫的概念) 阅读教材第37页第3、4自然段,厘清教材中的关键词。 什么是"特异性免疫"? 强调教材中"专门"一词,理解"特异性"的含义。 第三道防线的"作战部队"主要是淋巴细胞。 B细胞这支队伍主要利用抗体消灭抗原,T细胞这支队伍主要利用效应T细胞与靶细胞直接接触,使靶细胞裂解。 提出这两条途径就是特异性免疫的两种方式——体液免疫和细胞免疫。 介绍"抗原""抗体""靶细胞"等概念。	学生自主学习,独立思考并回答。	帮助学生厘清教材中的关键词,为后面活动的开展扫清障碍。
体液免疫	任务二:合作学习——体液免疫 知识竞赛:阅读教材第37页第5自然段,小组合作讨论后进行比赛。 比赛规则:1.本节课涉及三个环节的比赛,在《龙虎榜》上展示各小组每一环节的结果; 2.每一环节,全对的记"A",错1个记"B"; 3.小组参赛以组长举手示意为准,指定同学参与; 4.比赛胜负以《龙虎榜》最终结果为准。 比赛奖品:精美的健康食物卡片(课后发放)。 比赛环节(一)——知识竞赛。 知识竞赛题目: 1.抗体是由_____细胞产生。 2.抗体的化学本质是_____。 3.淋巴因子由_____细胞产生。 4.淋巴因子促进细胞的增殖分化。 5.记忆细胞是否能产生抗体?("能"或"否") 6.出过水痘的人不会再出水痘,与细胞有关吗? 针对学生在知识竞赛中暴露出的问题进行点拨、梳理。	小组合作完成任务,组长指定同学将本组答案写在黑板上。 学生完成任务。 小组合作完成任务。	通过知识竞赛的方式检验学生对体液免疫过程的学习情况,让学生在学习知识的同时,提升学生的团队协作能力,通过小组竞争,让学生真正动起来。 有针对性地解决黑板上暴露出的问题,真正实现以学生为主体,教师有的放矢的课堂教学模式。 通过游戏形式,小组团结协作,共同突破学习中的重难点问题,寓教于乐。

续表

教学内容	教学设计	学生活动	设计意图
	比赛环节(二)——"体液免疫"拼图 　　以小组为单位,合作讨论,并协作完成"体液免疫"拼图游戏。 　　由一个小组的代表在黑板上完成并向其他同学介绍体液免疫过程。(2人拼,1人说) 　　其余同学以小组的形式讨论,并在自己的"任务单"上完成。 　　拼图游戏完成后,由其他组同学评价,教师小结。 　　(播放《抗体消灭抗原》的动画,教师配画外音。) 　　如果病原体成功逃脱体液免疫,躲进细胞潜伏起来,抗体还能消灭它吗?如果不能,怎么办呢? 　　这就得依靠细胞免疫了。	学生评价。	以形象而生动的动画帮助学生构建免疫调节模型,培养科学思维。提升学生概括提炼建模的能力。
细胞免疫	任务三:合作学习——细胞免疫 　　阅读教材第37页剩余部分和第38页第1自然段,小组合作完成任务单。 　　比赛环节(三)——"细胞免疫"拼图。 　　以小组为单位,合作讨论,并协同完成"细胞免疫"拼图游戏。 　　请一个小组的组长指派同学在黑板上完成拼图游戏,并向其他同学介绍细胞免疫的过程。(1人拼,1人说) 　　其余同学以小组的形式讨论,并在自己的"任务单"上完成。 　　拼图游戏完成后,由其他组同学评价,教师小结。	小组合作完成任务。	以形象而生动的动画帮助学生构建免疫调节模型,培养科学思维,提升学生概括提炼、建模的能力。
体液免疫和细胞免疫的比较	PPT展示"体液免疫和细胞免疫的比较",小组合作完成。	小组合作完成任务。	通过对比的方法,总结和归纳两种特异性免疫的特征,让学生理解本节课的重点内容。同时培养学生的辩证思维。
课堂小结	用概念图的形式表示人体的防线与病原体作战,并最终将其消灭的过程。 　　通过今天的学习,我们了解了免疫系统的组成和防卫功能。那么,免疫系统的功能是不是越强大越好呢?免疫系统除了防卫功能,还有其他功能吗?这将是我们下节课要探讨的内容。	学生思考并回答。	用概念图的形式让学生自主生成知识框架。 　　总结本节课内容,提出下节课要探讨的问题,为下节课打下铺垫。
反馈练习	PPT展示。	学生思考。	巩固并反馈所学知识。

续表

教学内容	教学设计	学生活动	设计意图
课后学习任务	1.知识总结：免疫细胞的来源和功能。 2.课后练习："任务单"——课后巩固练习。 3.拓展任务：查阅和搜集各种有关艾滋病的相关资料。	学生课后完成。	对所学知识进行总结，通过练习加以巩固。 搜集关于艾滋病的相关资料，为下节课的学习打下铺垫。同时，帮助学生养成关注生活问题的习惯，培养学生运用知识解决问题的能力。
预防禽流感	国家权威部门建议，目前禽流感以预防为主，下面我们一起观看视频《预防禽流感》。 播放视频，再赠送大家15字禽流感预防口诀。	观看。	通过生动有趣的动画让学生掌握一些预防禽流感的常识。

(二)教学评析

该课程设计以人在所处环境中如何免于生病为引，很好地激发了学生的学习兴趣和思维活力。从人们每日都会接触和面对的环境入手，培养学生爱干净、讲卫生的健康生活习惯，实现了健康育人。然后，通过观看动画进行资料分析，梳理人体的免疫功能，训练学生分析、提炼信息的能力，通过逐层推进思维最终引导和帮助学生构建出人体的免疫系统和免疫三道防线模型，实现对学生科学思维和科学探究能力的培养。关于艾滋病的思考，能使学生建立对艾滋病的基本认识，树立自尊自爱的观念，针对艾滋病传染途径和预防措施的思考，能帮助学生树立尊重和理解他人的观念。该课程学生的小组活动较多，关于病毒的流行、预防、治疗与学生的社会责任感和健康观念相关性较大，在五育融合教学目标的实现中，我们重点采用了表现性评价、观察评价法、多元化作业评价法。

1. 表现性评价和观察评价

本节课中共设计了构建体液免疫过程、细胞免疫过程、阅读教材思考讨论、小组讨论比较分析体液免疫和细胞免疫的区别与联系等多个活动。从学生的参与度和表达情况可以很好地观察学生的合作与交流能力；从学生的讨论中可以观察到学生对知识的理解，并且能观察到学生对知识与社会问题的关注和联系，可以观察到教师是否能把握学生的问题并作出解答和指导。

2. 多元化作业评价

免疫调节与预防医学息息相关，查阅和搜集各种有关艾滋病的相关资料，撰写调查报告并做课题分享能有效锻炼学生搜集整理资料的能力以及语言表达的能力。通过学生对艾滋病传播途径的科学认识能帮助学生形成科学预防观,形成关爱艾滋病病人,不攻击、不歧视艾滋病病人的正确价值观。

二、案例评析二

《细胞的能量"货币"ATP》教学片段

课程标准对本节的要求是:能解释ATP是驱动细胞生命活动的直接能源物质。教学提示建议在教学活动过程中,组织好探究性学习活动,帮助学生增强感性认识,克服对微观结构认识的困难。通过本节的探究性学习实践,能够让学生掌握设置对照实验组和重复实验的方法,进一步学会控制自变量,观察和检测因变量变化的技能,并能将这些方法和技能应用于其他的探究活动。学业要求在阐明细胞生命活动过程中,能够认识物质与能量变化的关系。

《细胞的能量"货币"ATP》是人教版(2019)必修1《分子与细胞》第5章第2节的内容。前两章学生已经了解了组成细胞的各种有机物和细胞的基本结构,形成了结构决定功能的基本观念。本章通过学习细胞代谢活动,推进学生对细胞功能的认识。本节理解ATP的本质和功能是学习后续内容的重要基础,同时也是促进学生形成物质与能量观的绝佳素材。受到有机化学知识的限制,学生对ATP的理解仍存在一定困难,需要执教者摸清学情,把握教材,给予学生合理化的帮助与指导。

本案例主要用到横向比较法中的同课横向比较法。同课异构是指同一位教师在不同时间或不同教师在不同班级基于相同的教学内容进行课堂教学实践的一种活动,可以帮助教师从不同的角度观察审视自我,促进自身专业的发展和课堂有效性的提升。下面就A、B两位教师关于《细胞的能量"货币"ATP》同课异构教学片段,从多个方面进行比较分析,以期待为以后的生物学教学工作提供点滴参考。

(一)A教师教学设计片段

学习任务	教师组织与引导	学生活动	设计意图
情境中感知ATP的作用	情境导入:播放视频(《万物理论》节选),引入渐冻症。 微视频:播放"牛蛙腓肠肌"的探究实验。思考:该实验说明了什么? 过渡:ATP为什么能直接为细胞的生命活动提供能量?	观察实验现象,得出实验结论:ATP是驱动细胞生命活动的直接能源物质。	激发学生的学习兴趣,渗透热爱自然和生命的情感。 展示实物,增强真实感和可信度,激发学生学习的热情。 拓展探究,提高学生的科学探究能力。
ATP是一种高能磷酸化合物	阅读思考:阅读教材第88页第3自然段及边栏中的相关信息,思考问题。 (1)ATP代表什么含义?由哪些化学成分构成? (2)ATP结构简式中的"A""T""P""—""~"分别代表什么?如何区分腺嘌呤和腺苷? (3)为什么说ATP是高能磷酸化合物? 向每个小组成员提供腺嘌呤、核糖、磷酸基团等结构图片,利用所给图片材料,构建ATP的结构模型。 (合作构建:以小组为单位,进行活动) 讲解:结合ATP结构模型分析ATP的化学组成和结构特点。 模型的修正:结合讲授部分修正模型。 设疑:ATP除了化学性质不稳定外,还有什么特点?	观察ATP的化学结构图,利用图片材料构建ATP的结构模型。 学生理解AMP、ADP、ATP之间的关系。认同ATP是一种高能磷酸化合物。	学生通过模型建构,加深对ATP分子结构的理解。 通过一系列活动让学生感知到分子内部存储着能量,借此让学生认同ATP是一种高能磷酸化合物。初步形成结构决定功能以及物质与能量的生命观。

(二)B教师的教学设计节选

学习过程	教师组织与引导	学生活动	设计意图
创设情境,引入新课。 得出ATP的生理功能是驱动细胞生命活动的直接能源物质。 理解葡萄糖和脂肪必须先转变成ATP才能为生命活动提供能量。	1.播放杜牧的《秋夕》诗朗诵,感受情景交融的画面,分析萤火虫发光现象中的生物学问题。 2.进行有关生物体能源物质的回忆,以问题过渡:这些物质能否直接为生命活动提供能量? 3.播放实验视频《探究萤火虫发光的直接能源物质》,让学生通过观看实验发现直接能源物质——ATP。总结得出其生理功能:驱动细胞生命活动的直接能源物质。 4.进行银行支票和现金的比喻,让学生理解葡萄糖和脂肪必须先转变成ATP才能为生命活动提供能量。	活动主题一:用较短的时间进行承前启后的知识复习。 从实验现象中讨论得出结论:ATP是驱动细胞生命活动的直接能源物质,葡萄糖、脂肪等有机物虽然储存着大量能量但是不能直接被利用。	从诗词描绘的美好景象入手,体会其中的生物学知识。 通过观察探究实验,理解设计实验的有关方法。 使学生更好地理解糖类、脂肪等能源物质与ATP的区别。
探索新知,培养能力。 一、ATP是一种高能磷酸化合物	1.ATP的功能是与其结构相适应的,ATP具有怎样的结构? 引导学生阅读教材第86页第3自然段,找出ATP的中文名称、结构简式、各符号代表的含义及结构特点。 2.讲解ATP的结构,用数字记忆法(1、2、3)总结加深认识。 对教材第86页相关信息进行分析,明确ATP的组成元素及结构特点。 指导学生构建ATP模式图,理解ATP分子的化学组成和结构特点。 课件展示ATP和腺嘌呤核糖核苷酸的分子结构,以提问的方式引导学生进行对比,从而发现ATP与RNA的关系。	活动主题二:阅读教材,明确ATP的结构。学生书写ATP的结构简式,叙述ATP的结构特点。 明确腺苷的组成及ATP的组成元素。 尝试构建ATP模式图,对比腺嘌呤核糖核苷酸的分子结构,找出ATP与RNA的关系。	帮助学生树立物质的结构与功能相适应的观点。 指导学生回归教材,提升学生自主学习的能力。 构建模式图,强化学生对于ATP结构的认识。 强化知识之间的内在联系。

(三)教学评析

1. 教学设计的比较

(1)A教师

A教师的教学设计是先从《万物理论》电影节选导入,引出肌肉收缩需要的直接能源物质是ATP,并通过演示实验验证了ATP为肌肉的收缩直接供能,让学生认同ATP的生理功能并能很好地启发学生思考ATP的结构;围绕"结构与功能相适应"这一生物学基本观点展开ATP结构的教学,让学生观察ATP的化学结构式,构建出ATP的结构模型;教师再逐步展示模型的建构过程,让学生清楚地认识到ATP的化学组成、腺苷和腺嘌呤的区别,让学生理解AMP、ADP、ATP之间的关系,认同ATP是一种高能磷酸化合物。然后为后面ATP与ADP可以相互转化埋下伏笔,便于学生构建ATP与ADP相互转化的模型,也能自然过渡到对能量来源和去向的分析,帮助学生认同ATP水解和合成的同时,伴随着能量的变化,形成"物质是能量流动的载体,能量是物质代谢的动力"的物质和能量观。

(2)B教师

在教学情境的创设上,B教师选择以杜牧的《秋夕》这首唯美的古诗进行导课。引导学生思考与萤火虫发光有关的生物学问题,通过这些问题回顾了葡萄糖和脂肪等能源物质。在思考葡萄糖和脂肪能否直接为萤火虫发光提供能量时播放探究实验视频,使学生在较短的时间内认同ATP是直接能源物质这一结论。通过教学实践,导入基本能激发学生的学习兴趣,通过萤火虫发光的图片以及诗朗诵使学生有了直观感性的认识。然后引导学生回归教材再分析相关信息中ATP结构式以细化知识点,发挥学生的主动性,画出ATP的模式图,通过教师讲解和学生画图基本能够突破ATP的化学组成这一重点。提供构建模式图,强化对于ATP结构的认识,也为后面ATP与ADP模式图的构建埋下伏笔。

2. 教学过程的比较

(1)教学资源

在重点和难点的突破上,A、B两位教师都能根据自身的需要合理利用教学资源,但各有特色。

A教师用不同颜色的卡片模拟腺嘌呤、核糖、磷酸基团,构建腺苷、AMP、ADP、ATP的结构模型,让学生理解腺嘌呤和腺苷的区别,掌握AMP、ADP和ATP三者之间的关系,明确"—""~"所代表的含义,认同ATP是一种高能磷酸化合物。

B教师采用先引导学生回归教材再分析相关信息中ATP结构式以细化知识点,后发挥学生主动性画出ATP的模式图,通过教师讲解和学生画图基本能够突破ATP的化学组成这一重点。

(2)教学评价

A、B两位教师的评价标准都能较好地促进学生的学习与发展,体现出评价的诊断、激励和促进作用。

A教师"评价多元"。A教师从3个方面进行评价:

①课后练习题的完成度;

②根据每位学生和每小组的课堂表现,A教师给出自己的评价;

③设置了课后探究,让学生尝试从反应类型、反应条件、能量来源与去向、反应场所等方面比较分析ATP的水解与合成是不是可逆反应。

B教师评价方式较为单一。主要通过学生的课堂发言和课后作业的完成情况来评价,略显单一。

(3)教学时长

A教师的课堂教学时长为40 min,但A教师的教学模式中学生的课前准备与课后作业的完成时间较长(见下表),学生参与度高,制作了精美的PPT并插入了大量视频文件充分调动学生学习的主观能动性。而B教师的课堂教学时长为46 min46 s,分析原因可能有两点:一是教师上课时语速较慢,节奏不紧凑,语言多重复不精练;二是时间分配不合理,处处精讲,时间花费较多,导致知识点的主次位不明确。

项目	A教师	B教师
学生课前准备	20 min	5 min
学生课间参与	40 min	46 min46 s
学生课后作业完成	30 min	20 min

第六章

高中生物学学科全息育人学科研修

本章立足实情,分析现状,以"五育融合"理念为支撑,以高中生物学学科为载体,采用多种学科研修的方法,积极创造条件,探索构建研培结合、培训学习、沙龙交流、浸入体验、技能比赛、课题研修、参观考察、网络研修等全方位、多种研修形式有机结合的综合研修模式,培养学习型、创新型、探究型、实践型的教师,进而引领学生德、智、体、美、劳全面发展。

全章内容首先阐释学科研修理念、学科研修活动的原则,再介绍具体研修方法,呈现研修活动组织实施流程,最后从备课组研修、校本研修、区域性研修这三种最常见的研修案例出发,示范阐述了学科研修活动的开展过程。

第一节　高中生物学学科全息育人研修理念

一、教师为本

百年大计,教育为本,教育大计,教师为本。教师为本指教师是立教之本、兴趣之源,担负着让每个学生健康成长、办好人民满意的教育的重任。教师的工作是塑造灵魂、塑造生命、塑造人的工作,要实现学生德、智、体、美、劳全面发展这一目标,高素质的教师队伍是基础。

立足教师为本,才能为学生的全面发展打下扎实的基础。只有首先让教师深刻理解"全息育人",梳理清楚课程载体中体现的德、智、体、美、劳五个育人点,再将"五育"完美融入日常教育教学中,才能培养出全面发展的学生。

二、全员参与

全员参与表现在两个方面:首先是横向的全员,即所有教师的参与。其次是纵向的全员,即从顶层生物学学科教研员到核心一线生物学专职教师、实验员都关注学科研修活动。

"全息育人"是一个全学段、全学科、全方位的育人模式,需要从小学学段到高中学段各个学科所有参与教学的教师共同参与。只有全员参与,进行无断层的教师系统研修学习,且将各学科的"五育融合"渗透到教育教学的点滴行为中,才能够发展学生的核心素养,进而有助于实现培养全面发展的人的目标。

三、课例推进

课例是关于一堂课的教与学的案例。课例研究是围绕一堂课在课前、课中、课后所进行的包括研究人员、上课人员与他的同伴和学生之间的沟通交流、对话讨论等一系列研究活动。课例推进指以课例研究为载体的推进教师的学科研修的活动。促进教师专业发展的"课例研修"是推进学科研修活动的主要载体。

教师专业发展理论认为,源于教师发展的需要,基于问题需求来规划、发起并组织实施能满足教师发展需要的研修,才能有针对性地解决教师面临的实际教学问题。所以最有成效的教师专业发展是"在真实的学校情境中发生、在教师同伴合作的过程中进行、在教师反思自己的经验中完成"。

将高中生物学教学和"全息育人"有机结合是今后高中生物学教学发展和进步的必然趋势。"全息育人"不仅仅是体现在一些活动中,而是体现在每一节课堂中,因此基于课堂教学平台,以课例为研究对象,将"全息育人"的五个育人点与课例融合,可解决教学实际问题,也可让研修教师在课堂实践操作中达到研修效果。

第二节　高中生物学学科全息育人研修活动原则

研修活动是一种以教师为主体、针对某些目标的活动,在实施活动的过程中,制定出聚焦具体主题、符合教学实际的明确的计划,是辅助教师队伍专业发展和整体素质提高的前提条件。研修活动必须遵循五条特殊原则,即主体性、可行性、针对性、聚焦性、发展性原则。

一、主体性原则

学科研修是教师参与的针对某一学科的研修培训。在研修过程中要以教师为主体,研修主体在实践操作中学习,在研修反思中成长,所以应充分尊重研修者的主体地位,按照成人学习的特点和规律,结合"全息育人"的理念来实施。体现主体性原则的途径多种多样,如可通过调研让参研人员共同建构确定主题,依据参研人员主体经验来撰写研修方案,采取丰富的研修形式让研修主体经历实践,并生成研修成果。

二、可行性原则

研修活动的内容不仅要符合"全息育人"尽可能做到"五育融合",还应该根据备课组、学校教学实际和教育发展的需要来选择,需要考虑诸多因素,研修活动是否可行显得尤为重要。如是否适合研究者的知识基础、专业特长、教育工作的实践经验;研修主题的难易程度、范围是否合适;研修的主题是否科学、是否有理论依据;经过一段时间的研修之后,研修的问题能否被解决;研修活动是否能进行评价、如何有效评价;等等。

三、针对性原则

研修活动要针对一个教学问题、一项教学技能、一种教学策略、一种评价方式等,有目的、有方向地开展教研活动。备课组的研修主题可以围绕解决该阶段实际教学中遇到的确切精细的问题,如最近一段时间观察到的教学现象及改进方案、下一阶段集体备课、年级授课内容、考试内容等问题,学校的研修主题应该优先选择当前教育教学改革,学校教学实际,教师发展中最迫切、最关键性的问题,如怎样提高集体备课的效率,怎样发挥课堂评价功能实效。区域性的研修主题则应聚焦在如何更好地提供平台和资源,如何促进区域内的教学资源均衡流动等方面。

四、聚焦性原则

研修的不同阶段主题都会发生变化,但应该选取并聚焦主题。开展研修活动不能追求面面俱到,在教研活动的各个环节要聚焦于一点或几点。如备课组、校本研修多是以"课"为载体,依次进行备课、说课、上课、观课、评课、反思等,其中备课、说课时要聚焦"全息育人"育人点的体现,主体围绕学生展开;观课、评课时要聚焦本次研修活动专门制订的具体观察点,观察点主体可以是学生,也可以是教师;常见的区域性研修的形式之一为同课异构,需要着重观察同课异构中不同授课教师对"全息育人"育人点的体现方式和育人效果。

五、发展性原则

研修旨在革新教育教学陈旧观点和策略,提升教师业务素养、专业技能和教研水平,推进整体教师队伍素质的提高和发展。在发展中研修,在研修中发展,将"全息育人"的教育观点融合到教师的日常备课中,并逐渐深化到每节课堂里,这种促进教师专业发展、促进学生"德、智、体、美、劳"全面发展的教学相长的研修是我们高中生物学学科研修的愿景。

第三节 高中生物学学科全息育人研修的方法

一、研修的方法

研修方法一般是指在能满足教师发展需要的研修过程中,组织召集教师采取有针对性地解决教师面临的教育教学理论问题或实际问题的方法。

研修活动需要组织者搭建平台、营造氛围,为参与的研修者自己提出问题、分析问题和解决问题提供专业支持。而研修方法的选取是否适切决定了研修活动的效果。所以,在高中生物学落实"五育融合"的研修活动中,组织者要长远计划,有针对性地进行研究策划并形成"区域—学校教研组—备课组"的三级教研网络,最后达成教师专业成长,学生德、智、体、美、劳全面发展,教学和研修成果丰富的成果。

高中生物学学科全息育人研修方法的常见类型如图6.1所示。

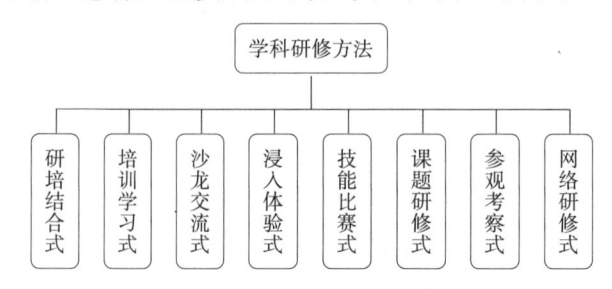

图6.1 高中生物学学科全息育人研修方法

(一)研培结合式

研培结合式是研究和培训同时发生的活动。研培结合式注重研训一体化,多用课例研究加小专题培训的方式,先观摩研究教学课例,再集中学习专题理论,是最常见的一种研修方法。

高中生物学学科"全息育人"教师研修通过观摩课例,为研修者提供了"做中学"的机会。一线教师参与课例的分析,并与其他研修者一起建立研修共同体,一起展开讨论、交流,教师在"做中学",再结合培训小专题的理论支持,可将案例中蕴含的"全息育人"技术思想和方法内化到自己的认知结构中发展自己的智慧,并有效迁移到解决其他生物学教学问题的实践之中。

(二)培训学习式

培训学习式研修指组织者有计划、有步骤地开展促使研修教师习得新理论、新技能的培训活动。如课例学习、教材培训、课程培训、课标培训、教育理论培训、教学方法培训等。通过培训,系统地学习,帮助教师更新教学理念,与时俱进,促进教师专业发展。

在高中生物学的"全息育人"学科研修中,研修者参加培训活动,更新教育理念,学习教学中如何将"德智体美劳"落实到教育教学中,对于提高生物学中科学探究和实践能力尤为重要。

(三)沙龙交流式

沙龙交流式研修指组织者以论坛沙龙为教师群体搭建交流互动平台,通过面对面的沟通和交流,共同了解学科前沿动态,交流工作经验,分享教学实践心得,扩展知识结构。沙龙沟通交流可以让思想发生碰撞,让知识互通有无,让研修教师通过最直观的展示获得更多的指导和经验。

(四)浸入体验式

浸入体验式研修指组织教师开展课堂实验,通过教师自己实验前准备、实验中操作、实验后分析等,体验总结课堂实验中的各种问题,再研究总结后实施到课堂教学中去。

高中生物学教师的"全息育人"教师研修采用的浸入体验式研修,关键是要让研修者自己去解决真实情境中的真实问题,去完成真实情境下的任务驱动,研修时动脑思维、动眼观察、动手实验操作、动口交流研讨。重视实践的行动研修才能兼顾发展学生核心素养的要求,渗透"五育融合"内涵,有效地促进"全息育人"的落地。

(五)技能比赛式

技能比赛式研修指通过组织各种说课、上课、评课比赛,教育论文、教学设计、教学实验等各种评比活动,创造机会和平台,让参赛参评的教师经受锻炼,脱颖而出,让观摩学习的教师习得新的教育理念、教学方式,并迁移到实际教学中去,最终达到教师团队的全员学习,整体提升。

(六)课题研修式

课题研修式研修是指组织者组织教师学习课题研究和论文写作规范,从课题选题、课题申报、文献资料梳理等多个方面进行实操培训,引导教师将教学过程中的研究和实践转化为课题研究、教学论文等,提升教师科研素养。

研修活动是教师成长与进步的扶手,而登阶的关键是研究活动结束后能否形成能够帮助教师改进教学行为的理解与建议,并将之形成课题或者论文,推而广之,以供大家参考。所以,课题研修式的研修活动有助于帮助教师从量变到质变,实现教师素养质的飞跃。

课题研修式研修可帮助打造研究型团队,通过开展有关反思性研究、专题性研究、过程性研究等研究活动,引领促进教师理论水平、教学与研究技能的提高。

(七)参观考察式

参观考察式研修指组织教师赴先进地区学校实地参观考察,学习先进的办学理念、办学模式特色、文化管理、教学经验等,开阔教师视野,拓宽教学思路,增长教师见识,促进教师不断改进自己的工作方法。

教育是具有地区属性的,不同的研修主体有着特殊的培训需求,如生物学学科备课组长的参观考察就侧重学习备课组活动的开展模式和方法,生物学教研员和教研组长重点考察学习该地区生物学学科研修活动的管理经验和模式特色。通过考察学习,从教师发展的视角,综合考虑各种研修方法的特性,合理选择适宜的研修方法进行优化整合,在学校和区域研修中起到引领、示范辐射作用。

(八)网络研修式

网络研修式指组织者利用多媒体技术手段搭建网络资源平台,通过信息技术与学科融合,开发教师备课系统、命题系统、教师培训学习系统等交互系统,实现研修者远程培训交流、研修教师资源共享的一种研修方法。

在高中生物学的"全息育人"学科研修中,课堂中"五育融合"目标的达成需要许多有效的资源,多媒体网络技术支持下的网络研修使资源收集、整合、分享、整理更容易实现,能更有效地解决"德、智、体、美、劳"的资源问题;为参研教师节约了奔波的时间、节省了为集中而消耗的精力,还可以利用网络平台邀请外地名师进行网络连线指导"五育融合",随时随地方便快捷地进行研修,为研修拓宽了空间、增加了途径、提高了效率。

二、研修的组织实施

高中生物学学科全息育人的研修方法具体体现在研修的组织实施中,有规划的研修计划能够指导教师开展研修活动。

研修组织实施的一般流程如图6.2所示。

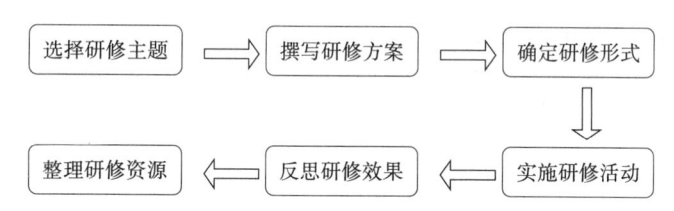

图6.2 高中生物学学科全息育人研修组织实施的一般流程

高中生物学学科全息育人研修一般流程的各个步骤说明如下。

(一)选择研修主题

当确定对一个研修项目采取主题式研修后,第一件事情就是要根据研修项目要求、研修对象、研修资源等确定出研修主题。

1.依据和原则

研修者在确定研修主题时,一要围绕"全息育人"主题,把握时代背景,特别是教育改革的方向;二要从研修实施主体所处范围综合考虑,基于学校规划、教师发展、教学实际问题等进行顶层设计,以实现五育需求为导向;三要与学科一线教师协商对话,分析研修对象,通过问卷调研、访谈等共同确定研修主题;四要组织专家对拟定的研修主题进行深入讨论以探讨其可行性和必要性。

2.方式

(1)基于教师成长与专业发展生成

随着社会经济的飞速发展,教育发展的形势也在不断变化,需要破除外在的控制和管理,从内因来探寻教师专业发展的机制,激发教师成长的内驱力和顿悟教师自身学习的重要性和紧迫性,只有这样,才能自发地、持久地、高效地、积极地推动专业发展。可通过问卷调查教师访谈、与研修学校领导交流、与参研教师沟通等方式,了解教师成长与专业发展成长所需,从而确立研修主题。

如重庆市北碚区教师进修学院通过对高中生物学"全息育人"五育融合的调研,确立的"聚焦核心素养、全息育人"研修主题,就是基于时代大背景下,通过激发教师渴望提升自我、在课堂中达成"五育融合"的育人目标,基于教师成长与专业发展生成所需而设立的。

这种基于教师成长与专业发展生成开展的研修活动,能够拓展教师研修能力和深化学习进一步地发展。

(2)基于问题解决生成

鲍波尔说过:"正是问题激发我们去学习,去实践,去观察。"问题解决是伴随终身的学习能力。所谓问题解决是师生基于真实生活问题情境,通过科学探究和协作沟通,共同理解任务、交流观念和思想、共享问题解决方案,实现由当前目标状态到预期目标状态转变的探究活动。问题解决并不是一种具体的教学模式或学习模式,而是一种基于发展核心素养视角的,融教学认识观、价值观与方法论为一体的课堂教学样态。研修活动同样也可以,以校为本,在学校里进行,学习由真实情境中的弱结构化、开放性的问题而引发,参培教师有明确的学习目标,能够解决学校教育实践问题,使学校自上而下形成"学习共同体"。

例如在备课组研修活动中,通常以安排工作、解决日常教学中的问题为主。如统筹安排下一阶段各班教学进度、下一阶段所进行的新课教学的主要开展形式、以往教授内容体现五育融合的程度、某一细节问题的具体解决措施、讨论试卷中考查学生五育目标的试题的分布和负责教师等。

(二)撰写研修方案

研修需要事先进行规划,以便更好地达成目标。根据确定的研修主题,拟定所需要达成的育人目标,选用研修方法,考虑育人过程中的特殊情况,逐步拟定好本次研修活动的流程与要求,形成研修方案。一般以"课例"为载体探讨如何实现育人目标,也可以单独进行"说课""评课",或者某一点的讨论。

例如在校本研修活动中,通过前期调查和访谈教师教学需求,拟定由一位教师主要负责选定主题《基于全息育人视野下的探究实践课例研修活动——以探究过氧化氢在不同条件下的分解为例》的授课展示。研修活动的负责人拟定的研修方案如下。

研修主题:基于全息育人视野下的探究实践课例研修活动——以探究过氧化氢在不同条件下的分解为例。

研修方法：研培结合式、浸入体验式。

研修流程与要求：提前确定授课教师，让其在本节实验课中着重从科学探究、科学思维、课内实践方面，思考五育融合的具体体现并进行备课；组织其他研修人员提前学课，学习与"探究过氧化氢在不同条件下的分解"有关的课程标准、教学参考书、教材等，提高研修的起点；联系实验室准备满足分组实验的足量猪肝研磨液、过氧化氢溶液、三氯化铁、热水等相关实验材料和试剂；选择一个教学进度适合该节内容的高一班级在下月上旬授课；确定合适的场地来进行评课、讨论。

(三)确定研修形式

根据撰写的研修方案，从研修的地点、时间、参会人员，研修过程中的学课、备课、上课、议课、讲座、结课等方面丰富细节、思考五育融合，设计合理细致的研修形式，形成文件，发布研修计划，让研修活动有迹可循，进而更好地实现育人目标。

1.研修形式的分类

研修形式大致的分类如图6.3所示。

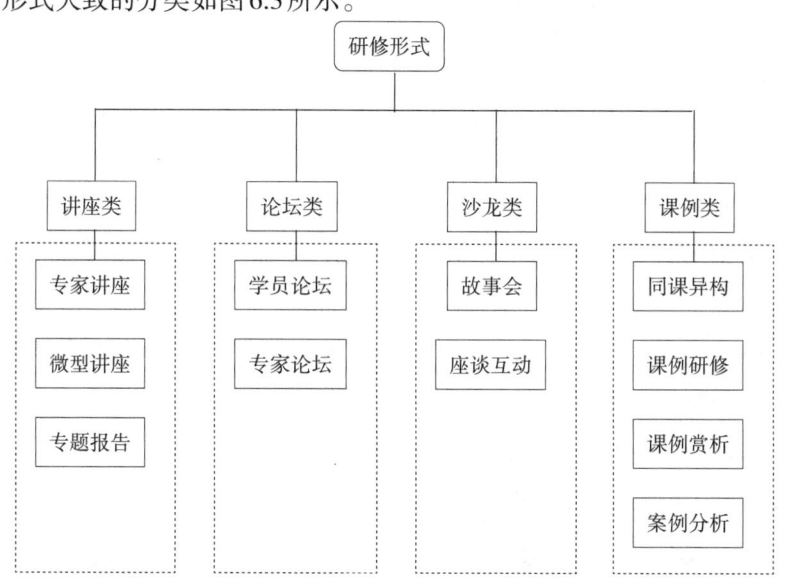

图6.3　高中生物学学科全息育人研修形式的分类

2.研修形式的确定

研修形式的分类有多种，每次研修活动可以选择其中几种进行组合，如专题报告+座谈互动，课例赏析+课例研修+座谈互动，同课异构+案例分析，课例研修+微型讲座+座谈互动，学员论坛+专家讲座等。

例如在区域性研修活动中，根据撰写的研修方案和区域性研修的特点落实细节。下面以北碚区区级教学研修活动为例进行阐述。

(1)确定前期研修、会议方式。

区域性研修涉及该区域多所学校的教研组和众多教师,人员集中难度较大,不易组织,所以前期的集体学课、研讨会议可以采用线上模式,利用腾讯会议、QQ群、钉钉等可以集体参会的软件或者腾讯课堂、直播平台等一人主讲模式的软件进行网络研修。也可以采用传统的线下研修模式,所有研修人员在统一的时间和地点集中研修。

(2)确定前期研修内容。

从研修活动正式开展之前的确定日期起,全体人员围绕主题事先做好准备,学习与这一主题有关的课程标准、教学参考书、教材等,了解相关信息。

(3)主讲教师完成备课。

主讲教师提前准备说课稿、教学设计、课件、多媒体材料等,与本校教研组成员一起打磨课例,实施"三轮两反思"基本范式:主讲教师进行第一轮讲课后,所有人员依据课堂观察结果展开讨论与反思,找出主要问题,并寻求解决问题的突破口;结合新理念进行改进后,完成第二轮授课,再次进行研讨与反思;总结出变化特征,针对出现的新问题进行行为跟进;形成第三版课例。

(4)确定教学地点、班级与时间。

(四)实施研修活动

遵循研修路径,有规划、有条理、可调整地实施研修活动。研修方案的完善是实施研修活动的必要前提,而研修活动的实施也是检验研修方案合理性、完备性的措施,在实施的过程中结合实际育人情况及时调整并进行记录。

以2019年末在北碚区朝阳中学南校区举行的《2019中小学学科育人理论与实践研讨》区域性研修活动为例,该活动全方位助力教师专业发展,使参研教师深刻理解"全息育人"以及如何在课堂教学中做到五育融合。

研修主题:2019中小学学科育人理论与实践研讨。

研修形式:专家论坛+专题报告+同课异构+案例分析+微型讲座+座谈互动。

研修方法:研培结合式、培训学习式。

表6.1　《2019中小学学科育人理论与实践研讨》区域性研修活动安排表

主题	形式	内容
2019中小学学科育人理论与实践研讨	专家论坛	北碚区教师进修学院院长朱福荣做报告——《北碚区中小学学科育人研究的设计与实践》。
	专题报告	学科育人专题报告。
	同课异构	参研教师与送培教师同课异构《物质跨膜运输的实例》,思考:育人点在实验课堂中的体现是否恰当。
	案例分析	①参培教师与送培教师课后说课,分享教学设计理念和依据。 ②重庆市江北区生物学教研员评课分析。
	微型讲座	上海师范大学教授开展微型讲座。
	座谈互动	参研教师分组互动研讨,小组代表发言交流。

(五)反思研修效果

1.研修反思的作用

研修活动实施完成后,形成一系列研修结果,参与研修人员分享、分析自己负责、记录的部分,通过统计法、归纳法总结形成有助于教学、育人的成果;研修活动负责人总结研修活动的实施与方案的差异之处,分析原因,改善研修方案。

在新课程改革的今天,教学反思已经成为很多教师的一种良好的教学习惯。叶澜说:"一个教师写一辈子教案不一定能成为名师,而如果一个教师写三年的反思却往往能成为名师。"由此可见,教学反思不仅能够让教师及时调整自己的教学计划,还能通过反思来不断改进和提高课堂教学能力,以此促进自身的专业成长,努力向教学艺术的殿堂迈进。课堂反思及改进也是课堂教学延伸的一个重要环节。

反思可以在教学和课堂上应用,同样也可以在研修活动中充分发挥其本领。可以写课例上主讲教师处理疑难的智慧火花;可以写在某种特定情境、设计和教法下,学生的独特见解、与众不同的发现;可以在观课结束后分析课例中的成功之处和疏漏失误以及困惑;还可以针对学生反映、素材的应用、题型的处理方式等特定的观察视角展开分析;还可以记录对教学设计的新思考、新构想等。

2.研修反思的分类

利用研修活动,参培教师可以从不同角度、多种方式进行总结反思,大致可以分为以下几类(如图6.4)。

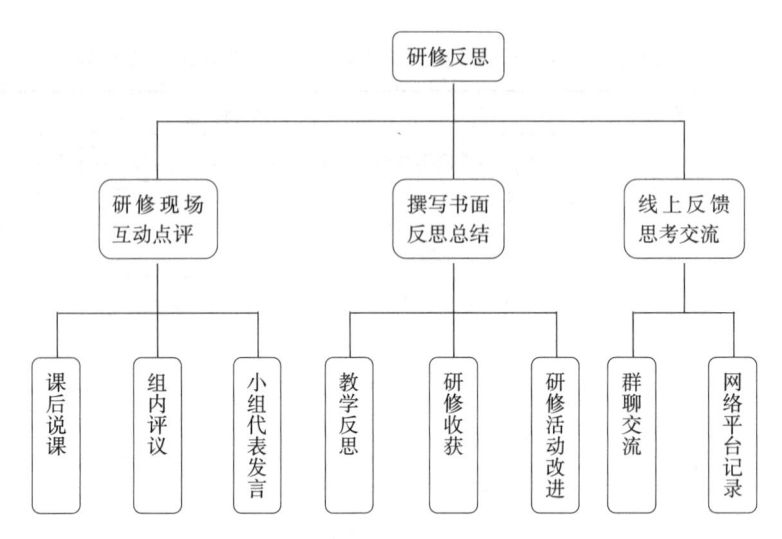

图6.4　高中生物学学科全息育人研修反思的分类

研修反思按照形式可以大致分为三类:研修现场互动点评、撰写书面反思总结、线上反馈思考交流。

线下研修会针对某一研修主题集中展开,主讲教师的课后说课是对课例的反思,分析设计和实施的意图与效果,在互动研讨时会有组内评议及各小组代表发言。这属于参培教师通过讨论的方式从观课者的角度进行反思总结,具有素材鲜明、时效性强、记忆深刻、集中集体智慧等特点。

撰写书面反思总结是在研修活动后以书面形式写下的反思,从主讲教师的角度可以写教学反思,从参培教师的角度可以写研修收获和对研修活动的思考、改进建议。书写需要时间和措辞,所以是思维沉淀之后的结果,具有更强的逻辑性、内涵的后置性和全面客观性等特点。

依托方便快捷的网络设备和应用软件,研修反思也可以在线上反馈,例如微信、QQ、钉钉等即时性的聊天软件,相比书面形式能够最大限度地模仿线下面对面交流,使反思仍然可以是一个团体的集体行为;也可以是类似于书面反思的沉淀性记录,整理成一篇文章发布在博客、微博、朋友圈等平台。线上的反思具有便于保存、方便快捷、形式多样、即时性和后置性并存等特点。

(六)整理研修资源

研修活动是育人研究的重要环节,研修资源可以帮助教师实践育人环节、分析育人效果、为达成育人目标提供教学材料。每次研修活动结束后,研修人员、负责人需要依照不同的分类,将研修记录、讨论过程、导学案、教具、课件、教学设计、反思等研修资源进行整理,纸质版归档,电子版资源储存于单独的文件夹,或者刻录成光盘便于保存和交流。

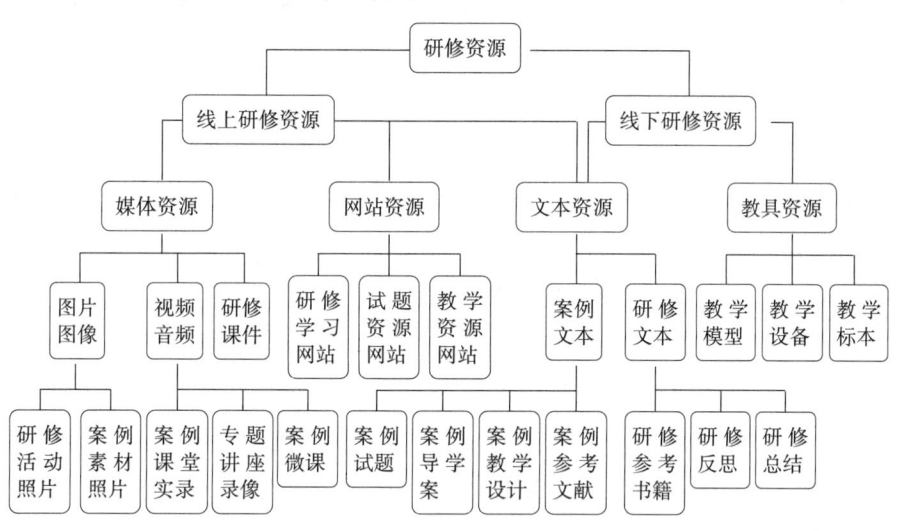

研修资源可以按照以下方式进行分类(图6.5)。

图6.5　高中生物学学科全息育人研修资源的分类

以2020年4月9日北碚区高中生物学"停课不停学"的区级研修活动为例。因为新冠疫情,全国各所学校均推迟开学时间,改为网络授课。在"停课不停学"期间,北碚区组织开展针对特殊时期的网络研修区级教研活动,所以,此次研修活动的资源均为线上资源。

对此次研修涉及的资源进行分类,分为网站资源、文本资源、媒体资源。其中网站资源包括国家中小学网络云平台、重庆市教育资源公共服务平台等教学资源平台;文本资源包括会议前网课期间生成的教学规划、教学反思、教学总结、教学设计等;媒体资源包括网课微课、研修会议实录等视频音频,网络截图、研修截图等图片图像,兼善中学、王朴中学等学校汇报的研修课件。

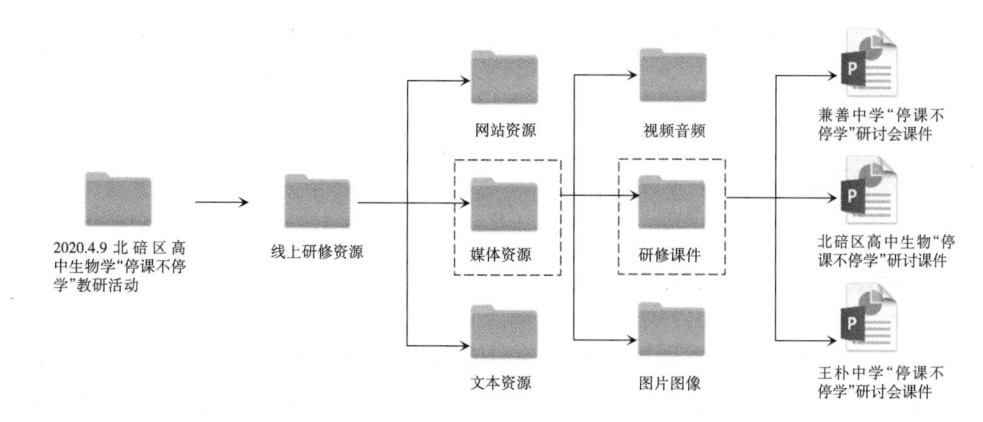

图6.6　北碚区高中生物学"停课不停学"区级研修活动整理的研修资源

第四节　高中生物学学科全息育人研修案例分析

基于以上对高中生物学学科全息育人研修的各方面介绍,阐述研修的理论基础,北碚区高中生物学学科全息育人课题组的全体成员积极参与、充分尝试、完善修正研修活动的执行。

研修活动需要由一定的组织承办开展,根据日常研修和教学活动的需求,也为了应对学术研讨和交流展示而开展前期策划,将研修活动按照承办组织的层级关系分为三大类:备课组研修活动、校本研修活动、区域性研修活动。

不同组织策划的研修活动有不同的目的。首先,备课组是开展教学活动的重要阵地,通过备课组成员的讨论、分工、合作、集体备课等能够有效地加强教学、教研工作,促进"全息育人"观点渗透到课堂当中,开展教改等实践活动,有利于提高教师的教学水平、提高教学效果。

其次,学校本位教师专业发展理论认为,源于学校发展的需要,基于问题并由学校发起和规划,在学校组织实施能满足教师与学校发展需要的校本研修,能有针对性地研究解决教师面临的实际教学问题。所以,最有成效的教师专业发展是"在真实的学校情境中发生、在教师同伴合作的过程中进行、在教师反思自己的经验中完成。"因此,基于课堂教学平台,以课例为研究对象,应用多种研究手段和方法,解决教学实际问题,提高教学效率,并促进教师专业发展的"课例研修"是校本研修活动的主要载体。

再次,区域性研修活动是一种能快捷高效地实现区域资源共享,促进区域内部交流与合作,促进区域教育均衡的活动。而区域教育均衡离不开学校管理、教师队伍、生源和政府投入的均衡,积极开展区域研修活动能够拓展教师研修能力和深化学习的进一步发展。

本节将展示高中生物学学科全息育人的备课组研修活动、校本研修活动、区域性研修活动这三类研修活动的案例,并对其展开分析。

一、备课组研修活动案例分析

备课组研修活动是在备课组内开展的研修活动,该部分将以重庆市兼善中学高二生物学备课某一次备课组研修活动为案例进行说明,该案例大致流程如图6.7所示。

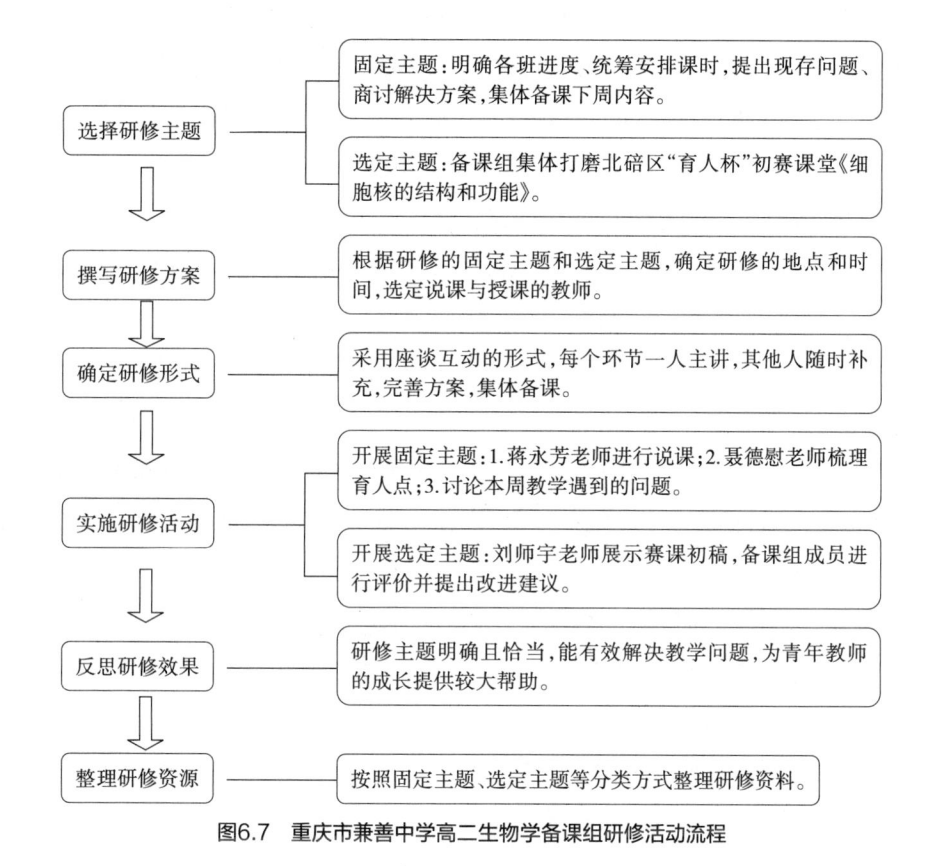

```
选择研修主题 ─┬─ 固定主题:明确各班进度、统筹安排课时,提出现存问题、
              │   商讨解决方案,集体备课下周内容。
              └─ 选定主题:备课组集体打磨北碚区"育人杯"初赛课堂《细
                  胞核的结构和功能》。
       ↓
撰写研修方案 ─── 根据研修的固定主题和选定主题,确定研修的地点和时
                  间,选定说课与授课的教师。
       ↓
确定研修形式 ─── 采用座谈互动的形式,每个环节一人主讲,其他人随时补
                  充,完善方案,集体备课。
       ↓
实施研修活动 ─┬─ 开展固定主题:1.蒋永芳老师进行说课;2.聂德慰老师梳理
              │   育人点;3.讨论本周教学遇到的问题。
              └─ 开展选定主题:刘师宇老师展示赛课初稿,备课组成员进
                  行评价并提出改进建议。
       ↓
反思研修效果 ─── 研修主题明确且恰当,能有效解决教学问题,为青年教师
                  的成长提供较大帮助。
       ↓
整理研修资源 ─── 按照固定主题、选定主题等分类方式整理研修资料。
```

图6.7 重庆市兼善中学高二生物学备课组研修活动流程

(一)案例示例

1.案例研修主题的选择

备课组研修活动通常是为了解决教学实际问题、落实立德树人的根本任务而组织的基础研修,在每周一次的备课组研修中会有固定主题和选定主题,固定主题为明确各班进度、统筹安排课时,提出现存问题、商讨解决方案,集体备课下周内容等;选定主题针对该阶段特有的教学任务、教研任务、学校安排等特殊情况而确定。

在本次教研活动中,固定主题为"明确各班进度、统筹安排课时,提出现存问题、商讨解决方案,集体备课下周内容"。恰逢2020年北碚区"育人杯"优质课大赛(高中生物学)举办在即,组内青年教师刘师宇老师参加初赛,需要联合备课组的力量一起打磨课堂,所以本次选定主题为"备课组集体打磨北碚区'育人杯'初赛课堂《细胞核的结构和功能》"。

2.案例研修方案的撰写

本次校本研修的目的如下:

(1)进行常规备课组活动,为下周教学工作做好计划;

(2)打磨刘师宇老师参与"育人杯"初赛的课堂,研讨学考班教学安排。

为达成以上研修目的,备课组长蒋永芳老师需要初步确定并组织进行以下事宜:选定蒋永芳老师作为说课教师,并提前备课;选定聂德慰老师梳理下周教学内容的育人点;选定刘师宇老师准备"育人杯"初赛的参赛初稿。

3.案例研修形式的确定

基于备课组研修"解决实际教学问题"的目的,一般采用座谈互动的形式,每个环节一人主讲,其他人随时补充,完善方案,集体备课。

(1)蒋永芳老师提前准备《基因指导蛋白质的合成》这节内容的说课,包含以教学过程为主的具体教学内容和其他需要探讨的点。

(2)聂德慰老师提前梳理下周内容人教版高中生物学必修2第4章第1、2节的育人点,从"认知育人、德性育人、审美育人、健康育人、劳动育人"五育层面结合生物学的特点细化育人目标。

(3)备课组全体教师提前熟悉《基因指导蛋白质的合成》的内容,收集本次研修相关资料,包括教材、教师用书、教辅、育人点、本次研修的教学设计、导学案、课件、视频资料等。

(4)刘师宇老师结合"五育融合"准备"育人杯"初赛《细胞核的结构和功能》的上课初稿,并梳理内容形成教学设计,整理其他需要讨论的内容。

4.案例研修活动的实施

备课组各位教师在教研活动正式开始之前,已经按照研修方案准备各自负责的内容。2020年9月18日早上8:50,本次高二年级生物学备课组研修在高二(2)班开始。

(1)固定主题。

明确各班进度、统筹安排课时、提出现存问题、商讨解决方案,聚焦"怎么育人"和"育什么人"。

蒋永芳老师介绍《基因指导蛋白质的合成》的大致教学思路。导入时呈现核孔、DNA、核糖体的直径数据,给学生造成直观的矛盾,引出有"信使"将遗传信息从细胞核传递到细胞质,进而介绍信使RNA和转录的过程。mRNA的遗传信息是碱基的排列顺序,蛋白质上有氨基酸的排列顺序,它们是如何一一对应的呢?引出密码子和相关内容。虽然有了密码子和氨基酸的对应关系,但是谁负责将氨基酸运送过来按照顺序排列呢?转运工具tRNA承担这个工作,再关联到翻译的过程。这样的设计使学生始终沿着"基因指导蛋白质合成"的主线进行,在这个过程中遇到的矛盾、困难会被依次呈现,激发学生去解决问题的欲望和兴趣,符合一般的认知逻辑和学习进程。

课后,蒋永芳老师进行说课,侧重知识层面。随后,聂德慰老师展示自己梳理的该节内容的育人点。"认知育人"下,遗传信息的转录、遗传信息的翻译、中心法则体现了"物质和能量观",密码子的探索过程体现了"科学思维"和"科学方法",课后习题、思考讨论体现了"科学探究"。"德性育人"下,学生通过了解中心法则的提出和修正过程,认同科学是不断发展的,以及人类对自然界的探究永无止境来推动思考人生观、价值观。备课组其他成员进行补充:课后习题和思考讨论涉及"审美育人"的"社会美"和"健康育人"的"身心健康"。通过对教材的分析梳理出该章节的育人点,我们明确了在教学过程中应该结合教材重点讲授哪些内容,同时需要注重教材课后题、技能训练、资料分析,并在课堂中自然顺畅地融入育人内容,实现"五育融合"。

而在本周教学中,刘师宇老师提到学生关于DNA复制所需原材料的计算问题有理解不到位的情况:①DNA的模板链只能是 ^{15}N 标记的链吗?②DNA复制之后上一代的DNA分子是否还存在?③DNA分子中的 ^{14}N 脱氧核苷酸链作为模板链合成下一代DNA分子时自身还需要消耗腺嘌呤脱氧核苷酸吗?总的来看,是学生对上节内容"DNA的复制"过程理解不透彻,相关知识点不熟练,所以才会遗留上述问题从而影响计算问题的解决。备课组成员通过分析,意识到需要在做习题时强调基本过程,对"认知育人"的落实要更加到位,在新课时就需要仔细计划、稳步落实。

(2)选定主题。

备课组集体打磨北碚区"育人杯"初赛课堂《细胞核的结构和功能》。

北碚区"育人杯"优质课大赛是秉承"全息育人"的理念开展的推动区内教师开发优质课、革新育人观念的比赛,从集团内初赛到区内决赛的选题各不相同,也是为了让教师们在更多章节里设计"五育融合"课堂,推进一线全息育人的进程。

刘师宇老师先说明设计的教学过程:用克隆牛引入,通过问题串引出细胞核的功能之一,紧接着衔接资料1、资料4体现"遗传"的功能,资料2、资料3体现"代谢"的功能,这样的改变有利于学生形成清晰的思维,明确细胞核有遗传及代谢两方面的功能。细胞核的结构决定功能,通过让学生阅读几则资料并独立描述细胞核各结构的作用,把细胞核的结构用自主探究方式完成,然后由教师丰富完善。整体依托于教材资料和拓展资料,细胞核的结构用学生自主探究的方式展开,培养学生的"科学探究"和"科学思维"。

备课组成员对主体设计表示赞同,自主探究确实是培养学生科学思维和科学探究的主要途径,在"认知育人"方面有较好的体现。但设计可以更加大胆和完整,将细胞核的功能和结构均设计为探究的形式,让学生带着问题完成任务,结合时间还可以分组分别完成对应任务,"任务驱动"使学生进行组别竞争,激起完成探究的欲望和兴趣。同时,为了更好地突出"劳动育人",蒋老师建议在伞藻实验中加入学生模拟演示,学生介绍细胞核结构时先建构物理模型,将知识与劳动结合,动手动脑增加趣味性和劳动创造,同时建构物理模型时也涉及准确和美观,让学生培养"审美欣赏"和"审美创造",体现"审美育人"。在这样的改进下,《细胞核的结构和功能》一节内容更好地做到了传授知识,还尽可能实现了"五育融合"。

5. 案例研修效果的反思

本次备课组研修采用了座谈互动的形式,一人主讲一个环节,使该环节有一个讨论的主轴,各位成员可以围绕主轴进行补充,从一开始大家比较注重的"认知育人"逐渐加入细节去完善"德性育人""审美育人""健康育人""劳动育人",使得备课组关于全息育人的研修是真实有效的,从而帮助老师从"单打独斗"到集中集体力量一起实现"五育融合",真正达到了集体备课的目的。

每次的选定主题是根据当下的实际情况而定,刘师宇老师准备的初赛内容有自己的创新,但成员们的群策群力丰富了该堂课全息育人的体系,使该课更加丰满、有张力,也让青年教师从中获益,知道如何从"五育融合"的角度更好地去设计一堂课,收获颇丰。

6. 案例研修资源的整理

将本次研修的资源进行整理,按照一定的分类方式,把研修资源用更便捷的方法进行分类并储存。

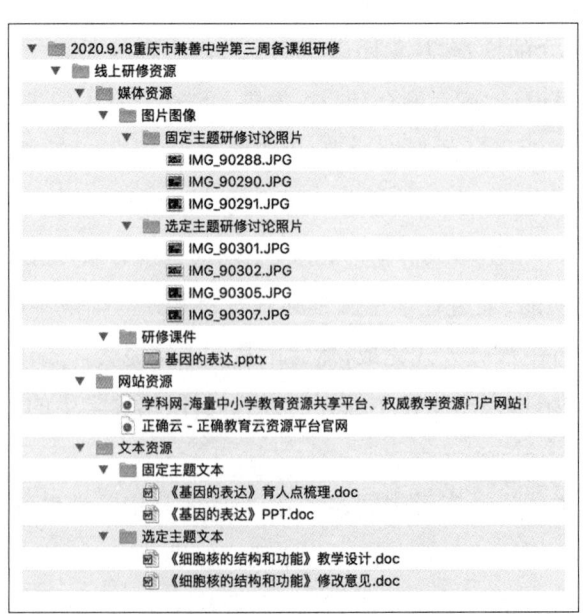

图6.8 重庆市兼善中学高二备课组研修活动整理的研修资源

(二)案例分析

案例分析是对该研修案例内容的分析,以及对案例中研修活动的组织进行评价。通过分析能细致地观测到案例中的研修活动内容是否完善、实施是否到位、效果是否明显,对组织该研修活动进行评价。

1.案例背景

备课组研修的体量利于活动的开展。备课组研修属于小范围的集体备课研修活动,作为团体既能开展一个教师不具备的合作交流,有集体的参与、贡献、合作和支持,又能使个人的能力在有限的时间和范围内得到充分发挥。

本次备课组研修活动是在日常教学任务和"育人杯"优质课大赛的背景下开展的,每个环节有一位教师主讲、其他教师发言讨论并完善总结,这样的模式充分发挥了备课组研修的体量优势:既有鲜明的个人特色,又集合了团队力量;既能使一位教师集中精力专心准备一个内容,又能通过集体获得所有内容的成果。

2.案例主题

基于案例的背景,为了安排日常教学工作和发挥备课组集体力量打磨优质课,案例的主题分为固定主题和选定主题。备课组研修每周可以围绕两大主题开展,在安排好下周工作的同时,也根据学校、进修校的需求解决其他问题,所以制订的"1+N"模式主题十分有效。

3.案例实施过程

案例中的备课组研修活动遵照全息育人研修活动的一般流程,同时也有符合备课组研修特色,围绕"1+N"模式的主题实施研修活动。

无论是固定主题还是选定主题,备课组全体成员都必须自行准备相应内容,这依赖于备课组长在会前就统筹安排,组织好研修活动的整体流程并按照计划依次推进"策划、组织、实施"。

主讲教师的安排也根据实际情况量才录用:蒋永芳老师作为教研组长、备课组长,在长达二十多年的教学经历中形成丰富的经验,能够抓住教学内容的要点和年轻教师容易忽视的点,由她主讲《基因指导蛋白质的合成》事半功倍;聂德慰老师是北碚区高中生物学学科全息育人课题组成员,从"全息育人"教学理念提出之初就一直跟随课题组从理论发展到课堂实践,对"五育融合"的课堂教学有更深的理解,所以由她来分析育人点最为合适;刘师宇老师是北碚区"育人杯"优质课大赛初赛的参赛者,课堂的设计理应由本人全程主要策划,同时作为青年教师有创新想法但不知在课堂上应用是否合适,一并提出让备课组其他教师指导。

全程基于"全息育人"而开展备课组研修。固定主题里从原始课堂关注的"认知育人"扩展到"五育融合",备课组研修做到了通过集中讨论丰富教学内容,达成育人目标,由原始的"传授知识"到"培养核心素养";选定主题也是如此,在努力做到培养学生"科学思维""科学研究"的基础上,通过扩大探究内容和时长,还给学生更多时间和自主性,不仅仅是为了使课堂更加丰富,更是为了实现一节生物学课的"五育融合"。

4.案例反思

该案例中的备课组研修,在特定的背景下制订了适合该时期的固定主题和选定主题,并有合理的"策划、组织、实施",研修活动顺利开展、圆满收官。组织者有力地策划、组织该研修流程,成员积极配合、提前准备、高质量讨论,每位教师都从中有所收获,实现了"1+1＞2"的效果。备课组成员也充分意识到一次精心准备的备课组活动是有利于教师个人成长和发展的,梳理收获、总结经验是下一次备课组研修开展的重要材料。如果每位教师的反思都能形成书面总结,并择其一点提炼升华,无论是个人还是集体都将会有更大的收获。

5.案例资源生成

资源收集分类合理,结合备课组研修的特色,将不同属性的资源分开后又按照固定主题和选定主题进行划分,对各个资源的命名有一定的规律,以利于后期查找。

资源的归类整理除了是对活动的总结,也是后期提炼升华的重要资料,教师可以以一段时间为周期,定期对资源进行总结提炼,生成更有总结性的教学设计、课件、微课、文章,对资源进行更深层的利用。

二、校本研修活动案例分析

校本研修活动是在教研组内开展的研修活动,该部分将以重庆市兼善中学高中生物学教研组某一次校本研修活动为案例进行说明,该案例大致流程如下。

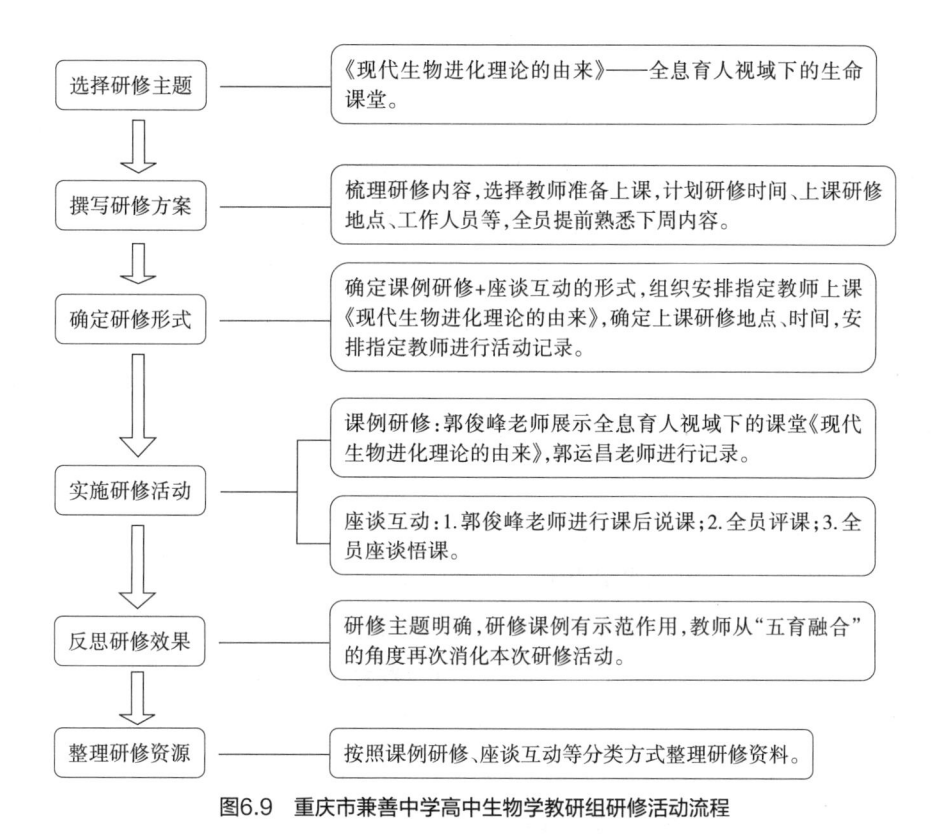

```
选择研修主题 ──── 《现代生物进化理论的由来》——全息育人视域下的生命课堂。
      ↓
撰写研修方案 ──── 梳理研修内容,选择教师准备上课,计划研修时间、上课研修地点、工作人员等,全员提前熟悉下周内容。
      ↓
确定研修形式 ──── 确定课例研修+座谈互动的形式,组织安排指定教师上课《现代生物进化理论的由来》,确定上课研修地点、时间,安排指定教师进行活动记录。
      ↓
实施研修活动 ─┬── 课例研修:郭俊峰老师展示全息育人视域下的课堂《现代生物进化理论的由来》,郭运昌老师进行记录。
              └── 座谈互动:1.郭俊峰老师进行课后说课;2.全员评课;3.全员座谈悟课。
      ↓
反思研修效果 ──── 研修主题明确,研修课例有示范作用,教师从"五育融合"的角度再次消化本次研修活动。
      ↓
整理研修资源 ──── 按照课例研修、座谈互动等分类方式整理研修资料。
```

图6.9 重庆市兼善中学高中生物学教研组研修活动流程

(一)案例示例

1.案例研修主题的选择

为贯彻实行北碚区"全息育人"的教育理念,更好地培养学生的生物学核心素养,在生物学课堂中实现"五育融合",在教研员的指导下,各学校、各教研组均积极响应,鼓励相关人员将"全息育人"渗透在日常教学过程中。在这个过程中,需要教师不断尝试,提前查阅资料,对不同的教学内容要思考并采取适当的教法和策略,每一个细节都需要探索尝试、精细规划,逐步练习如何用更恰当、更自然的方式来完成课程。

每一次校本研修活动都是良好的契机,旨在以学校生物学教研组为单位,共同打造聚焦核心素养、全息育人的课堂。恰逢重庆市兼善中学"立己杯"三课大赛在即,本次研修活动亦可作为教研组集体磨课的平台,结合比赛相关要求、各年级教学进度和参赛教师的综合考虑,选择《现代生物进化理论的由来》作为本次研修活动的授课内容。

故本次校本研修主题为"全息育人视域下的生命课堂"。

2. 案例研修方案的撰写

本次校本研修目的：(1)以课例为载体，通过"上课+评课"的基本环节实现教研组全体生物学教师共同参与、集体进步；(2)探讨《现代生物进化理论的由来》中实现"五育融合"的可行性、创新性，并形成优化方案，打造一堂有生命的课。

为达成以上研修目的，教研组组长蒋永芳老师需要初步确定并组织进行以下事宜：组织选择主讲教师，并提前备课；组织在本校区的高中年级全体生物学教师提前熟悉课程《现代生物进化理论的由来》和本次研修相关资料；确定研修时间；确定上课班级；确定听课地点和研修地点；提前准备听课凳；安排课堂影像资料记录者及研修活动记录员；提前发出研修通知，要求所有参研教师准时到听课地点听课；拟定课后研修流程。

3. 案例研修形式的确定

日常的教学真实发生在课堂当中，为贯彻落实"全息育人"，在课堂中实现"五育融合"，本质还是要回归到真实课堂当中，一线教师是课堂的引导者，课堂是一线教师进行教育的主阵地，学生主要在课堂上接受生物学教育，所以以课例为载体的研修具有真切的现实意义。

本次研修采用课例研修+座谈互动的形式。细化研修方案，落实细节。

(1)请主讲教师高二年级的郭俊峰老师提前备课，上课前三天定好第一稿，最好先在其他班级的真实课堂进行实践，并传送与课相关的资料(全息育人版教学设计、导学案、课件、视频等)到网络平台(QQ群等)供老师们提前学习。

(2)组织在本校区的高一、高二年级全体生物学教师提前熟悉《现代生物进化理论的由来》和本次研修相关资料，包括教材、教师用书、教辅、育人点、本次研修的教学设计、导学案、课件、视频资料等。

(3)确定时间：2020年6月10日上午第三、四、五节课。

(4)确定上课班级：高二(1)班。时间和班级的确定需要与上课教师共同沟通，可以借班上课也可以在自己任教的班级上课。郭俊峰老师是高二(1)班的班主任，与学生们配合程度更高，时间也更加方便；确定班级后根据该班级的课表确定时间，也可以根据所有参研老师的空余时间和后续研修需要进行调课：上课和研修讨论预计三节课，大多数高一、高二的生物学教师在周三上午的三、四、五节课没有排课，所以将高二(1)班的第三节课调换成生物学课。

(5)听课地点为实验楼413室，研修地点为实验楼312室。研修地点最好选择地方宽敞、有私密性、方便记录和讨论的地方，考虑到高一、高二参研生物学教师有近十位，又要避免自己的讨论打扰到其他老师,所以选择有大方桌的实验楼312室作为本次校本研修的研修地点。

(6)提前准备听课凳。根据参研教师的人数准备足够的凳子,摆放在教室后方,如果摆放不下还需要提前调整桌椅位置或者转移到大教室上课。

(7)由郭运昌老师负责记录各环节师生的表现,用相机记录课堂中育人点的渗透,为研修活动收集资料,由刘师宇老师负责研修中座谈互动要点记录。

(8)提前一天(2020年6月9日)通知所有参研教师准时到实验楼413室听课,进行研修。

(9)细化课后研修流程:由主讲教师郭俊峰老师先介绍本节课设计思路,听课教师进行简单评议,为了达到本次研修目的,所有教师再针对细节问题进行讨论、磨课,生成一堂有质量的课堂。

4.案例研修活动的实施

在主讲教师精心备课和参研教师提前学课之后,重庆市兼善中学高一、高二的生物学教师准时到达实验楼413室听课。

(1)观课学习。

2020年6月10日上午第三节课,郭俊峰老师在高二(1)班展示人教版生物学必修2第七章第一节《现代生物进化理论的由来》。

(2)评课交流。

第四节课,教研组全员移步到实验楼312室评课。在教研组长蒋永芳老师的主持下,首先由主讲教师郭俊峰老师进行课后说课。

郭俊峰老师尝试打破本节课常规的"先拉马克后达尔文"的纵向教学顺序,在两个较为对立的观点之下,采用了具有对抗性的辩论赛模式,两位科学家的观点通过学生自己的查询、搜索、整合、叙述表达出来,通过"吸收、内化、生成"以实现教学目标。

随后教研组全员参与评课交流。各位老师先肯定了郭老师采用辩论赛将拉马克和达尔文的观点对比起来同时学习,打破了教材里传统的纵向学习方式;紧接着提出观察到的细节问题,如对导入和衔接的设计、辩论赛的环节设计、各环节对应的学科育人点等进行细致分析。

(3)座谈悟课。

教研组全员以本课题为例进行讨论:如何设计教学过程;在课堂中渗透生物学学科核心素养时,重心应放在生命观念还是科学思维;如何更融洽、自然地实现五育融合;等等。

大家集体发言后讨论总结出以下改进建议:

①导入需要更加新颖,故更改为:加入长颈鹿的影片和出土的短颈鹿的化石,在矛盾之中产生探究的欲望:发生了什么? 进而引出本节课贯穿的问题中心:长颈鹿的脖子为什么变长?

②辩论环节"一辩"立论,建议规范学生发言模式;"二辩"驳论,在学生提问中逐渐引出两位学者的中心观点,并板书在黑板上;"自由辩论"引导学生分析己方观点的进步和局限性,补充观点应更加全面地展现出达尔文自然选择学说的"外因、内因、动力和结果";"三辩"总结我方核心观点、进步性、局限性。在环节设置上教师要引导学生逐渐达成模型构建的前提,为后面主持人的总结做好铺垫。

③梳理出本课的基本流程。

引课环节:长颈鹿生活视频欣赏,设置"长颈鹿脖子为何变长"问题情景引入课程;自主学习环节:带着问题阅读教材,自主学习进化的2种观点,选择自己支持的观点;辩论真知环节:双方辩友立论发言,阐释观点;建构模型环节:建构2种进化论的模型;学以致用环节:农药杀灭害虫,抗药性变强的原因分析。

5.案例研修效果的反思

本次校本研修采用了课例研修+座谈互动的形式,在真实的课例中进行感受,课后有实际的课堂细节可以讨论,集大家之所长共同改进以体现本堂课的亮点、线索、思想,是一次比较成功的研修活动。

授课人和听课人通过座谈互动,对本节课的内容进行反思总结,更新策略。学习了如何更好地运用辩论赛系统地构建拉马克和达尔文提出的模型,体现了建模的育人点;本节课三线并行,除了明线"长颈鹿脖子为什么这么长"、暗线"进化理论的发展",还有"生命线"的体现;在课堂中渗透"进化与适应观""结构与功能观"等观点,充分体现核心素养的生命观念;在课堂的学以致用环节,引导学生用进化的观点来分析社会热点事件,很好地体现社会责任。

研修结束后,各位老师又私下讨论,写下自己的感悟和收获。无论是听课还是评课,教研组都站在"全息育人"的视角,去观察、领悟、考量是否恰到好处地做到"五育融合"。

6.案例研修资源的整理

将本次研修的资源进行整理,按照一定的分类方式,把研修资源用更便捷的方法进行分类并储存。

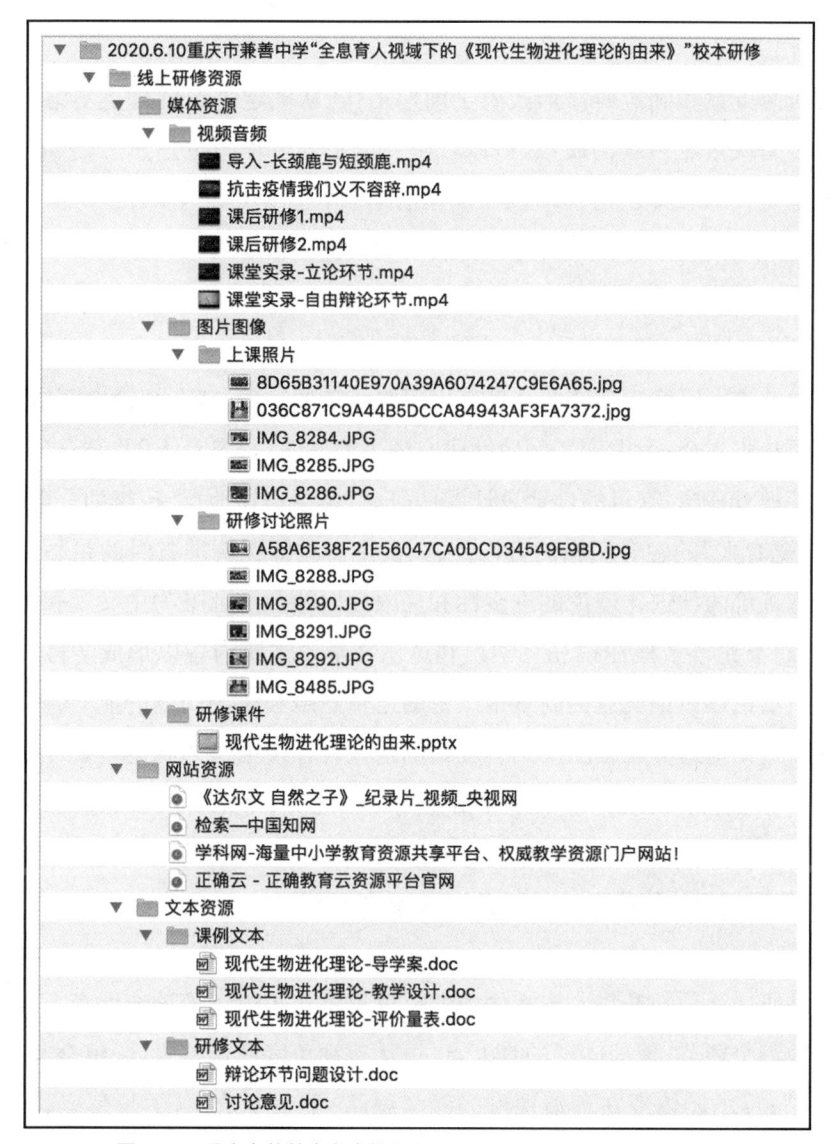

```
▼ 📁 2020.6.10重庆市兼善中学"全息育人视域下的《现代生物进化理论的由来》"校本研修
   ▼ 📁 线上研修资源
      ▼ 📁 媒体资源
         ▼ 📁 视频音频
            🎬 导入-长颈鹿与短颈鹿.mp4
            🎬 抗击疫情我们义不容辞.mp4
            🎬 课后研修1.mp4
            🎬 课后研修2.mp4
            🎬 课堂实录-立论环节.mp4
            🎬 课堂实录-自由辩论环节.mp4
         ▼ 📁 图片图像
            ▼ 📁 上课照片
               🖼 8D65B31140E970A39A6074247C9E6A65.jpg
               🖼 036C871C9A44B5DCCA84943AF3FA7372.jpg
               🖼 IMG_8284.JPG
               🖼 IMG_8285.JPG
               🖼 IMG_8286.JPG
            ▼ 📁 研修讨论照片
               🖼 A58A6E38F21E56047CA0DCD34549E9BD.jpg
               🖼 IMG_8288.JPG
               🖼 IMG_8290.JPG
               🖼 IMG_8291.JPG
               🖼 IMG_8292.JPG
               🖼 IMG_8485.JPG
      ▼ 📁 研修课件
         📄 现代生物进化理论的由来.pptx
      ▼ 📁 网站资源
         🌐 《达尔文 自然之子》_纪录片_视频_央视网
         🌐 检索—中国知网
         🌐 学科网-海量中小学教育资源共享平台,权威教学资源门户网站!
         🌐 正确云 - 正确教育云资源平台官网
      ▼ 📁 文本资源
         ▼ 📁 课例文本
            📄 现代生物进化理论-导学案.doc
            📄 现代生物进化理论-教学设计.doc
            📄 现代生物进化理论-评价量表.doc
         ▼ 📁 研修文本
            📄 辩论环节问题设计.doc
            📄 讨论意见.doc
```

图6.10　重庆市兼善中学生物学学科校本研修活动整理的研修资源

(二)案例分析

1.案例背景

在北碚区"全息育人"的理念下结合学校教学、比赛安排进行的研修活动,有明显的针对性和发展性,其目的是为了教师通过实际练习更好地进行"全息育人",兴邦育人;全程聚焦《现代生物进化理论》这堂课,以课例为载体,符合"课例推进"的理念;从研修的统筹到实施,无论是横向的高一、高二的教师还是纵向的教师和学生,全员参与,但主体还是教师,教师为本,主导研修。

2.案例主题

撰写研修方案和确定研修形式属于前期工作,从确定主题到真正实施,中间的统筹、规划、准备决定了后续的质量,所以教师在准备的过程中也是熟悉、思考育人点的过程。无论是授课教师还是参培教师都在前期做好了充足的功课,在听课、评课时才能观中思、思中辨、想即言,思维转瞬而至,既大大提高研修效率又达成研修目的,这才使本次研修活动真正围绕着主题"全息育人"而开展。

3.案例实施过程

案例中的校本研修活动遵照全息育人研修活动的一般流程,从确定研修主题到整理研修资源步步齐全:考虑到了区域性研究的主要方向"全息育人"并结合了学校特色"智仁勇恒"教育理念;有目的性地设计课例研修,包括选择地点、班级的合理性和对应课题与"全息育人"的融合实施的可行性;以及主讲教师课例准备时的精心设计:学生在设计客观评价两种进化理论的进步性和局限性时体现辩证唯物主义观和生命观,此为德育;通过立论环节概述拉马克学说和达尔文学说主要内容以形成学科知识,在此基础上自由辩论以讨论交流提高学生严密的逻辑思维和解决问题的能力,更通过构建模型来形成进化与适应观;此外,结合疫情的情景设计使强健体魄的重要性不言而喻;用"长颈鹿与短颈鹿"的视频导入来感悟生命结构之美;辩论赛准备、实施的集体协作锻炼学生的协调合作能力。精巧的设计较好地实现"五育融合",课例是研修的主体和基础,完备的课例促使研修活动的起点较高、效果更好。

4.案例反思

反思是研修活动的升华。本案例中的反思集中在小组讨论该节课育人点梳理,仔细剖析单独每个环节,梳理体现的育人点,再从宏观角度看待整堂课,综合起来以实现"五育融合";反思还体现在理清课例的教学思路,学生辩论主题"长颈鹿脖子为什么长"为明线,教师希望通过辩论使学生理解"进化理论的发展"为暗线,以及以"全息育人"为主体的生命线。反思使研修教师一起听了一堂课,还展开讨论评了一堂课,无论是对这堂课本身而言还是对研修活动而言,反思有助于反复思考、精练思维、提取要点、总结不足,为以后教学和研修活动的开展积累经验。

5.案例资源生成

资源总结偏向于收尾工作。资源整理的过程中可以梳理资源类型,删除多余文件保留有效资源,分类详细、层级清晰。本次研修的资源多以电子资料的形式呈现,包括课例展示和座谈互动,所以在"媒体资源""网站资源""文本资源"等大类下又细分小类,将课例部分和座谈部分的资源归档。每一次展示课和研修活动都是今后宝贵的资料,通过整理使得资源分门别类,方便查找。

三、区域性研修活动案例分析

区域性研修活动是在一定区域内开展的研修活动,该部分将以北碚区高中生物学某一次区域研修活动为案例进行说明,该案例大致流程如图6.11。

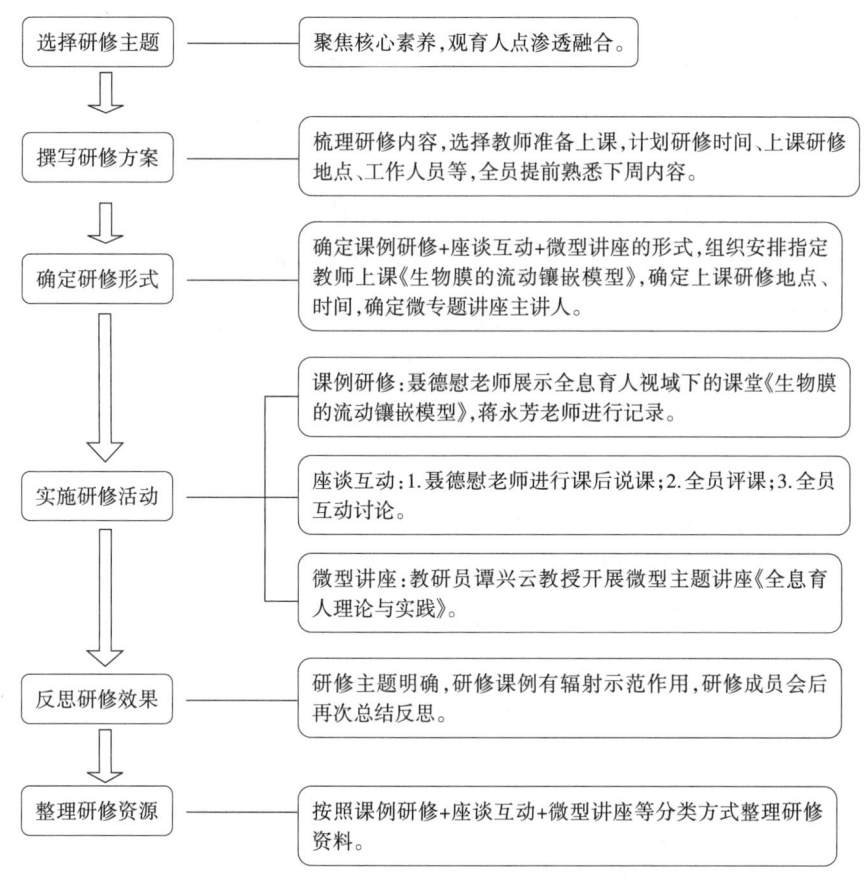

```
选择研修主题 —— 聚焦核心素养,观育人点渗透融合。
      ↓
撰写研修方案 —— 梳理研修内容,选择教师准备上课,计划研修时间、上课研修
                 地点、工作人员等,全员提前熟悉下周内容。
      ↓
确定研修形式 —— 确定课例研修+座谈互动+微型讲座的形式,组织安排指定
                 教师上课《生物膜的流动镶嵌模型》,确定上课研修地点、
                 时间,确定微专题讲座主讲人。
      ↓
实施研修活动 —— 课例研修:聂德慰老师展示全息育人视域下的课堂《生物膜
                 的流动镶嵌模型》,蒋永芳老师进行记录。
                 座谈互动:1.聂德慰老师进行课后说课;2.全员评课;3.全员
                 互动讨论。
                 微型讲座:教研员谭兴云教授开展微型主题讲座《全息育
                 人理论与实践》。
      ↓
反思研修效果 —— 研修主题明确,研修课例有辐射示范作用,研修成员会后
                 再次总结反思。
      ↓
整理研修资源 —— 按照课例研修+座谈互动+微型讲座等分类方式整理研修
                 资料。
```

图6.11 北碚区高中生物学区域研修活动流程

(一)案例示例

1. 案例研修主题的选择

区域性研修活动是一种能快捷高效地实现区域资源共享,促进区内部交流与合作,以促进区域教育均衡的活动。而区域教育均衡离不开学校管理水平、教师队伍、生源和政府投入的均衡,积极开展区域研修活动,能够拓展教师研修能力和深化学习的进一步发展。

区域性的研修需要从地区综合考虑,进行顶层设计以实际需求为导向。研修活动的主要负责人要通过网络问卷、电话访谈等形式,了解本区域内的教师们最需要的研

修内容、研修方式等;通过对该区域各学校的访问,由学校反馈该校教研组的研修主题及研修需求。综合考虑该区域研修主题的一致性、研修活动的目的性、研训活动的需求性等确定研修内容。

通过教研员下校调研、听课,与老师们面对面地交流,对北碚区高中生物学教学现状进行深入调研,并通过建立的高中生物学学习交流QQ群,征集老师们关于"全息育人"的教学困惑与疑虑,了解一线教师认为关于"五育融合"的实施与渗透是难点,需解决如何在课堂教学设计中将"全息育人"理论付诸实践,如何指导学生们在学习中开展全息育人探究。

基于问题解决,为了更好地培养学生的生物学核心素养,在生物学课堂中实现"五育融合",贯彻实行"全息育人"的教育理念,北碚区教师进修学院确定重庆市兼善中学高一年级生物学备课组承担区级教研活动,并确立主题为"聚焦核心素养,观育人点渗透融合"。

2.案例研修方案的撰写

研修主题:聚焦核心素养,观育人点渗透融合。

研修目的:通过观摩学习,了解如何在课堂教学设计中将"全息育人"理论付诸实践,实现"五育融合",指导学生们在学习中开展全息育人探究。

研修形式:课例研修+座谈互动+微型讲座。

研修方法:研培结合式、培训学习式。

主讲人:高一年级生物学组聂德慰老师。

研修人员:北碚区全体高一、高二年级生物学教师。

研修时间:2019年11月14日。

听课地点:实验楼107室　研修地点:实验楼302室。

活动策划:2019年11月14日下午第一、二、三节课,下午第一节课2:30—3:10,聂德慰老师在高一(1)班展示人教版生物学必修1第四章第一节《生物膜的流动镶嵌模型》。下午3:20—4:20,研修人员采用小组讨论的形式发表看法进行议课,4:20—5:00,北碚区生物学教研员谭兴云教授开展微专题讲座。

前期准备工作如下。

(1)确定授课主题。重庆市兼善中学高一年级生物学备课组提前一周开展备课组研修活动,结合教学进度,确定展示课课题。

(2)学习资料,授课教师独立备课。

(3)交流研讨,集体备课。小组探讨,形成教学设计初稿。

(4)教学实践,深入研讨。提前5天,授课教师聂德慰老师随班试讲,生物学备课组全体教师到堂观课,进行课堂观课记录,课后探讨,修改教学设计,形成二稿。

(5)及时总结,改进课堂。提前3天,授课教师聂德慰老师再次随班试讲,生物学备课组全体教师到堂观课,进行课堂观课记录,课后探讨,修改教学设计,形成终稿。

(6)联系信息技术组,确定研修课程录制。

(7)联系后勤组,确定研修现场桌椅凳的调整。

(8)确定图片信息采集者、研修活动文字记录者、研修后资源收集整理者、活动简报撰写人。

3.案例研修形式的确定

本堂课采用"课例研修+座谈互动+微型讲座"的研修形式。

(1)课例研修。

课例研究小组成员要根据研究主题确定课堂观察的角度——观察教师、观察学生。根据研究主题中的关键词和教学中的关键性事件,确定并细化观察的维度和诸要素,并拟定课堂观察量表。主讲教师在充分准备的情况下把课上好,从立足理论,到付诸实践。上课期间,研修人员着重观察自己所负责的部分,专心听讲,认真记录,思考需要研讨的问题。

(2)座谈互动。

研修人员采用小组讨论的形式发表看法进行议课,为了减少评价的随意性,增强针对性、实效性,议课时根据课堂观察量表表格内容用定性与定量相结合的方式分析课堂教学,使观察者与被观察者进行有效的专业探讨,寻找教学行为跟进的策略。最后,每个小组确定一个发言人,综合小组意见进行发言。

(3)微型讲座。

由名师工作室成员、学科带头人、骨干教师等根据研究主题和课堂实践,承担微型主题讲座。短小精悍的主题讲座,形式灵活,难度不大,却能提升教师的理性思维能力、实践反思能力。有了前面课例的实践,再从理论角度讲清一个观点,将理论与实践更密切地结合起来,相辅相成,使研修更有深度。

4.案例研修活动的实施

研修活动开始前,北碚区教师进修学院根据各校反馈的问题,结合全息育人项目,明确研修主题及研修需求,确定研修内容,明确课题组成员担任主讲教师,确定上课课题内容《生物膜的流动镶嵌模型》,及授课时间、地点等。主讲教师提前准备说课稿、教学设计、课件、多媒体材料等;与备课组成员一起打磨课例,实施"三轮两反思"基本范式:主讲教师进行第一轮讲课后,所有人员依据课堂观察结果展开讨论与反思,找出主要问题,并寻求解决问题的突破口;结合新理念进行改进后,完成第二轮授课;通过再次研讨与反思,总结出变化特征,形成第三版课例。

第一部分:课例研修(2:30—3:10)。

北碚区全体高中生物学教师到兼善中学实验楼107室随堂观课。

第二部分:座谈互动(3:20—4:00)。

首先,主讲教师聂德慰进行课后说课,阐释课堂中全息育人、五育并举的育人点的体现。授课教师反思自己的课堂教学哪些方面达到了目标,取得了成果,以及还存在哪些问题,并期待大家给予改进建议。

随后,研修人员分为兼善教育集团、朝阳教育集团、江中教育集团三大组,实行小组负责制,每小组确定组长、书记员、发言人,三大组根据观课情况,采用小组讨论的形式发表看法进行议课,时间为20分钟。讨论结束后,每组发言人综合小组意见进行发言。发言人从课堂实施、育人点体现、课堂亮点、课堂改进建议等多方面发言。

第三部分:微型讲座(4:10—4:50)。

生物学学科教研员谭兴云教授根据研究主题和课堂实践,开展微型主题讲座《全息育人理论与实践》。首先,教研员将本课的教学实例实践情况与主题、先进的教学理念结合起来,进行深入浅出的分析,提出教学工作与研修工作的指导性意见,做好专业引领工作。短小精悍的主题讲座,形式灵活,却能提升教师的理性思维能力、实践反思能力。从理论角度讲清一个观点,将理论与实践更密切地结合起来,相辅相成,使研修更有深度。

5.案例研修效果的反思

主讲教师进行课后说课,反思自己的课堂教学哪些方面达到了目标,取得了成果,以及还存在哪些问题有待下一步改进。

首先,教研员将准备好的与主题相关的材料,与先进的教学理念、本地的教学实际、本课的教学实例结合起来,进行深入浅出的分析,提出教学工作与研修工作的指导性意见,做好专业引领工作。其次,所有参研人员将自己在该次研修活动中认识最深刻的一点或几点写成总结,形成个人研修成果。主讲教师要根据大家在议课时提出的改进意见,完善该课的教学设计。

研修全员根据任务分组对本次研修活动进行总结,深层的总结能够提高教学、教研能力,形成教学、教研成果。所有参研人员将自己在该次研修活动中认识最深刻的一点或几点写成总结,形成个人研修成果。

6.案例研修资源的整理

将本次研修的资源进行整理,按照一定的分类方式把研修资源用更便捷的方法进行分类并储存(图6.12)。

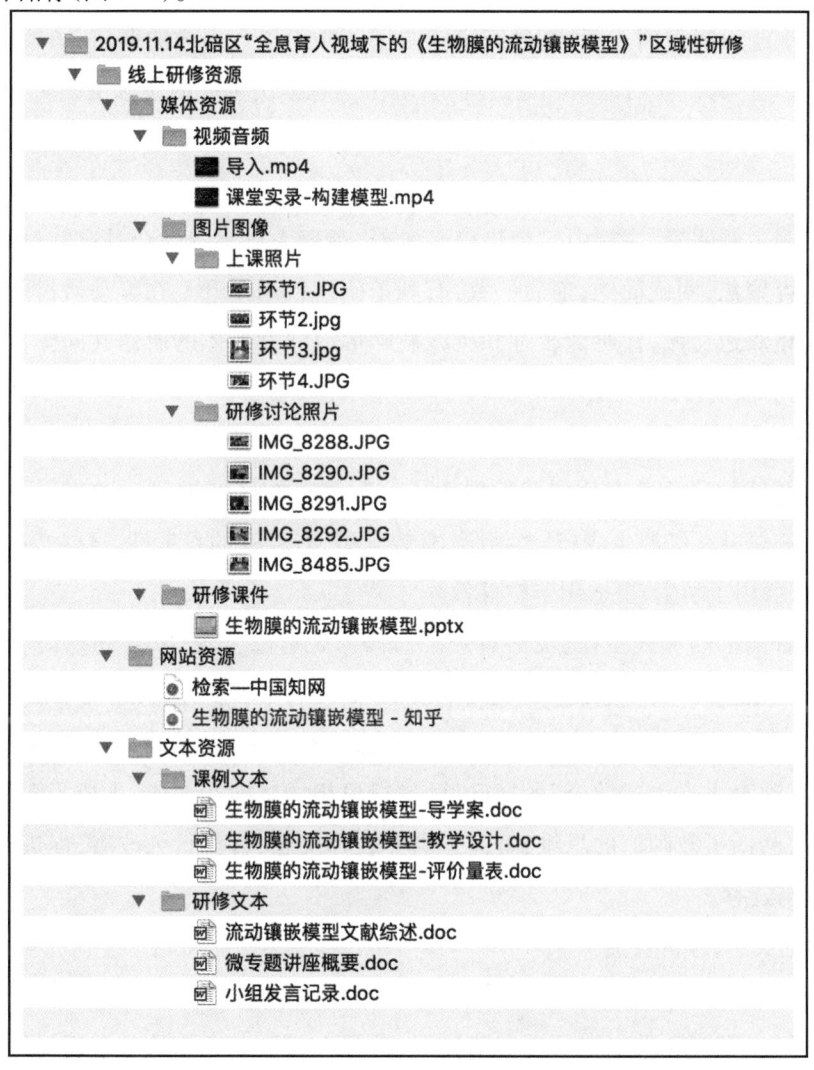

图6.12　重庆市北碚区区域性研修活动整理的研修资源

(二)案例分析

1.案例背景,全息育人

在开展高中生物学课堂"全息育人"模式下,强调教师在课堂内外点滴渗透"五育融合",引导学生德、智、体、美、劳全面发展,教师教学中的重点不再只是单纯知识点传授,而应是全方位的育人点的渗透,从而达到教学课堂的有效性。

"全息育人"背景下开展"聚焦核心素养,观育人点渗透融合"的研修活动,不仅体现出课堂教学的生命性，还能帮助研修教师对急需解决的问题寻找答案，并且起到很好的示范辐射作用，从而带动区域教师的教学积极性。

2. 案例主题，调研先行

研修主题不能闭门造车，在确定研修主题前必须进行周详的调研，了解研修对象的需求，以此作为研修的依据。通过调研，基于问题解决生成的研修主题切合实际，具有针对性、实效性，教师们愿意参加，并能积极融入其中，从旁观者转变为学习者、参与者，并为自己寻找和总结一些教学方法。

本案例主题明确，主题内容聚焦核心素养，观育人点渗透融合具有针对性。这样的主题内容聚焦，明确简约，前后一致，有利于研修效果提升。在互动研讨中，教师的投入和互相双边交流，让听课教师和授课教师形成浑然一体的研修共同体，研修效果明显，实现了预期目标。

3. 案例活动实施，系统安排

本次区域教研活动案例向我们展示了一次完整的区域教研活动流程：选题—准备—实施—总结—资源生成，环节清晰，有效延展，有较强的参考性。这种发现学习方式的应用，适用于学生，更适用于教育者。

本次研修活动形式多样，灵活有效。研修形式有随堂观课、互动探讨、微专题讲座，基本是示范展示+学习跟进+理论与实践的综合体，丰富多样，实用性很强。

本案例侧重于研修活动的展开，研修教师以课例为载体，围绕研修活动主题"聚焦核心素养，观育人点渗透融合"各抒己见，进行思想的碰撞和交流，生成了多样化的观点和资源，激活了教师们的思维，有助于引导教师反思，督促行为改善，促进研修活动效果巩固与迁移。

4. 案例反思，评价督促

案例是教师专业成长的阶梯，是理论联系实际的桥梁，更是教师自身成长与发展的重要途径。案例反思集结了真实情境下，教师面对复杂多变的教学情境的困惑，并进行反思总结的智慧。

反思是研修活动中不可或缺的重要环节，是教师了解研修过程、调整研修内容、提高研修质量的重要手段。在本次研修案例中，有授课教师的说课反思，有随堂观课教师的小组互动研讨、积极评课议课。观课教师评授课教师课堂得与失，谈自己的改进意见，有自身更新颖的"五育融合"点渗透展示方式，也交流自己关于"五育融合"的困惑。这样的评价反思像一面镜子，照亮自己，也照亮别人，每个人都有收获。

这样聚焦核心素养，学科融合，五育融通，落实立德树人的区域研修，从听课学习，取人之长、补己之短；备课常规，磨课研究，备出课堂的重难点，磨出课堂的最佳教法；悟课总结，悟出课堂的精华。对于每个深入参与研修教师的个人成长、上课境界的提升都有极大的帮助。

5.案例资源生成，成果提炼

一次高效的研修活动不仅能让参研教师学有所得，还应有较好的示范辐射作用，能让未参加研修的教师有学习借鉴的成果。所以，一次研修活动案例的成果需要提炼出来，作为课程资源呈现。

第七章 生物学学科全息育人教学设计案例

高中生物学学科全息育人是在"全息育人"教育理论的指引下,由北碚区高中生物学骨干教师团队,经过近三年的理论研究与实践探索总结而成。为总结成果,同时为生物学教学一线同行提供更好的参考,我们选择以2019年人教版普通高中教科书生物学必修1《分子与细胞》和必修2《遗传与进化》为蓝本,从单元教学设计和课时教学设计两个层面向大家展示如何进行基于"全息育人"教学理论下的高中生物学学科全息育人大单元教学设计及课时教学设计。

第一节 《分子与细胞》教学设计案例

一、"走近细胞"教学设计案例

(一)单元教学设计

单元名称	走近细胞	总课时	3
		课时	
学习内容	第1节"细胞是生命活动的基本单位"主要内容是通过分析细胞学说的建立过程,让学生对生物学学科的科学性产生认同感,对生物学的微观世界产生兴趣;本节另一重点是以"细胞是最基本的生命系统"为主线展开教学内容,目的是让学生理解细胞是生物体结构和功能的基本单位。	1	
	第2节"细胞的多样性和统一性"引导学生通过观察和比较来认识细胞的多样性和统一性。第1课时开展实验"探究·实践:使用高倍显微镜观察几种细胞",比较几种细胞的异同点,同时强化显微镜操作技能,初步形成细胞结构与功能统一的观点,为本模块后面内容的学习打下基础。	2	

续表

育人目标	1.德性育人目标。 (1)了解生物的基本特征,保护我们唯一的家园——生物圈。 (2)通过学习水华的形成及发菜稀缺的原因,增强学生保护环境的意识和责任感。 2.认知育人目标。 (1)举例说明生命活动建立在细胞的基础之上。 (2)举例说明生命系统的结构层次。 (3)认同细胞是基本的生命系统。 (4)说出原核细胞和真核细胞的区别和联系。 (5)分析细胞学说建立的过程。 (6)使用高倍显微镜观察几种细胞,比较不同细胞的异同点。 3.健康育人目标。 认识到学习水华的形成及发菜稀缺的原因,增强学生保护环境的意识。 4.审美育人目标。 感悟细胞的多样性与结构上的和谐统一性,体会大自然的神奇与美丽。 5.劳动育人目标。 (1)细胞学说的建立过程、细胞的多样性和统一性观点都是基于实验的证据,通过实验可以培养学生的劳动观念。 (2)使用高倍显微镜观察几种细胞,学会制作临时装片,训练学生的动手能力。
学情分析	本章的授课对象是高一新生。通过这一章内容的学习,要让学生学会与他人交流与合作来完成某项任务或解决某个问题,养成实事求是的科学态度,增强归纳、总结知识的能力与获取有效信息的能力;高一学生具有较强的动手能力,具有一定的观察能力和认知能力,分析思维的目的性、连续性和逻辑性已初步建立但不完善,他们学习的积极性较高,课堂上应该充分调动学生的积极性,引导学生不断思考,体现学生的主体性和教师的主导性。教师在讲解内容时可借助多媒体技术帮助学生识记和理解。
| 核心任务 | 1.细胞学说的内容;生命系统的结构层次。<br>2.真核细胞和原核细胞的异同。<br>3.从结构和功能的角度理解细胞的多样性和统一性。<br>4.学习本单元后,能建构如下知识体系。<br><br>```
                    系统
                   /    \
            生命系统    非生命系统
           /        \
   基本的生命系统   其他层次的生命系统
         |              |
        细胞    组织、器官、系统、个体、种群、群落、生态系统 → 生物圈
                         |
                   从生物圈到细胞
                         |
                  细胞的多样性和统一性
``` |
```

(二)课时教学设计

1.2 细胞的多样性和统一性

1. 学习内容

引导学生通过观察和比较来认识细胞的多样性和统一性。让学生在第一节的基础上再次加深理解细胞是生物体结构和功能的基本单位。

2. 育人目标

(1)德性育人目标。

通过对水华产生原因的学习,激发学生爱护环境的情感。同时,通过对发菜的介绍,向学生渗透保护生态、保护环境的社会责任意识。

(2)认知育人目标。

①比较原核细胞与真核细胞,说出它们的区别与联系。

②通过比较、归纳、抽象和概括,阐明细胞有统一的结构模式。

(3)健康育人目标。

通过学生对环境污染和社会问题的关注,引导学生养成良好的个人生活习惯,不乱倒废水,不肆意破坏环境。

(4)审美育人目标。

通过观察和实践让学生认识到细胞的多样性和统一性,进而认识到生物界的多样性和统一性,感受大自然的神奇与美丽。

(5)劳动育人目标。

使用高倍显微镜观察几种细胞,比较不同细胞的异同点。

3. 教学重难点

(1)教学重点。

原核细胞和真核细胞的区别与联系。

(2)教学难点。

使用高倍显微镜观察几种细胞,比较不同细胞的异同点。

4. 评价任务

(1)能独立完成显微镜的操作。

(2)能指出显微镜下细胞的各部分结构。

5. 教学过程

环节	学习内容	教师活动	学生活动	五育融合育人点提示
课题导入	创设情境，发现问题	展示问题探讨中的四张图片，问学生是否似曾相识。这些细胞都是学生在初中生物学实验课上观察过的。思考以下问题： (1)图中共有几种细胞？ (2)它们的名称分别是什么？ (3)有哪些共同的结构？ 我们可以看到这些细胞具有不同的形态和结构，结构和功能是相适应的。那么，这些细胞有哪些结构呢？	学生回忆知识做出回答。	初步认识到细胞的多样性。
新课学习	高倍镜的使用方法和注意事项	1.教师展示显微镜，让学生逐个说出显微镜结构。 2.视频动画播放显微镜的使用过程，教师总结：取镜安放→对光→低倍镜观察→高倍镜观察。 3.强调低倍镜转换高倍镜的注意事项，并思考以下问题： (1)为什么必须要将观察的物像移至视野中央？ (2)换了高倍镜后如何调节物像的清晰度？	学生用高倍镜观察一个永久装片，对操作过程中发生的问题进行讨论解决。	通过操作高倍显微镜观察细胞达成劳动育人目标。
	临时装片的制作和观察	让学生选择实验桌上的材料进行临时装片的制作和观察。从而比较洋葱外表皮细胞、口腔上皮细胞、酵母菌在形态和结构上的区别，并完成下列表格。 （教师巡视指导学生的操作。） 	细胞名称	形态特点	细胞壁	细胞膜	细胞质	细胞核
---	---	---	---	---	---
							进行不同细胞的观察，并讨论总结出区别与联系。 在观察中逐步完成表格。	在实践操作中通过讨论与交流，认识到细胞的多样性，归纳和概括出细胞有统一的结构模式，达成认知育人的目标。

续表

原核细胞的多样性和统一性	通过显微镜观察各种细胞，我们认识到细胞在形态上具有多样性，在结构上具有相似的特征即统一性。 （教师展示大肠杆菌和蓝细菌的相关材料，学生通过阅读材料从中提取有关结构特征的信息） 教师补充其他的原核细胞素材：支原体和放线菌的特征。 根据细胞在结构上具有的共同特征引导学生得出原核生物和真核生物的概念。	学生思考讨论完成下表。 | 细胞名称	结构			| |---|---|---|---|---| | | 共同结构 | 鞭毛 | 细胞壁 | 营养方式 | | 支原体 | | | | | | 大肠杆菌 | | | | | | 蓝细菌 | | | | | 学生思考原核细胞和真核细胞的区别。	通过比较，归纳与概括出原核细胞具有多样性和统一性，达成认知育人目标。 通过实践操作和资料分析，认识到原核细胞的多样性和统一性，感受大自然的神奇与美丽，达成审美育人目标。
关注污染和破坏环境问题	原核细胞虽然体积微小，但是它们与我们的生活联系非常紧密。 （教师展示水华、赤潮和发菜的图片和相关资料）	通过教师的介绍知道水华和赤潮产生的原因，了解人类对发菜的贪婪采挖。	通过展示环境污染的图片，激发学生爱护环境的情感，向学生渗透保护环境的社会责任意识，达成德性育人目标。 通过学生对环境污染和社会问题的关注，引导学生养成良好的个人生活习惯，不乱倒废水，不肆意破坏环境，达成健康育人目标。
原核细胞和真核细胞的比较分析	（教师展示真核细胞和原核细胞的模式图以及下表） 	类别	原核细胞	真核细胞	 |---|---|---| | 细胞大小 | | | | 细胞核（遗传物质） | | | | 生物类群 | | | （注意：哺乳动物成熟的红细胞、筛管细胞等没有细胞核）	完成表格，知道真核细胞和原核细胞在结构上的主要区别是有无以核膜为界限的细胞核。但它们都是以DNA作为遗传物质。	比较原核细胞与真核细胞，说出它们的区别与联系，完成认知育人目标。
课堂小结	让学生建构本节课概念图。	同桌两人讨论建构。	
作业布置	1.查找显微镜发展历程的相关资料。 2.完成课后练习题。		

续表

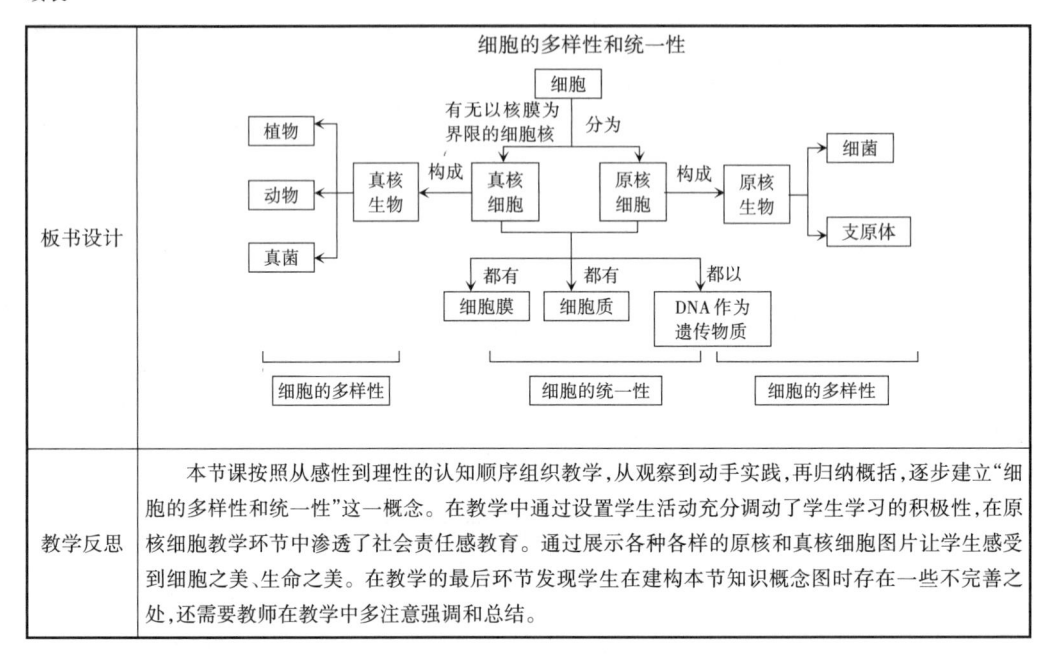

板书设计	细胞的多样性和统一性 植物、动物、真菌 构成 真核生物 ← 有无以核膜为界限的细胞核 → 真核细胞／原核细胞 构成 原核生物 → 细菌、支原体 真核细胞和原核细胞都有细胞膜、细胞质；都以DNA作为遗传物质 细胞的多样性／细胞的统一性／细胞的多样性
教学反思	本节课按照从感性到理性的认知顺序组织教学，从观察到动手实践，再归纳概括，逐步建立"细胞的多样性和统一性"这一概念。在教学中通过设置学生活动充分调动了学生学习的积极性，在原核细胞教学环节中渗透了社会责任感教育。通过展示各种各样的原核和真核细胞图片让学生感受到细胞之美、生命之美。在教学的最后环节发现学生在建构本节知识概念图时存在一些不完善之处，还需要教师在教学中多注意强调和总结。

（三）专家点评

本单元教学设计通过阐明生命系统的结构层次，初步建立系统的观念认识生命世界。通过观察多种多样的细胞，认识到细胞既统一又多种多样，再通过比较原核细胞和真核细胞的异同，使学生从实践的角度感悟到细胞的多样性与结构上的和谐统一性，体会到生物世界的神奇与美丽。通过分析细胞学说的建立过程，说出科学发现的基本特点。

"细胞的多样性和统一性"课时教学设计通过图片分析比较和实验观察，让学生认识到细胞的多样性和统一性，感受到生物微观世界的神奇与美丽，体现了认知育人、审美育人和实践育人。通过对水华、赤潮等现象的观察和产生原因的分析，激发学生爱护环境的情感，向学生渗透保护生态、保护环境的社会责任意识。本课时的教学设计较好地体现了五育融合理念。

重庆市教育科学研究院生物学教研员、正高级教师　周素英

二、"组成细胞的分子"教学设计案例

(一)单元教学设计

单元名称	组成细胞的分子	总课时	7
		课时	
学习内容	第1节"细胞中的元素和化合物"安排2个课时,包括"组成细胞的元素""组成细胞的化合物"以及"探究·实践:检测生物组织中的糖类、脂肪和蛋白质"三部分。	2	
	第2节"细胞中的无机物"安排1个课时,包括"细胞中的水"和"细胞中的无机盐"两部分。	1	
	第3节"细胞中的糖类和脂质"安排1个课时,包括"细胞中的糖类"和"细胞中的脂质"两部分。	1	
	第4节"蛋白质是生命活动的主要承担者"安排2个课时,包括"蛋白质的功能""蛋白质的基本组成单位——氨基酸"和"蛋白质的结构及其多样性"三部分。	2	
	第5节"核酸是遗传信息的携带者"安排1个课时,包括"核酸的种类及其分布""核酸是由核苷酸连接而成的长链"和"生物大分子以碳链为骨架"三部分。	1	
育人目标	1.德性育人目标。 (1)初步形成生命的物质观。 (2)增强辨别迷信和伪科学、宣传健康生活方式的责任意识。 (3)增强民族自豪感和爱国情怀。 2.认知育人目标。 (1)初步形成生命的物质观并建立结构与功能相适应的观念。 (2)养成归纳、抽象与概括的科学思维。 (3)提升科学探究能力。 3.健康育人目标。 养成健康文明的生活习惯。 4.审美育人目标。 养成感知、探索和创造生命之美的能力。 5.劳动育人目标。 (1)理解在农作物栽培过程中合理施肥的重要性。 (2)提升劳动技能。		
学情分析	在义务教育生物学和化学课程的学习中,学生对细胞生活需要无机物和有机物有一定的了解,对元素和化合物也有一定的认知;学生对糖类、脂肪类食物的摄入,以及添加必需氨基酸,膳食需要多样、均衡的生活常识也有一定的了解。教师应利用学生的生活经验,设计与学生生活贴近的教学情境,让学生进行讨论和交流,增强学生学习的积极性和主动性。		

续表

| 核心任务 | 1.通过"思考·讨论:比较组成玉米细胞和人体细胞的元素及含量",归纳出C、H、O、N是细胞中含量较多的元素。
2.通过开展"探究·实践:检测生物组织中的糖类、脂肪和蛋白质",观察到生物组织中确实有这几类物质,从而对生物组织中含有还原糖、脂肪、蛋白质有深刻印象,认识到这些物质是细胞中的重要组成成分,为后续进一步学习打下基础。
3.通过"思考·讨论:无机盐的作用",分析细胞无机盐的存在形式及其功能。
4.通过"思考·讨论:脂肪的作用",认识到脂肪对于细胞和生物体的重要作用以及脂肪过多可能造成的危害,从而养成健康生活的习惯。
5.通过"思考·讨论:氨基酸的结构特点",对四种氨基酸的结构进行比较、求同归纳,从而总结出氨基酸结构通式;通过"思考·讨论:氨基酸怎样构成蛋白质",从图式直观中抽象出问题的本质并形成概念,阐明蛋白质的基本单位是氨基酸,它的功能取决于组成它的氨基酸序列及其空间结构,细胞的功能主要由蛋白质完成。 |

(二)课时教学设计

2.4 蛋白质是生命活动的主要承担者

1. 学习内容

本节包括"蛋白质的功能""蛋白质的基本组成单位——氨基酸"以及"蛋白质的结构及其多样性"三个内容。通过本节内容的学习,主要让学生掌握"蛋白质的基本单位是氨基酸""它的功能取决于氨基酸序列及其形成的空间结构"等概念,进而形成"蛋白质是生命活动的主要承担者"这一重要概念。理解蛋白质分子的多样性、特异性,初步认识生命活动具有复杂性等特点,掌握模型与建模、归纳与概括、分析与综合等科学思维,提升对于蛋白质与生命活动关系的认识。

2. 育人目标

(1)德性育人目标。

增强社会责任意识和激发民族自豪感。

(2)认知育人目标。

①归纳氨基酸的结构通式与特点。

②说明肽键的形成过程,并阐明蛋白质的基本组成单位是氨基酸。

③解释蛋白质的结构与功能相适应,认同细胞的主要功能由蛋白质完成。

(3)健康育人目标。

认同蛋白质与人体的营养、健康等存在紧密联系。

(4)审美育人目标。

提高审美欣赏能力。

3. 教学重难点

(1)教学重点。

①蛋白质的功能和结构。

②氨基酸的结构特点及其形成蛋白质的过程。

(2)教学难点。

①氨基酸形成蛋白质的过程。

②蛋白质结构和功能多样性的原因。

4. 评价任务

通过课后练习完成认知育人目标的评价。

5. 教学过程

环节	学习内容	教师活动	学生活动	五育融合育人点提示
课题导入	创设情境，导入新课	2003年安徽阜阳大头娃娃事件： 因脂肪、蛋白质和碳水化合物等基本营养物质含量不及国家标准的三分之一，充斥于安徽阜阳农村市场的劣质奶粉被人们称为"空壳奶粉"。食用"空壳奶粉"的婴儿由于蛋白质摄入含量严重不足，不能满足生长需要，长期食用导致婴儿患上"重度营养不良综合征"。在本是生长最快的时期停止生长，四肢短小，身体瘦弱，脑袋尤显偏大，被当地人称为"大头娃娃"，严重的甚至越长越轻、越长越小，直至心、肝、肾等器官功能衰竭而死亡。 提问："大头娃娃"出现的原因是什么？	关注"大头娃娃"事件，思考并回答"大头娃娃"出现的原因。	通过2003年"安徽阜阳大头娃娃事件"引发学生对蛋白质功能的思考。同时，培养学生养成健康生活习惯，树立社会责任意识。
新课展开	蛋白质的功能	展示"图2-8 蛋白质的功能举例"，布置学习任务一： 结合教材"蛋白质的功能举例"的图文材料，以小组为单位，分析、讨论并归纳蛋白质的功能。 根据学生回答，教师总结： 蛋白质能够承担如此多样的功能，与蛋白质的多样性有关。人体内有数万种不同的蛋白质，据估计，生物界的蛋白质种类多达$10^{10} \sim 10^{12}$种。为什么蛋白质能有这么多的种类和功能，这与它的组成和结构有关吗？	小组讨论、归纳并展示学习成果。 思考。	通过创设真实的、贴近生活的情境，培养学生归纳与概括的科学思维能力；通过图片赏析，培养学生的审美欣赏能力。 培养学生形成结构与功能相适应的生命观念。

169

续表

环节	学习内容	教师活动	学生活动	五育融合育人点提示
	蛋白质的基本单位——氨基酸	介绍：奶粉中的蛋白质之所以能被人体组织吸收，是因为蛋白质在消化道里被分解为可以被人体吸收的氨基酸。氨基酸是组成蛋白质的基本单位，氨基酸的结构是怎样的呢？ 布置学习任务二：结合教材"思考·讨论：氨基酸的结构特点"的图文材料，以小组为单位，讨论以下问题： (1)这些氨基酸的结构具有什么共同特点？ (2)"氨基酸"这一名词与其分子结构有怎样的对应关系？ 指导学生阅读"与社会联系"相关内容，提问： (1)安徽阜阳地区出现的劣质奶粉，主要是缺少哪一类氨基酸？ (2)组成人体蛋白质的氨基酸只有21种，为什么能构成数万种蛋白质呢？	小组讨论、总结氨基酸的元素组成、结构特点以及"氨基酸"这一名词与其分子结构的对应关系。 思考、回答。	培养学生归纳与概括的科学思维能力。 回到"劣质奶粉"事件，进一步强化学生的社会责任意识。
	蛋白质的结构及其多样性	布置学习任务三：结合教材"思考·讨论：氨基酸怎样构成蛋白质"以及教材第30页至31页相关图文，讨论以下问题： (1)从氨基酸到蛋白质大致有哪些结构层次？ (2)什么是脱水缩合？什么是肽键？什么是二肽？ (3)由氨基酸形成肽链的过程中，形成的肽键数、脱去的水分子数与氨基酸的个数有什么关系？游离的氨基数和羧基数有什么特点？ (动画演示氨基酸脱水缩合过程，并根据学生作答的情况进行及时点评和总结) 追问如下问题： (4)用21个不同的字母代表21种氨基酸，若写出由10个氨基酸组成的长链，可以写出多少条互不相同的长链？试着说出蛋白质种类多样性的原因。 (5)奶粉中的蛋白质被消化吸收进入人体后，需经过怎样的过程才能变为人体的蛋白质？人体中的蛋白质和奶粉中的蛋白质一样吗？ (6)民间有一种"吃什么补什么"的说法，如吃鱼眼睛明目、喝虎骨酒可以壮筋骨。请你运用本节所学的知识对这种说法作出评价。	小组讨论、回答。 思考、回答。 学生评价。	培养学生分析、归纳的科学思维能力。 通过数学方式探究蛋白质多样性的原因，培养学生的科学思维和科学探究能力。 培养学生的社会责任意识。

续表

环节	学习内容	教师活动	学生活动	五育融合育人点提示
归纳总结		化学元素 —组成→ 基本单位(氨基酸) —脱水缩合→ 多肽 —盘曲折叠→ 蛋白质 —功能→ 生命活动的主要承担者		结构物质 催化作用 运输作用 信息传递 免疫作用
教学反思	本节课从社会事件"大头娃娃"入手,引发学生对蛋白质功能与结构多样性的讨论,既培养了学生科学思维和科学探究的精神,同时又有助于激发学生参与社会热点讨论的意识,培养学生的社会责任感。通过对"蛋白质功能多样性"的讨论,使学生认同蛋白质与人体的营养、健康的关系,培养学生养成健康生活的习惯。			

(三)专家点评

本单元教学设计充分利用"思考·讨论"和"探究·实践",让学生初步形成生命的物质观。创设与学生生活贴近的真实情境,引导学生关注生活与健康。

"蛋白质是生命活动的主要承担者"课时教学设计较好地体现了"五育"融合理念。首先,通过2003年"安徽阜阳大头娃娃事件"创设情境导入新课,这样既能激发学生对蛋白质功能的思考,同时也融入了健康育人和德性育人。其次,在讨论蛋白质功能时,通过创设真实的、贴近生活的情境,培养学生归纳与概括的科学思维能力,又通过图片赏析,培养学生的审美欣赏能力。最后,在蛋白质结构部分,通过层层设问,培养了学生分析、归纳的科学思维能力,通过学科方法探究蛋白质多样性的原因,培养学生的科学思维和科学探究能力。

重庆市教育科学研究院生物学教研员、正高级教师　周素英

三、"细胞的基本结构"教学设计案例

(一)单元教学设计

单元名称	细胞的基本结构	总课时	4
		课时	
学习内容	第1节"细胞膜的结构和功能"安排1个课时。掌握细胞膜的功能、流动镶嵌模型的基本内容,形成细胞膜的结构与功能相适应的观点。同时,通过细胞膜成分及结构的探索历程,领会"提出假说"这一科学研究方法,认同科学理论的形成是一个科学精神、科学思维和技术手段结合下不断修正和完善的过程。	1	
	第2节"细胞器之间的分工合作"安排2个课时。第1课时完成"问题探讨""细胞器之间的分工"及其相关内容。引导学生采取列表法比较各种细胞器的结构和功能,掌握贴图、手绘、制作细胞器模型的方法,深刻理解细胞器的形态结构和功能特点。 第2课时完成"探究·实验:用高倍显微镜观察叶绿体和细胞质的流动""细胞器之间的协调配合""细胞的生物膜系统"及其相关内容。在观察讨论的基础上,学习细胞器结构与功能,认识细胞器之间的分工协作,细胞结构之间的结构和功能联系,建立局部与整体观。	2	
	第3节"细胞核的结构和功能"安排1个课时。主要认识细胞核的结构和功能,归纳概括出遗传信息主要储存在细胞核中,细胞核是遗传信息库,是细胞代谢和遗传的控制中心的概念,进而认同细胞核是系统的控制中心。完成"探究·实践:尝试制作真核细胞的三维结构模型"活动,完成对全章内容的总结和深化,完善初步建立的结构与功能观、局部与整体观,同时完成对模型建构方法的检验。	1	
育人目标	1.德性育人目标。 (1)认同部分是整体不可或缺的一部分,认同自我存在对家庭、社会的重要性,形成团结互助、分工协作的观点。 (2)关注社会事务,形成学以致用的学习方式与能力,形成节约资源、废物利用的环保理念。 (3)增强国家认同感和民族自豪感。 2.认知育人目标。 (1)掌握生命系统的结构和功能,形成生命系统观和结构功能观。 (2)提升分析与综合的科学思维能力。 (3)在细胞的层面上初步建立生物进化的基本观念。 (4)发展抽象概括以及建模的科学思维。 (5)发展科学探究的技能。 (6)认识部分与整体之间的关系,学会辩证看待部分与整体之间的关系。 3.审美育人目标。 (1)欣赏生命之美,通过对细胞整体结构和各结构的认识能领悟到生命的精致与和谐之美。 (2)构建模型,提高审美创造能力。 4.劳动育人目标。 (1)提升对科学方法、技术和探究过程进行提问、分析、交流与讨论的能力,培养劳动观念。 (2)提升制作物理模型的技能。		

续表

学情分析	通过上一章的学习,学生对组成细胞的分子及其重要作用有了比较全面的了解。但是,光有生物分子还不能表现出生命活动。只有当这些分子有机地组合在一起形成细胞的各种结构,细胞才成为基本的生命系统。因此,本章对学生认识细胞这个基本的生命系统有重要意义。与其他系统一样,细胞同样有边界,有分工合作的若干组分,有内部的调控机制。细胞的结构复杂而精巧,各种结构组分配合协调,使生命活动能够在变化的环境中自我调控、高效有序进行。 　　教材中所提及的细胞器中,线粒体、叶绿体是重点,这两种细胞器与能量转换关系密切。线粒体、叶绿体结构和功能的知识是学习呼吸作用和光合作用的基础。细胞核是系统的控制中心,其结构和功能是教学重点,染色质和染色体的形态变化是学习细胞分裂,掌握细胞分裂各时期的基础。细胞膜的流动镶嵌模型是理解物质跨膜运输、免疫调节、受精作用等的结构基础。 　　本单元教学要以结构与功能的统一作为教学主线,让学生在了解细胞各部分生理功能的基础上,去理解与功能相适应的种种形态结构特点,从而认识到细胞与生物体结构功能的统一是生物经历漫长时间进化的结果。本节知识抽象微观,学生看不见、摸不着,要从实际出发多借助多媒体和实验室,充分调动学生学习的积极性和主动性。
核心任务	1. 简述细胞膜的结构和功能,理解细胞膜如何作为系统的边界完成物质交换、信息交流,明确边界的重要性,建立国家认识。 　　2. 了解分离各种细胞器的科学方法,能举例说明几种细胞器的结构和功能,建立结构与功能相适应的观点、部分与整体统一的观点,培养学生的辩证唯物主义观。 　　3. 基于细胞器的分工与合作的学习认同个人和集体价值,认同独立与合作的共存和重要性。 　　4. 阐明细胞核的结构和功能,理解细胞核中染色体与染色质相互转化的动态关系。 　　5. 通过指导尝试制作真核细胞的三维结构模型,建立结构和功能的统一,对学生进行适应、整体等生命科学观点和辩证唯物主义基本观点的引导。 　　6. 通过指导学生学习细胞的亚显微结构模型和利用显微镜观察叶绿体和细胞质流动,培养和发展学生的观察和空间想象力、抽象思维能力、识图和制图能力。 　　7. 学习本单元后,能建构如下知识体系。

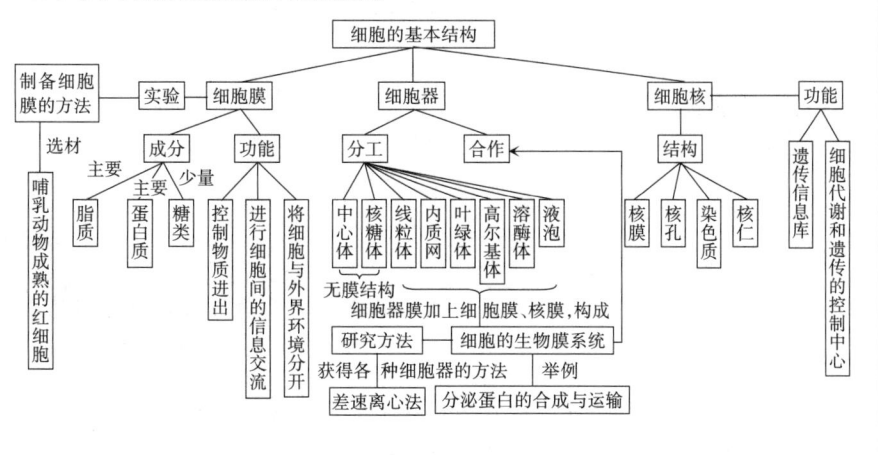

(二)课时教学设计

3.1 细胞膜的结构和功能

1. 学习内容

学习细胞膜的结构功能,从功能入手,对细胞膜成分进行探索,知道细胞膜主要由脂质和蛋白质组成。学习细胞膜结构的科学探索历程,建构细胞膜模型。

2. 育人目标

(1)德性育人目标。

认识客观世界,为辩证唯物主义世界观的形成奠定基础。

(2)认知育人目标。

①说明科学探索永无止境,科学理论是在不断修正的过程中建立和完善的,明确"提出假说"这一科学探究方法的作用。

②渗透模型与建模的科学思维。

③强化结构与功能观。

(3)健康育人目标。

尝试以系统的视角认识自然和社会,使学生能够正确认识自我,正确认识环境并及时适应环境。

(4)审美育人目标。

认同细胞膜的精致和奇妙,尝试以审美的视角欣赏细胞膜中磷脂双分子层的对称美,细胞膜内外两侧的不对称美。

(5)劳动育人目标。

针对细胞膜模型进行推测、验证、质疑以及结果交流与讨论。

3. 教学重难点

(1)教学重点。

①细胞膜的主要功能。

②流动镶嵌模型的基本内容。

(2)教学难点。

探讨建立生物膜流动镶嵌模型的过程如何体现结构与功能相适应的观点。

4. 教学评价

(1)完成模型建构,评估认知育人目标①②③和劳动育人目标。

(2)绘制细胞膜流动镶嵌模型图,评估审美育人目标。

5. 教学过程

环节	学习内容	教师活动	学生活动	五育融合育人点提示
课题导入	创设情境，引入新课	诗歌展示： 是谁，隔开了原始海洋的动荡？ 是谁，为我日夜守边防？ 是谁，为我传信报安康？ 啊，伟大的细胞膜呀！ 没有你，我会是何等模样！ 生物膜的结构决定了生物膜的功能。今天我们就从功能入手，和科学家一起探究生物膜的结构。	学生朗读诗歌，并说出细胞膜的3大功能。	运用结构与功能统一的思想，引入新课学习。
科学探究	从细胞膜功能入手的科学探究	资料1：1895年，欧文顿用500多种化学物质做细胞的通透性实验。 不溶于脂质的物质　　溶于脂质的物质 细胞膜 细胞膜的通透性实验 问题：科学家通过实验观察和严谨推理，提出了什么样的假说呢？ 资料2：荷兰科学家血影研究实验。 资料3：科学家朗姆瓦磷脂分子实验。 亲水头部 疏水尾部 问题：以上实验说明了什么？ 活动1：请根据磷脂分子的特点，在草稿纸上画出单层磷脂分子在空气—水界面上的排列方式。 （展示学生绘制的单层磷脂分子在空气—水面上的排列方式，并给予肯定及评价） 空气 水 资料4：戈特和格伦德尔用丙酮从人的红细胞中提取脂质，在空气—水界面上铺成单层分子。发现展开后单层分子的面积是红细胞表面积的2倍。 问题：假如你是当时的科学家，当你做实验时发现磷脂分子面积正好是红细胞面积的2倍时，你能得出什么假设？	观察欧文顿用500多种化学物质测试植物细胞通透性的实验。 学生回答：提出假说——膜是由脂质构成的。 观察荷兰科学家的血影研究实验。 观察美国科学家朗姆瓦磷脂分子实验。 学生回答得出结论：实验说明磷脂分子的头部是亲水的，尾部是疏水的。 讨论并在草稿纸上画出单层磷脂分子在空气—水界面上的排列方式。 实验结论：细胞膜中的脂质分子必然排列为连续的两层。	通过课堂资料的分析讨论，细胞膜模型的构建，课堂的展示交流，使学生能够针对细胞膜模型进行推测、验证、质疑以及结果交流与讨论。 通过探究细胞膜的本质，在以系统观理解细胞结构的基础上，尝试以系统的视角认识自然和社会，使学生能够正确地认识自我，正确地认识环境并及时适应环境。

续表

环节	学习内容	教师活动	学生活动	五育融合育人点提示
		活动2:以小组为单位,利用桌上的材料拼接出双层磷脂分子的排列方式。 (展示:学生搭建的磷脂双分子层模型,教师在黑板上画出模型简图) 问题:细胞膜的两侧都有水环境存在,生物膜也大抵如此,请同学们根据这一情况,思考哪种排布更符合实际。 请同学们用正确的排布方式绘制学案。 问题:细胞膜上除了脂质,还有没有别的物质呢? 资料5:英国学者丹尼利和戴维森关于细胞膜张力的实验。 设问:同学们大胆地展开想象,你能作出什么假说? 资料6:蛋白酶分解细胞膜实验。 问题1:实验可得出什么样的结论? 问题2:科学家通过实验证实了细胞膜中有蛋白质,蛋白质位于细胞膜的什么位置呢?科学家开始提出了大胆的猜想,认为蛋白质覆盖在脂质的两边。 资料7:罗伯特森电镜下细胞膜清晰的暗—亮—暗结构。 这个暗—亮—暗的三层结构是什么样的?	以小组为单位,拼接出双层磷脂分子的排列方式。 学生讨论得出正确排布方式。 观察英国科学家关于细胞膜张力的实验。 提出假说:膜上有蛋白质。 观察蛋白酶分解细胞膜实验。 得出结论:膜上有蛋白质。 观察罗伯特森电镜下细胞膜清晰的暗—亮—暗结构。 蛋白质—脂质—蛋白质的三层结构。	

续表

环节	学习内容	教师活动	学生活动	五育融合育人点提示
		资料8:冰冻蚀刻实验。 问题1:观察蛋白质在磷脂双分子层中的分布是否对称。 问题2:从图上观察,蛋白质与磷脂分子的结合方式有哪些。 资料9:白细胞吞噬病毒的情况。 白细胞吞噬病毒 问题:根据图示,白细胞的细胞膜是静止的吗? 资料10:费雷和埃迪登关于人鼠细胞融合的实验。 问题:在实验中,荧光标记了膜上的蛋白质,最后人鼠细胞融合,合二为一,人和鼠的膜蛋白均匀分布说明了什么? 资料11:桑格和尼克森提出了新的生物膜模型——流动镶嵌模型。 活动3:以小组为单位,利用桌上的材料构建生物膜模型,小组成员代表展示模型,并介绍模型的结构。 (展示学生构建的模型并介绍模型) 糖蛋白(糖被):细胞识别、保护、润滑、免疫等 磷脂双分子层:构成膜的基本支架 蛋白质分子:膜功能的主要承担者	观察冰冻蚀刻电子显微镜下细胞膜中蛋白质的分布图。 不对称的。蛋白质镶嵌、嵌入或贯穿在磷脂双分子层中。 观察白细胞吞噬病毒的动态图。 细胞膜是流动的。 观察人鼠细胞融合实验。 说明了细胞膜上的蛋白质是运动的。 观察流动镶嵌模型。 以小组为单位,利用桌上的材料构建生物膜流动镶嵌模型。	构建细胞膜流动镶嵌模型,认同细胞膜的精致和奇妙,尝试以审美的视角欣赏细胞膜中磷脂双分子层的对称美,细胞膜内外两侧的不对称美。 通过建构细胞膜模型渗透模型与建模的科学思维

177

续表

环节	学习内容	教师活动	学生活动	五育融合育人点提示
		活动4:绘制流动镶嵌模型模式图。 展示学生绘制的图,以概念图的形式总结流动镶嵌模型的基本内容。 问题1:在生物膜建立和完善的过程中你受到了哪些启示? 问题2:生物膜的流动镶嵌模型是不是就完美无缺呢?请说说你的看法。	绘制流动镶嵌模型图。 科学研究是要在实验和观察的基础上,通过严谨的推理和大胆的想象,提出假说,再通过实验进一步验证假说。	通过细胞膜知识的学习,运用结构与功能统一,部分与整体的统一的观点去认识客观世界,为辩证唯物主义世界观的形成奠定基础。
课堂小结	（概念图：生物膜—成分—磷脂双分子层（基本支架，具有流动性）、蛋白质分子（部分镶在磷脂双分子层表面、部分嵌入磷脂双分子层中、有的贯穿整个磷脂双分子层），大多数可以运动，生物膜具有结构特性:流动性）		完成概念图。	运用所学解决问题,拉近科学与学生的距离。
课堂反馈	典型例题的练习。		学生自己小结,并用所学解决问题,使知识系统化。	及时巩固与反馈。

(三)专家点评

本单元教学设计以结构与功能的统一作为教学主线,阐明细胞各部分的结构与其功能相适应,强化结构与功能观,理解细胞各部分在结构和功能上紧密联系,细胞是一个有机整体,即细胞是基本的生命系统。

"细胞膜的结构与功能"课时教学设计充分利用思维建模和物理建模,帮助学生实现从宏观到微观,从抽象到具体的转变,帮助学生建立细胞是基本的生命系统的观念,认识不同细胞和细胞不同结构在成分和结构上的相似性和差异性,认同细胞各部分结构既分工又合作,建立结构与功能观,引导学生认同部分与整体的关系,认同自我存在,形成团结互助、分工协作的观点。同时,学生对细胞结构明晰的认识和结构功能观的建立为呼吸作用、光合作用和细胞分裂的教学打下基础。多种物理模型的建立锻炼了学生的动手能力,并在材料选择中贯穿了生态保护思想。细胞膜流动镶嵌模型的建立也是理解物质跨膜运输、免疫调节、受精作用的结构基础。

重庆市教育科学研究院生物学教研员、正高级教师　周素英

四、"细胞的物质输入和输出"教学设计案例

(一)单元教学设计

单元名称	细胞的物质输入和输出	总课时	3
		课时	
学习内容	第1节"被动运输"安排2个课时。第1课时通过"思考·讨论:水进出哺乳动物红细胞的原理"说明细胞可以通过渗透作用吸水和失水;通过"探究·实践:探究植物细胞的吸水和失水"活动,引导学生进行观察提问,实验设计方案,实施以及对结果的交流与讨论。第2课时学习"自由扩散和协助扩散"的过程及特点。	2	
	第2节"主动运输与胞吞、胞吐"安排1个课时。学习分析"主动运输"和"胞吞与胞吐",思考讨论胞吞、胞吐过程的特点及意义。	1	
育人目标	1.德性育人目标。 (1)引导学生向他人宣传关爱生命的观念和知识,崇尚健康文明的生活方式,成为健康中国的促进者和实践者。 (2)让学生参与社会问题,审视论证生物学社会议题,渗透社会责任教育。 (3)厚植文化情怀,认同国家传统文化。 2.认知育人目标。 (1)培养学生的结构和功能观,形成生命观念。 (2)引导学生认同生命的自主性,从而更深刻地理解生命的本质,形成科学的自然观和世界观。 (3)引导学生基于生物学事实和证据,运用批判性思维、创造性思维等方法,探讨阐释生命现象及规律,审视或论证生物学社会议题。 (4)增强学生对自然现象的好奇心和求知欲,掌握科学探究的基本思路和方法,提高实践能力,培养学生的科学思维和科学探究能力。 3.健康育人目标。 引导学生注意个人饮食卫生,加强公共卫生建设,选择健康文明的生活方式。 4.审美育人目标。 (1)感知细胞膜结构的精致美,欣赏生命之美。 (2)动手操作实验,有助于培养学生的劳动技能和审美创造能力。 5.劳动育人目标。 (1)能解释生活中常见的生物学现象,了解蔬菜腌制、合理施肥的原理,树立劳动创造价值的观念。 (2)体验科学探究的一般过程,提高动手操作能力和设计实验的能力,提升劳动实践能力。		

续表

学情分析	学生在初中见过这样的实验,泡在盐水中的萝卜条会软缩,泡在清水中的萝卜条会更加硬挺;学生也有这样的生活经验,做菜馅时加入一些盐,蔬菜中的水分会大量渗出,农作物施肥过多会造成烧苗现象,这些生活经验对本单元学习都有帮助。而本节内容需要学生从微观水平理解细胞的吸水和失水过程,学生学习起来会有一定的困难。 另外,学生在初中已经接触到科学探究的一般步骤,但在如何提出问题、作出假设、设计实验等环节还缺乏相应的训练。
核心任务	活动1:思考·讨论:水进出哺乳动物红细胞的原理。 活动2:探究·实践:探究植物细胞的吸水和失水。 活动3:分析自由扩散和协助扩散。 活动4:分析主动运输和胞吞、胞吐。 活动5:思考·讨论:胞吞、胞吐过程的特点及意义。

(二)课时教学设计

4.1 被动运输

1. 学习内容

通过开展模拟实验探究膜的透性,观察植物细胞质壁分离和复原,分析实验现象发生的条件、原因,阐明质膜具有选择透过性。通过分析相关生活实践经验和有关自然现象,能够说出有些小分子可以顺浓度梯度进出细胞,不需要细胞额外提供能量,即被动运输。

2. 育人目标

(1)德性育人目标。

①了解我国传统发酵食品——泡菜腌制的原理,厚植文化情怀,认同国家传统文化。

②通过细胞中物质的输入和输出都必须经过细胞膜,以及细胞与外界进行物质交换具有多种方式这一事实,深刻理解生命的本质,以及生命活动离不开环境的支持。

(2)认知育人目标。

①通过观察渗透现象,说出渗透作用的原理,形成结构与功能观、稳态与平衡观。

②对植物细胞吸水和失水现象提出问题、作出假设,体验和领悟科学研究方法。

③尝试运用细胞失水和吸水的原理设计实验,解决问题,提高科学探究能力。

④通过类比推理理解植物细胞吸水和失水的原理,培养科学思维。

⑤通过对水分进出细胞方式的探索学习,初步建构被动运输的概念,能比较自由扩散和协助扩散的异同点。

(3)审美育人目标。

通过观察细胞结构,欣赏自由扩散、协助扩散、主动运输示意图,体会植物细胞结构的精美。

(4)劳动育人目标。

了解实验设计和实施的艰辛,尊重他人的劳动成果和科研成果。

3. 教学重难点

(1)教学重点。

①理解渗透作用。

②体会探究的一般过程。

(2)教学难点。

领悟科学研究方法。

4. 评价任务

学生通过活动一达成认知育人目标①。

5. 教学过程

环节	学习内容	教师活动	学生活动	五育融合育人点及育人提示
课题导入	回顾旧知,引入新课	展示凉拌洋葱的图片,引导学生提出生活中常见的植物细胞失水的实例。 (1)你在生活中见过这种现象吗?如果有,举出类似的例子。 (2)你能解释"出水"的原因吗? (3)你的解释是否正确呢?	回忆生活实践,梳理出类似的生活经验。	从生活实践出发,引导学生思考,并尝试利用生物学知识解释"出水"这种现象。
新课展开	(一)渗透作用	活动一:展示渗透装置。 问:10 min 后,这个烧杯中的液面将会如何变化呢? 活动二:介绍洋葱鳞茎,并展示洋葱内外表皮细胞结构。 问:大家对植物细胞有了一定的了解,那刚才我们所设置的装置液面情况如何呢? 问:相对于开始,装置的液面升高了,哪些同学的假设得到了证明?装置中的液面为什么会上升呢?	检查烧杯和漏斗中的液面位置,用红色马克笔标出位置。 根据自己已有的知识提出自己的各种想法。 认识植物细胞的各个结构,理解原生质层的概念。 再请一位同学上来确认液面高度并向其他同学描述一下液面变化。	分析三种渗透装置,强化结构和功能观,稳态与平衡观;通过对比,归纳和总结,理解渗透作用,培养学生的科学思维;体会科学研究过程的艰辛,尊重他人的劳动成果。 通过对植物细胞结构的观察和总结,认可生物结构的精美,进行审美育人。

续表

环节	学习内容	教师活动	学生活动	五育融合育人点及育人提示
	(一)渗透作用	(图:装置一、装置二、装置三,标注蔗糖溶液、玻璃片、纱布、清水等) (教师解释渗透作用发生的原理) 活动三:播放渗透作用的视频。 (1)装置三和装置一的液面为什么不会发生变化? (2)对比装置二和装置三,说明渗透作用要发生需要怎样的条件。	观察视频中液面的变化,并尝试解释液面变化的原因。 学生观看视频后尝试对自己的回答进行修正。 总结渗透作用发生条件:①有一层半透膜;②半透膜两侧的溶液具有浓度差。	
	(二)植物细胞的吸水与失水	问:现在有了渗透作用这一物理知识后,你对洋葱失水现象有什么新的理解? 总结:大家在对现象进行思考时已经初步开展了科学研究方法之一——探究的过程。 (1)如果植物细胞通过渗透作用的方式吸水和失水,水分的进出应该透过半透膜,哪个结构可以充当半透膜? (2)假设原生质层相当于半透膜,将植物细胞放到高于细胞液浓度的外界溶液中会发生什么现象?如果放在低于细胞液浓度的外界溶液中又会发生什么现象? (3)我们如何观察到植物细胞失水与吸水?整个实验应该怎么开展? 子问题:在显微镜下进行观察,应选择洋葱鳞片叶的哪一部分进行观察?如何设置高浓度溶液和低浓度溶液?整个过程至少应该观察几次细胞?实验流程展示如下:	学生回忆植物细胞的结构并根据植物细胞的结构尝试回答问题。 四人一个小组,展示自己所设计的实验,并说明这样设置的原因。	通过对植物细胞吸水和失水现象提出问题,作出假设,体验和领悟科学研究方法;尝试运用细胞失水和吸水的原理设计实验,解决生活实际问题,提高科学探究能力;通过实验过程体验细胞的结构美。

续表

环节	学习内容	教师活动	学生活动	五育融合育人点及育人提示
	（二）植物细胞的吸水与失水	制作洋葱鳞片叶外表皮临时装片→低倍显微镜观察（中央大液泡大小、原生质层位置、细胞大小）→质量浓度为0.3 g/mL的蔗糖溶液处理→吸水纸吸引→临时装片→低倍显微镜观察（中央大液泡大小、原生质层位置、细胞大小）→清水处理→吸水纸吸引→临时装片→低倍显微镜观察（中央大液泡大小、原生质层位置、细胞大小） 预测：根据上述实验流程操作后处于蔗糖溶液中的洋葱鳞片叶外表皮细胞和随后置于清水中的细胞将会怎样变化。 邀请学生代表谈谈他们所预测的结果。 水分子这样以物质扩散方式进出细胞，不需要消耗细胞内化学反应所释放的能量，这种物质跨膜运输方式称为被动运输。	小组分享自己的实验成果。 小组同学结合实验说出自己的想法。	
	自由扩散和协助扩散	(1)出示图1"人工脂双层对不同分子的通透性"及图2"生物膜和人工膜对多种物质的通透性"示意图。 (2)提问题：从图1中你有什么发现？从图2中你能看出什么信息？ (3)总结：自由扩散特点。	观察、思考。 归纳、概括。 理解自由扩散的特点。	在观察的基础上，通过归纳与概括、比较与推理等科学思维方法构建生物学基本概念，帮助学生获得学习技能，提升科学思维能力。
情感升华	课堂小结	总结知识并拓展延伸。 (1)在没有掌握细胞失水和吸水的原理时，我们的祖先根据生活经验制作了诸多美食，你们能举出相关例子吗？ (2)餐桌上众多的美食给了大家选择的空间，但也让一部分同学养成了浪费的习惯，当这些食物被倾倒入下水道、池塘，会对生活在其中的单细胞生物造成怎样的影响？	尝试解释腌制食物制作的原理。	升华知识的价值，学会感恩，形成积极的生态意识和社会责任。

183

续表

作业布置	优化设计课时训练。
板书设计	第一节　被动运输 植物细胞的失水与吸水 渗透作用 ⟷ 植物细胞
教学反思	本节课通过教师的演示实验、学生的探究实验及构建渗透作用概念,使学生体验科学探究的历程,在扩展、深入学习生物学知识的同时,注重学生科学素养的培养,同时联系生活,尝试解决生活实际问题。本节课的设计始终从学生出发,通过引导提出问题,作出假设,设计实验,实验探究,得出结论,让学生在探究中获取知识,培养学生的科学研究能力和科学思维。生物学课程是以实验为基础的学科,又是和生活健康密切联系的学科。所以,教师在核心素养的培养上要以实验为载体,只有让学生在亲历过程中提出问题,获取信息,寻找证据,检验假设,发现规律,才能更好地培养学生的核心素养,实现学生德、智、体、美、劳全面发展。

(三)专家点评

本单元教学设计突出对演示实验现象的观察和分析,动手实验操作,实验设计方案实施以及对结果的交流与讨论,增强学生对自然现象的好奇心和求知欲,以掌握科学探究的基本思路和方法,提高实践能力,培养学生的科学思维和科学探究能力。

"细胞的物质输入和输出"课时教学设计通过教师的演示实验、学生的探究实验及构建渗透作用概念,使学生体验科学探究的历程,在扩展、深入学习生物学知识的同时,注重学生科学素养的培养,同时联系生活,尝试解决生活实际问题。本节课的设计始终以学生为本,通过提出问题、作出假设、设计实验、实验探究、得出结论,让学生在探究中获取知识,培养学生的科学探究和科学思维能力。通过拓展延伸让学生了解我国传统发酵食品——泡菜腌制的原理,厚植文化情怀,认同国家传统文化;通过细胞中物质的输入和输出都必须经过细胞膜,以及细胞与外界进行物质交换具有多种方式这一事实,让学生深刻理解生命的本质,以及生命活动离不开环境的支持,在课堂中渗透育美、育劳、育德。

重庆市第八中学校高级教师　程远

五、"细胞的能量供应和利用"教学设计案例

(一)单元教学设计

单元名称	细胞的能量供应和利用	总课时	9
		课时	
学习内容	第1节"降低化学反应活化能的酶"安排3个课时。第1课时学习酶的作用和本质。第2、3课时开展实验"探究·实践:影响酶活性的条件"和探究酶的特性。	3	
	第2节"细胞的能量'货币'ATP"安排1个课时。认识ATP的结构和转化,学习ATP的产生和消耗过程,认同ATP是细胞中的能量"货币"。	1	
	第3节"细胞呼吸的原理和应用"安排2个课时。第1课时探究酵母菌细胞呼吸的方式,第2课时学习有氧呼吸和无氧呼吸的概念,以及细胞呼吸原理的应用和生产实践中的实例。	2	
	第4节"光合作用与能量转化"安排3个课时。第1课时完成"捕获光能的色素"和"绿叶中色素提取和分离"的实验,第2课时完成"叶绿体适于进行光合作用的结构"和"光合作用原理",第3课时完成"光合作用原理的应用"。	3	
育人目标	1.德性育人目标。 (1)说出酶、细胞呼吸和光合作用的有关原理在生产、生活中的应用,关注科学技术与社会的关系。 (2)认同科学在争论中前进,在探索中发展,培养学生理解科学的本质;同时结合时代背景,用辩证的观点看待科学家的研究,体会科学探究的艰辛和创新。 (3)将视野从课堂延伸到社会,提升学生社会责任的担当和意识。 (4)增强学生的民族自豪感和国家认同感。 2.认知育人目标。 (1)认识生命活动需要物质基础和能量驱动,物质是能量的载体,能量是物质变化的动力,树立生物学的物质与能量观。 (2)认同生物体的进化与适应的观点。 (3)发展以证据、逻辑为基础的理性思维和科学探究能力。 3.健康育人目标。 改善自己生活的环境,选择健康的生活方式。 4.审美育人目标。 (1)感受中国诗词的文化之美。 (2)认识细胞中能源物质的多样性,并知道细胞中的能量通货为ATP,形成物质的多样和统一之美,培养学生审美欣赏能力。 (3)提升审美创造能力。 5.劳动育人目标。 (1)认识到生物学知识的探索过程都是基于实验的证据,培养学生养成劳动观念和劳动精神。 (2)培养学生的动手劳动能力。		

续表

学情分析	学生在初中阶段学习了"消化酶对食物的消化"相关内容,做了"探究馒头在口腔中变化"的实验,对于"酶在温和的条件下促进化学反应的进行"已不陌生。学习了绿色植物的呼吸作用,以及人体内的能量来自细胞中有机物的氧化分解等基础知识,对于细胞的生活需要能量也有一定的了解。做了"观察叶片结构"的实验和"绿叶在光下制造有机物"的实验;观察了"光合作用释放氧气"的演示实验,对于光合作用的原料、场所、条件、产物等已经有了一定的基础。这些都为理解细胞内物质变化与能量供应和利用打下了一定的基础。 在本单元的学习中,学生对线粒体和叶绿体的结构和功能都有了简要了解,在生活中一般都有栽花种草的生活经验,有的还对农业生产上中耕松土有一定的感性认识,可以将有氧呼吸原理的学习与生产生活联系起来。这些知识既是本章学习的基础,也可以在应用本章知识解决问题时进一步得到深化。
核心任务	1. 比较过氧化氢在不同条件下的分解。 2. 探索酶的本质。 3. 淀粉酶对淀粉和蔗糖的水解作用。 4. 探究影响酶活性的条件。 5. 探究酵母细胞的呼吸方式。 6. 呼吸作用在生活中的应用。 7. 绿叶中色素的提取与分离。 8. 探究环境因素对光合作用强度的影响。 9. 学习本单元后,能建构如下知识体系。 细胞的能量供应和利用 ├─通过化学反应实现──降低化学反应活化能的酶 └─直接能源物质──细胞的能量"货币"——ATP 　　├─主要能源──细胞呼吸的原理和应用 　　└─能量之源──光合作用与能量转化

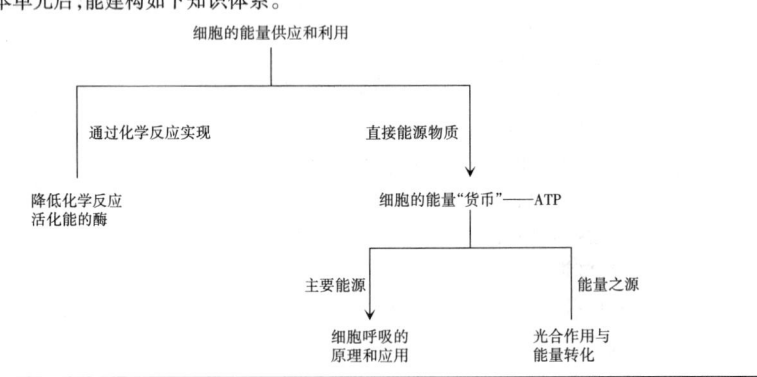

(二)课时教学设计

5.2 细胞的能量"货币"ATP

1. 学习内容

认识ATP的结构和转化,学习ATP的产生和消耗的过程,认同ATP是细胞中的能量"货币"。

2. 育人目标

(1)德性育人目标。

①培养勤奋刻苦的品质。

②增强民族自豪感和国家认同感。

(2)认知育人目标。

①从细胞代谢的角度,进一步认识生物界的统一性,建立进化与适应观。

②体验科学探究的过程,学习控制变量、观察和检测因变量,能设置对照实验,提升科学探究方面的素养。

③形成结构与功能相适应的生物学观点。

④引导学生基于事实证据得出结论,培养学生的科学思维。

(3)健康育人目标。

关注与健康相关的知识和技能。

(4)审美育人目标。

①感受中国诗词的文化之美。

②感受物质的多样和统一之美。

(5)劳动育人目标。

制作ATP的结构模型,进行劳动体验。

3. 教学重难点

(1)教学重点。

①ATP化学组成的特点。

②ATP在能量代谢中的作用。

(2)教学难点。

通过ATP与ADP相互转化,解释ATP是驱动细胞生命活动的直接能源物质。

4. 评价任务

(1)完成育人活动"情景体验",评估德性育人目标。

(2)完成育人活动"在探究中学",评估认知育人目标②。

(3)完成育人活动"模型建构",评估劳动育人目标。

(4)完成育人活动"类比",评估审美育人目标②。

(5)完成育人活动"分析ATP的结构和功能",评估认知育人目标③。

(6)完成育人活动"实证资料分析",评估认知育人目标①和④。

(7)完成育人活动"联系生活",评估健康育人目标。

5. 教学过程

环节	学习内容	教师活动	学生活动	五育融合育人点提示
课题导入	情境导课	1.创设情境,引发认知冲突,激发兴趣。 阅读章节小诗——《秋夕》。 补充晋代车胤囊萤映雪的故事。 问:萤火虫像电灯一样可以发出光亮,你们知道它是如何发光的吗? (指导学生阅读教材,回答问题) 讲解萤火虫发光的原理,指出萤火虫发光需要消耗能量,包括主要的能源物质、重要的储能物质。 提出问题:这些物质能为萤火虫发光直接供能吗?	育人活动"情景体验":带着思考,阅读教材,回答问题。	德性育人:通过晋代车胤囊萤映雪的故事培养学生勤奋刻苦的品质。 认知育人:情境式引入,引发学生认知冲突,激发学习兴趣。
新课教学	探究生命活动的直接能源物质	1.科学探究:生命活动的直接能源物质是什么? 小结:萤火虫尾部发光需要一种活跃的、能直接使用的能量,但是细胞中糖类、脂肪等物质中的能量是稳定的,解决这一矛盾的物质是ATP。 2."货币"类比教学。 进一步加强学生对ATP的认识:存折——细胞中的糖类、脂肪等大分子能量物质;流通货币——ATP。	育人活动"在探究中学":讨论,设计实验,通过展示的实验步骤和结果,得出实验结论。 育人活动"类比":理解细胞能量的"稳定储存"与"灵活利用"。	认知育人:体验科学探究的过程,提升科学探究方面的素养。 认知育人:用生活实例,对抽象难懂的能源物质进行生动形象的比喻。
	ATP的结构	活动一:学生自学教材第88页第2自然段及旁栏中的"相关信息"。 阅读提示:ATP的元素组成有哪些?是由哪些化学成分构成的? 活动二:学生合作试拼ATP分子结构模型,加深对分子结构的理解。 问题:腺嘌呤、核糖、磷酸是如何连接构成ATP的呢? 对制作ATP模型的材料进行说明:圆片代表磷酸,五边形代表核糖,长方形代表腺嘌呤。 1.学生分组建模。 4~5位同学为一组,互相合作,共同完成ATP模型的构建。 2.相互评价并修正模型。 (1)请小组同学代表展示模型,说明这样制作的理由。 (2)学生互评。在互评的过程中理解ATP的化学结构特点。 (3)学生修正模型,拼出正确的ATP分子结构模型。教师在黑板上贴出ATP的分子结构模型。	育人活动"模型构建":小组合作,搭建ATP分子结构模型。 展示和交流。 对搭建的模型进行修正。	劳动育人:通过制作ATP的结构模型,进行劳动体验。

续表

环节	学习内容	教师活动	学生活动	五育融合育人点提示
新课教学	ATP的结构	活动三:讨论ATP分子的化学简式及ATP分子的化学特点。 1.讨论:(指模型)这种化合物为什么叫ATP? ATP这三个字母代表的含义是什么? 2.怎样用更简单的方式将ATP的分子结构表达出来? (请一位同学把ATP的结构简式写在黑板上,其他同学自己动手书写) 3.讨论:"—"和"～"这两个符号的含义有什么不同? (课件展示数据:特殊化学键和普通化学键释放的能量) 总结:由于ATP具有特殊磷酸键,所以ATP是细胞内的一种高能磷酸化合物。	育人活动"分析ATP的结构和功能":讨论并回答问题。 理解两个化学键的含义,理解ATP是细胞内的一种高能磷酸化合物。	认知育人:通过学习ATP的结构和功能,认同结构与功能相适应的生物学观点。
新课教学	ATP和ADP的相互转化	1.展示ATP的水解反应。 ATP $\xrightarrow{\text{水解酶}}$ ADP+Pi+能量 问题:ATP供能过程中,可形成哪些产物? 2.资料分析。 正常人体中ATP和ADP总量很少,基本保持不变,为2~10 mg,但一个成年人静止状态下一天有40 kg的ATP发生水解。 讨论:ATP的含量很少,需要量却很大,生物体是如何解决这一矛盾的呢? 3.ATP与ADP的相互转化。 创设问题情境:一个成人一天在静止状态下所消耗的ATP为48 kg,在紧张活动的情况下,ATP的消耗可达0.5 kg/min。而细胞内ATP、ADP的总量仅为2~10 mg。人体细胞每天消耗能量需要水解200~300 mol ATP,这意味着每个ATP分子每天要被重复利用2000~3000次。 问:通过以上资料,你能得到什么信息? (展示ATP与ADP的相互转化) 讨论:ATP与ADP的相互转化是否可逆? 在学生回答的基础上总结: ATP $\longleftrightarrow$ ADP+Pi+能量 物质可逆,能量不可逆。 问:ADP合成ATP所需的能量来自哪里?	回答:ADP、Pi。 阅读资料,讨论回答:细胞中进行ATP分解的同时也存在ATP的合成。 育人活动"实证资料分析":分析资料可知,ATP在生物体内存在特点是转化快,含量低,且含量相对稳定。 思考回答:酶、能量来源、场所不同。	认知育人:引导学生基于事实证据得出结论,培养学生的科学思维。 认知育人:细胞都以ATP作为能量"货币",可以帮助学生从细胞代谢的角度,进一步认识生物学界的统一性,建立进化与适应观。

续表

环节	学习内容	教师活动	学生活动	五育融合育人点提示
	ATP的利用	创设问题情境:在ATP转化成ADP的过程中释放出的能量到哪里去了?请大家举例说明。(讲解吸能反应和放能反应)	结合已学知识,尝试举出实例。	
课堂小结	总结	引导学生总结:能量通过ATP分子在吸能反应和放能反应之间循环流通。	总结回顾,巩固提升。	
拓展应用	评价提升	展示ATP药剂及药理说明书,常用ATP治疗肌肉萎缩无力。	育人活动"联系生活":思考原理,学以致用。	健康育人:引导学生关注与健康相关的知识和技能。
课堂反馈	习题	选取章节后的习题。	综合运用本节课所学的知识,完成习题。	
作业布置	课后习题和本章习题。			
板书设计	第二节　细胞的能量"货币"ATP 一、ATP的结构简式:A—P~P~P 二、ATP和ADP可以相互转化 ATP⇌ADP+Pi+能量(物质可逆,能量不可逆) 三、ATP是细胞的能量"货币"			
教学反思	本堂课在五育方面均有渗透,通过中国传统文化的诗词和故事让学生在美中提升民族自豪感,以育人活动"在探究中学""模型建构"进行劳动体验,教师通过育人活动"类比",让学生更生动形象地理解ATP是直接能源物质。在育人活动"分析ATP的结构和功能""实证资料分析"中培养学生的理性思维。通过育人活动"联系生活",引导学生关注与健康相关的知识和技能。			

(三)专家点评

本单元教学设计在大概念和重要概念的统领下,设置核心任务和育人活动,将本单元的内容有机地组合起来,形成有连接性的整体结构。生命的本质是具有稳定的物质和能量代谢的半开放物质系统。揭示物质是能量的载体,能量是物质变化的动力,建立生物学的物质与能量观。

"细胞的能量'货币'ATP"课时教学设计,在传统文化的诗词情境中,以美的欣赏启课,充分挖掘教学内容的育人因素,确立五育目标,育人重心放在了育智、育体、育劳。通过育人活动"在探究中学"和"类比",理性和感性地认识直接能源物质;在模型建构、修正的劳动体验中,深入认知ATP的结构;对于ATP的转换等较为微观抽象的内容,创设生活化的情境,提供资料分析,体现知识的形成过程;展示ATP药剂及药理,引导学生关注健康,关注与健康相关的知识和技能。通过本单元建立生命是一种能量形式,引导学生从崭新的能量视角认识细胞中的反应,透彻生物体的本质,体现生物学的学科育人价值。

重庆市第八中学校高级教师　程远

六、"细胞的生命历程"教学设计案例

(一)单元教学设计

单元名称	细胞的生命历程	总课时	4
		课时	
学习内容	第1节"细胞的增殖"安排2个课时。第1课时观察模拟动画或制作模型,理解有丝分裂过程中各时期染色体的变化规律;通过归纳与概括,尝试用图标曲线描述染色体、DNA的数量变化规律,阐明有丝分裂保证了遗传信息在亲代和子代细胞中的一致性。 第2课时开展实验"探究·实践:观察根尖分生区组织细胞的有丝分裂",认识细胞有丝分裂各时期染色体的行为特征,同时强化显微镜操作技能。	2	
	第2节"细胞的分化"安排1个课时。说明在个体发育过程中,细胞在形态、结构和功能方面发生特异性的分化,形成了复杂的多细胞生物体,理解细胞分化的概念和实质,认识到在分化过程中,细胞可以在一定条件下表现出全能性。	1	
	第3节"细胞的衰老和死亡"安排1个课时。认识细胞衰老和死亡与个体衰老之间的关系,搜集和分析社会老龄化相关问题的资料,认识细胞衰老的特征和原因,了解细胞凋亡和细胞坏死。	1	
育人目标	1.德性育人目标。 (1)认识个人与集体,个人与社会的关系,认同合作与奉献的重要意义。 (2)关注干细胞在医学上的应用,关爱老年人,提升社会责任意识。 (3)增强国家认同感和民族自豪感。 2.认知育人目标。 (1)正确理解生命系统的发展变化规律,以科学的眼光看待生和死,进而珍爱生命,正视死亡。 (2)提升分析与综合的科学思维能力。 (3)在细胞的层面上初步建立生物进化的基本观念。 (4)发展抽象概括以及"运用模型解释"的科学思维。 (5)认识和理解生命活动中的因果关系。 (6)发展科学探究的技能。 (7)认识细胞衰老和死亡与个体衰老之间的关系,学会辩证地看待部分与整体之间的关系。		

续表

育人目标	3.健康育人目标。 认识到生活环境的重要性,养成关注环境、参与环境保护的意识,进而形成健康的生活方式,以减少疾病的发生。 4.审美育人目标。 (1)感悟到生命过程的精致和奇妙,从而提升审美境界。 (2)认同生命过程的精致和奇妙,尝试以审美的视角阐释生命。 5.劳动育人目标 (1)提升对特定生物学现象进行观察、提问以及对结果进行交流与讨论的能力。 (2)提升制作临时装片和操作显微镜的技能。 (3)增强职业体验。
学情分析	学生在初中学过"细胞通过分裂产生新细胞""受精卵通过细胞分裂和分化,形成组织、器官(系统),发育为多细胞的生物体"等内容。此外,学生在必修1《分子与细胞》模块已对细胞生命系统的物质组成、结构和功能有了一定的认识。但是都了解得很浅,没有深入到细胞分裂的过程、细胞分化的机制水平,而对这些问题的深入认识,正是本单元要学习的内容。教师在组织育人活动时,可以利用学生已有的基础知识,通过恰当的教学策略,实现知识的迁移,使新知识有效地整合到学生原有的知识结构中,使学生头脑中的知识结构体系得到丰富和发展。 本单元中有关干细胞、脐带血、骨髓移植、细胞衰老等问题,都是现代社会人们关注的热点问题,教师在组织育人活动时,要联系学生已有的生活经验,使学生感到生物学知识与社会生活的密切联系,所学生物学知识在现实社会生活中是有用武之地的。
核心任务	1."思维训练:运用模型作解释",探讨细胞不能无限长大的原因。 2. 开展实验"探究·实践:观察根尖分生区组织细胞的有丝分裂",认识细胞有丝分裂各时期染色体的行为特征,同时强化显微镜操作技能。 3. 观察模拟动画或制作模型,理解有丝分裂过程中各时期染色体的变化规律;通过归纳与概括,尝试用坐标曲线描述染色体、DNA的数量变化规律,阐明有丝分裂保证了遗传信息在亲代和子代细胞中的一致性。 4. 比较构成人体组织的细胞,说出细胞分化的概念及其原因。 5. 搜集和分析有关干细胞研究进展与人类健康的资料,说出干细胞的具体应用,愿意参与捐献干细胞的公益活动,养成健康生活方式,增强社会责任意识。 6. 搜集和分析社会老龄化相关问题的资料,说明细胞衰老和凋亡与人体健康的关系,关注人的健康问题。 7. 学习本单元后,能建构如下知识体系。

续表

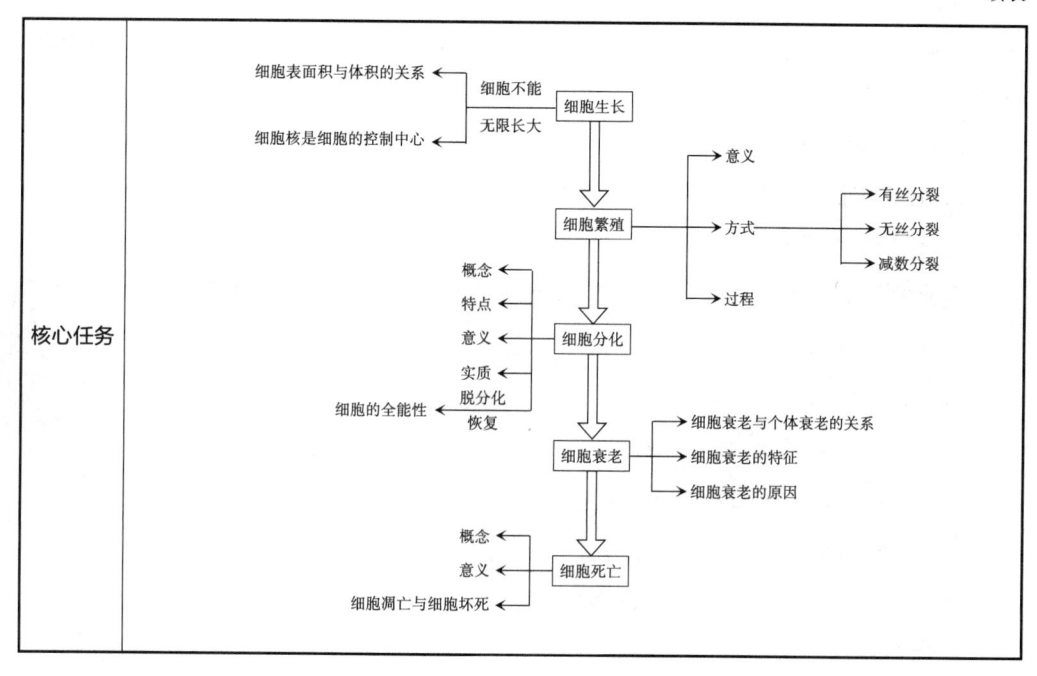

核心任务	细胞表面积与体积的关系 → 细胞不能无限长大 ← 细胞核是细胞的控制中心 → 细胞生长 ⇓ 细胞繁殖 → 意义 / 方式（→有丝分裂 →无丝分裂 →减数分裂）/ 过程 ⇓ 概念 / 特点 / 意义 / 实质 / 脱分化 / 恢复 — 细胞的全能性 → 细胞分化 ⇓ 细胞衰老 → 细胞衰老与个体衰老的关系 / 细胞衰老的特征 / 细胞衰老的原因 ⇓ 概念 / 意义 / 细胞凋亡与细胞坏死 → 细胞死亡

（二）课时教学设计

6.2 细胞的分化

1. 学习内容

说明在个体发育过程中，细胞在形态、结构和功能方面发生特异性的分化，形成了复杂的多细胞生物体，理解细胞分化的概念和实质，认识到在分化过程中，细胞可以在一定条件下表现出全能性。

2. 育人目标

（1）德性育人目标。

①认识个人与集体，个人与社会的关系，认同合作与奉献的重要意义。

②关注干细胞在医学上的应用，关爱老年人，提升社会责任意识。

③增强国家认同感和民族自豪感。

（2）认知育人目标。

①归纳细胞分化的概念，进而阐明细胞分化是基因选择性表达的结果。

②阐明细胞的全能性。

③发展抽象概括的科学思维。

④发展"运用模型作解释"的科学思维。

(3)健康育人目标。

养成关注环境、参与环境保护的意识,进而形成健康的生活方式,以减少疾病的发生。

(4)审美育人目标。

认同生命过程的精致和奇妙,尝试以审美的视角阐释生命。

(5)劳动育人目标。

提升对特定生物学现象进行观察、提问以及对结果进行交流与讨论的能力。

3. 教学重难点

(1)教学重点。

①细胞分化的概念、特点和意义。

②细胞的全能性概念及应用。

(2)教学难点。

理解细胞分化和全能性的对立统一。

4. 评价任务

(1)完成导学案"在探究中学",评估认知育人目标①②③和劳动育人目标。

(2)完成导学案"模型解读",评估认知育人目标②。

5. 教学过程

环节	学习内容	教师活动	学生活动	五育融合育人点提示
课题导入	创设情境,发现问题	导入:我们都是宇宙中的一个细胞,又是我们身体细胞的宇宙,我们先来认识一个人,他对宇宙空间和人体自身细胞都持有同样的兴趣。 (播放视频,引入渐冻症) 过渡:霍金曾说:"我穷尽一生探寻宇宙的奥秘,另一个宇宙同样叫我好奇,这个宇宙藏在我们身体里——人类自身的细胞星系。"	激发学生的好奇心。 观看视频,在缅怀科学家的同时,激发学生的学习兴趣。	以身患渐冻症的物理学家霍金这一典型人物和典型事例为情景,通过他所关注的人体"细胞星系"自然过渡到对生物体细胞的认识,激发学生学习兴趣,同时为干细胞治疗人体疾病包括"渐冻症"预设情景。从科学精神和生命情怀上,霍金的一生,具有丰富的育人内涵。

续表

环节	学习内容	教师活动	学生活动	五育融合育人点提示
新课学习	归纳细胞分化的概念、特点和意义	展示动植物的细胞星系图片。 设问：来自同一个体的细胞为什么会不同？它们的不同体现在哪些方面？细胞之间出现差异的原因是什么？ 学生活动一：以小组为单位，完成探究活动。 （展示任务卡） 1. 阅读学案第1页的资料1和资料2。 2. 以小组为单位，完成资料后面的思考与讨论。 3. 活动限时3分钟。 将学生分为两大组（胡萝卜组和兔子组）：两组分别讨论植物和动物相关的问题。 （幻灯片上呈现问题，引导学生抢答） （1）不同细胞之间的差异体现在哪些方面？ （2）在个体发育中，这些细胞来源于什么细胞？ （3）早期胚细胞（早期胚胎细胞）的遗传物质是否相同？为什么？ （4）自然状态下，已分化的细胞会不会转变成其他组织的细胞？ （5）自然状态下，已分化的细胞还能恢复成早期胚细胞（早期胚胎细胞）吗？ （借助问题引导学生从来源、变化、特点三个方面归纳概括细胞分化的概念和特点） 设问：如果个体发育过程没有细胞分化，会出现什么现象呢？（引出细胞分化的意义） 介绍交响乐团分工，类比细胞分化，帮助学生理解细胞分化的意义。 过渡：分化前遗传物质相同，分化后却出现了形态、结构和功能上的差异，细胞分化的过程中到底发生了什么？	感知来自同一个体的不同细胞具有多样性。 在任务卡的驱动下，阅读学案中的资料，并讨论交流。 小组分工合作，抢答问题，认识同一个体不同细胞在形态结构和功能上存在明显差异，但这些细胞的起源相同。 从动物和植物两个层面上认识细胞分化在生物体中普遍存在，并尝试归纳细胞分化的概念和特点。 借助交响乐团的类比，进一步理解细胞分化的意义。	观察比较构成动植物组织的细胞，认同生命过程的精致和奇妙，尝试以审美的视角阐释生命。（审美育人） 说明在个体发育过程中，细胞在形态结构和功能方面发生了特异性的变化，形成了复杂的多细胞生物体，形成结构与功能观、进化与适应观。（认知育人） 通过课堂资料的分析讨论，使学生能够针对特定的生物学现象进行观察、提问以及对结果进行交流与讨论。（劳动育人） 依据认知逻辑，设置问题串，从现象到本质，层层递进地呈现学习内容，不仅可以让学生认识细胞分化的现象和本质，还可以让学生在细胞的层面上初步建立生物进化的基本观念。（生命观念） 通过小组活动渗透个人与集体、个人与社会的关系，从而认同合作与奉献的重要意义。（德性育人） 通过引导学生比较、分析、归纳植物细胞在形态、结构和功能上的异同，形成新的概念，培养学生的科学思维能力。（认知育人） 通过类比使学生认识到个人与集体、个人与社会的关系，从而认同合作与奉献的重要意义。（德性育人）

续表

环节	学习内容	教师活动	学生活动	五育融合育人点提示
	理解细胞分化的实质,阐明细胞的全能性	学生活动二:探寻细胞分化的秘密。 通过补充资料引导学生明确细胞形态、结构和功能不同是因为细胞内物质的不同。(蛋白质) 呈现同一个体的两种细胞中存在的三种蛋白质,介绍基因和蛋白质的关系。 引导学生利用新知分析基因存在与否,并对想象进行分析。 (以科技手段发展的时间轴为主线布置任务) 布置任务1:展示教材"细胞全能性"的"思考·讨论"活动中的资料1,引导学生以小组为单位讨论下列问题。 (1)实验材料是什么? (2)观察到的实验现象是什么? (3)韧皮部的细胞是如何培养成一个完整植株的? (4)该实验说明了植物细胞具有_____。 追问:已分化的植物细胞为什么仍具有全能性? 布置任务2:展示教材"细胞全能性"的"思考·讨论"活动中的资料2,引导学生以小组为单位讨论下列问题。 (1)将肠上皮细胞单独培养能获得新的个体吗? (2)与资料1中的实验相比,你能从资料2中的实验得到什么结论? 追问:已分化的动物细胞的细胞核为什么仍具有全能性?	结合所学内容和教师提供的素材,作出假设。 利用新知分析基因存在与否,对现象进行分析。 阅读教材中"细胞全能性"的"思考·讨论"活动中的资料1,小组讨论相关问题。 通过讨论和交流,总结出植物细胞全能性的概念:已分化的植物细胞经分裂和分化,仍具有发育成完整个体的潜能。 植物细胞具有全能性的物质基础是含有全套遗传物质,也就是细胞分化过程中基因未发生丢失。 通过讨论和交流,学生得出:动植物细胞全能性的差异;高度分化的动物细胞的细胞核具有全能性;已分化的动物细胞的细胞核中含有全套遗传物质;动物细胞分化过程中基因也未发生丢失。	通过对基因存在与否进行分析,为后面细胞分化的原因和全能性学习做好铺垫,提升学生的科学思维能力。(认知育人) 通过课堂资料的分析讨论,提升学生能够针对特定的生物学现象进行观察、提问以及对结果进行交流与讨论的能力,提升学生分析与综合的科学思维能力。(劳动育人、认知育人) 引导学生透过现象去探究本质。培养学生的科学思维能力。(认知育人) 通过引导学生比较、分析、归纳动植物细胞全能性的异同,形成新的概念,培养学生的科学思维能力。(认知育人) 通过让学生认识细胞全能性的现象和本质,引导学生在细胞的层面上初步建立生物进化的基本观念。(认知育人) 通过对我国首例体细胞克隆猴——"中中"和"华华"的介绍,体现我国生物学科学技术的发展,增强学生的国家认同感和自豪感。(德性育人)

续表

环节	学习内容	教师活动	学生活动	五育融合育人点提示
新课学习	理解细胞分化的实质，阐明细胞的全能性	进一步验证：展示分子水平细胞分化原因的证据。 总结提升：引导学生用不完全归纳法总结细胞全能性的概念和物质基础。 （展示组织培养以及核移植技术的应用）	归纳总结细胞分化的原因。 总结细胞全能性的概念以及物质基础。	
	模型解读（课堂反馈）	学生活动三：模型解读，展示模型，让学生运用所学知识对模型进行解读。	运用细胞分化的概念和特点以及细胞全能性的知识对模型进行解读。	运用康拉德·沃丁顿创作的模型解读既可以帮助学生理解细胞分化和全能性的相关知识，也可以引导学生学会正确运用文字来阐明相关生命活动的原理，还能训练学生"运用模型作解释"的科学思维。（认知育人）
	干细胞	简单介绍干细胞的相关知识。 （视频播放介绍干细胞类型及其在医学领域的应用。）	通过观看视频了解干细胞相关知识及其在医学领域的应用。 课后查阅资料了解更多干细胞的前沿知识。	通过对细胞分化的原因（外因）以及"干细胞疗法"等内容的学习，使学生认识到生活环境的重要性，养成关注环境，参与环境保护的意识，进而形成健康的生活方式，以减少疾病的发生。（健康育人）
情感升华	干细胞治疗渐冻症	介绍干细胞治疗渐冻症的进展。 （播放视频《时光倒流》） 结课。 正如霍金所说：生命不息，希望不止！	通过介绍了解干细胞治疗渐冻症的进展。 观看视频，体会科学、技术和社会的关系，增强责任感，学会尊重生命、珍爱生命。	在干细胞应用的基础上，通过世界上对"渐冻症"治疗的最新进展，回应霍金患有"渐冻症"这一导入情景，用真实的人物和事件情景体现科学、技术和社会的关系，增强学生的社会责任感。最后，以物理学的"时光倒流"和干细胞的"返老还童"这一虚设情景表达对生命的尊重和珍爱以及对人类未来的希望。
作业布置	1.完成学案。 2.查阅相关资料，了解干细胞研究的新进展。			

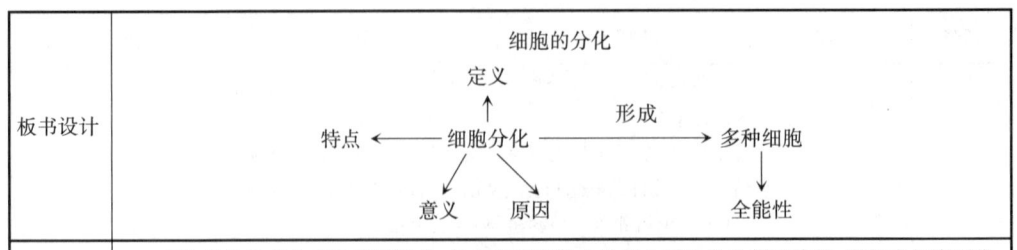

续表

板书设计	细胞的分化 　　　　　　定义 特点 ← 细胞分化 → 形成 → 多种细胞 　　　　意义　原因　　　　　全能性
教学反思	细胞分化这节内容看似很简单,但在实际教学中发现大部分学生都很茫然,学起来相当困难。学生难以接受的原因是,学生缺乏理解相关概念的背景知识。主要包括:(1)头脑中没有动物个体发育的概念,无法理解细胞分化的特征;(2)没有基因和基因表达的概念,所以难以理解细胞分化的原因;(3)因为缺乏植物组织培养的有关理论知识,所以学生对这个过程模糊不清。 　　尤其是对细胞分化的概念、细胞全能性的概念,学生感觉非常抽象,难以理解。因此,本节课在教学环节的设计上做到以下几点。(1)细胞分化的学习:知识点设计比较巧妙,借助个体发育的过程以及同一个体不同细胞的资料,配合相关的问题串,引出细胞分化的概念,形象直观,学生很容易理解记住。同时采用分组对动植物资料进行不同处理,让学生能清楚地感悟到细胞分化的普遍性。(2)细胞分化的原因:借助科学技术发展的历程,对植物组织培养和核移植的分析以及分子水平的检测结果很好地突破细胞分化的意义。(3)细胞的全能性:借助对组织培养和核移植的分析让学生从现象入手分析本质,符合学生的认知规律。(4)为了突出重点和突破难点,设置了模型解读,既可以让学生借助模型掌握细胞分化和细胞全能性的相关知识,也可以为后面干细胞的知识埋下伏笔,同时也训练了学生对模型的解读能力。(5)导入和结课采用前后呼应,用真实的人物和事件情景体现科学、技术和社会的关系,增强学生的社会责任感。最后以物理学的"时光倒流"和干细胞的"返老还童"这一虚设的情景表达对生命的尊重和珍爱以及对人类未来的希望。 　　不足之处:1.在植物组织培养和核移植的分析上应当再把问题细化,让学生更好地回答,提高学生的参与度;2.模型解读对学生来说比较陌生,会有难度,在以后的教学中应注意这方面的培养。
导学方案	**第二节　细胞的分化学案** 【本节聚焦】 1.什么是细胞分化? 2.细胞分化的生物学意义是什么? 3.怎样理解细胞的全能性? 【学习过程】 一、细胞分化及其意义 资料1:人体几种细胞举例。 | 细胞名称	上皮细胞	骨骼肌细胞	神经细胞
---	---	---	---
结构特点	微绒毛、纤毛	多核细胞、肌原纤维	细胞体、突起
生理功能	保护、分泌	收缩、舒张	接受刺激,产生和传导兴奋	

续表

资料2:生物的个体发育是指受精卵经过细胞分裂、组织分化和器官的形成,直到发育成性成熟个体的过程。

受精卵 —有丝分裂→ 早期胚胎细胞 —?→ 上皮组织、骨骼肌组织、神经细胞、结缔组织 → 上皮组织、肌肉组织、神经组织、结缔组织 → 器官 → 系统 → 人体

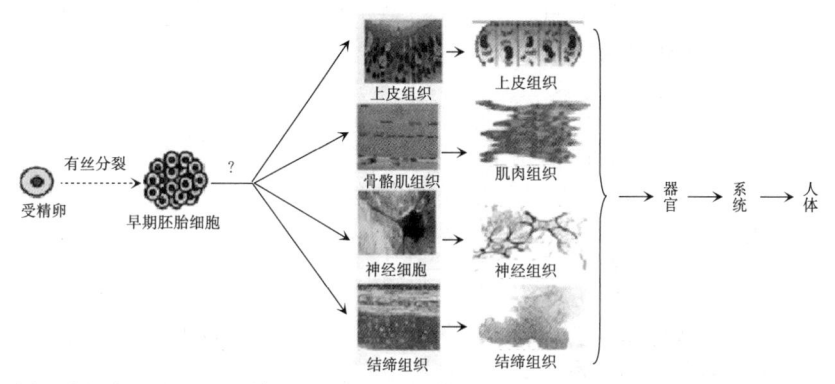

(1)上皮细胞、骨骼肌细胞、神经细胞之间的差异体现在哪些方面?
(2)在个体发育中,这些细胞来源于什么细胞?
(3)早期胚胎细胞的遗传物质是否相同?为什么?
(4)自然状态下,上皮细胞、骨骼肌细胞、神经细胞会不会转变成其他组织的细胞?
(5)自然状态下,上皮细胞、骨骼肌细胞、神经细胞能恢复成早期胚胎细胞吗?

资料3:胡萝卜几种细胞举例。

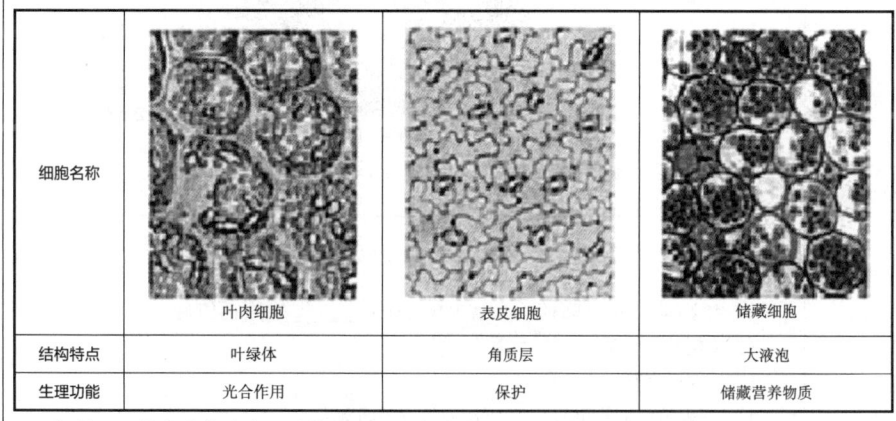

细胞名称	叶肉细胞	表皮细胞	储藏细胞
结构特点	叶绿体	角质层	大液泡
生理功能	光合作用	保护	储藏营养物质

资料4:生物的个体发育是受精卵经过细胞分裂、组织分化和器官的形成,直到发育成性成熟个体的过程。

受精卵 —有丝分裂→ 早期胚细胞 —?→ 表皮细胞、叶肉细胞、分生细胞、导管·筛管 → 保护组织、营养组织、分生组织、输导组织 → 器官 → 植株

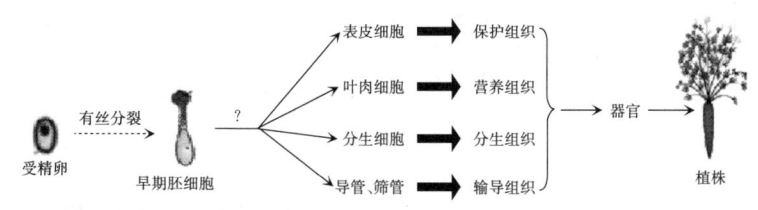

(1)叶肉细胞、表皮细胞、储藏细胞之间的差异体现在哪些方面?
(2)在个体发育中,这些细胞来源于什么细胞?
(3)早期胚细胞的遗传物质是否相同?为什么?
(4)自然状态下,表皮细胞、叶肉细胞、储藏细胞会不会转变成其他组织的细胞?
(5)自然状态下,表皮细胞、叶肉细胞、储藏细胞还能恢复成早期胚细胞吗?

续表

1.细胞分化的概念。
请结合以上讨论结果,尝试从细胞的来源、变化和特点三个方面归纳细胞分化的概念。
在_____中,由_____增殖产生的后代,在_____上发生_____的过程。
2.细胞分化的特点。
(1)_____;(2)_____。
3.细胞分化的意义。
(1)生物个体发育的_____。
(2)细胞趋向_____,提高生理功能的_____。
4.细胞分化的实质:_____。

二、细胞全能性
1.概念。
指细胞经分裂和分化后,仍具有产生_____或分化成_____的潜能和特性。
2.实例及其应用。
【模型解读】

康拉德·沃丁顿创作的示意图

请利用细胞分化和细胞全能性相关知识,尝试给图片模型配上解说词。
你的解说词:_____
_____。

3.干细胞。
(1)定义:动物和人体内仍保留着少数具有_____的细胞。
(2)举例及其应用。

【在探究中学】
1.下图表示细胞分化的过程,据图回答有关问题。

含全套遗传信息(包括基因A、B)

(1)据图,基因A、B中,细胞甲、乙含有的基因和表达的基因分别是哪种?
(2)细胞甲、乙都要进行呼吸作用,都要合成相关的酶,据此推断细胞甲、乙中DNA和蛋白质的种类是否相同。
(3)通过以上推理可知,细胞分化的实质是什么?

续表

(4)细胞分裂和细胞分化与个体的生长发育有什么关系?
(5)一个生物体内各种体细胞的遗传信息相同吗?为什么?
2.下图是胡萝卜的组织培养过程,请回答下列问题。

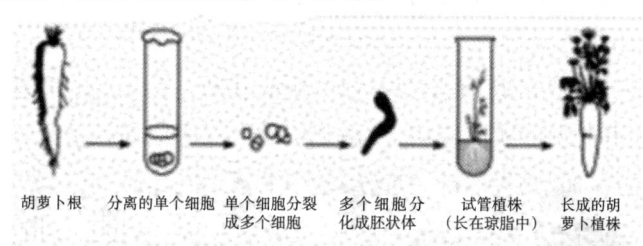

胡萝卜根 → 分离的单个细胞 → 单个细胞分裂成多个细胞 → 多个细胞分化成胚状体 → 试管植株(长在琼脂中) → 长成的胡萝卜植株

(1)植物体中的细胞没有表现出全能性,而是分化成了不同的组织和器官,这说明植物细胞全能性的表达需要什么条件?
(2)图中试管里的培养液应该含有哪些物质?
(3)植物细胞具有全能性的根本原因是什么?

(三)专家点评

本单元教学设计以生物学科学史为线索,创设了一系列学习情境,引导学生用已知来分析并解决问题,结合模型解读,发展科学思维,达成学习目标。

"细胞的分化"课时教学设计有四大特点。一是,知识点设计比较巧妙。借助个体发育的过程以及同一个生命体(动植物)不同细胞的资料,配合相关的问题串,引出细胞分化的概念,形象直观,让学生感悟细胞分化的普遍性。二是,借助生物学发展史创设情境。借助生物学科学史突破细胞分化的原因,同时融合从现象入手分析本质,很好地突破了细胞全能性的概念。三是,提升学生科学思维——模型解读。让学生借助模型深入理解细胞分化和细胞全能性的相关知识,也可以为后面干细胞知识的学习埋下伏笔,同时也训练了学生对模型的解读能力。四是,前后呼应,珍爱生命。用真实的人物和事件情境体现科学、技术和社会的关系,增强学生的社会责任感。结课以物理学的"时光倒流"和干细胞的"返老还童"这一虚拟情境表达对生命的尊重和珍爱以及对人类未来的希望。

重庆市第八中学校高级教师 程远

七、必修1《分子与细胞》教学设计案例专家点评

《分子与细胞》模块由走近细胞、组成细胞的分子、细胞的基本结构、细胞的物质输入和输出、细胞的能量供应和利用、细胞的生命历程六部分组成。该部分选取了细胞生物学方面最基本的知识,是学习其他模块的基础。在学习的过程中结合细胞生物学研究的新进展和相关的实际应用,从微观层面上深入地理解生命的本质。帮助学生了解生命的物质性和生物界的统一性,细胞生命活动中物质、能量和信息变化的统一,细胞结构和功能的统一,生物体部分和整体的统一,为学生建立结构与功能观、物质与能量观,最终为学生形成科学的自然观和世界观奠定基础。

生物学学科全息育人是在课程标准规定的课程内容要求下,以人教版教材为依托,利用教材提供的学习资源和信息,在全息育人理念的引领下,由北碚区高中生物学教师,围绕德性育人、认知育人、健康育人、审美育人和劳动育人,五育并举地进行课题教学实践。从《分子与细胞》教学设计案例的展示可以看出,针对每一个单元,教师们不仅在完成生物学大概念上进行了相应的设计,还对教学在五育并举的设计方面进行了总结。例如,《走近细胞》单元,通过对水华产生原因的学习,激发学生爱护环境的情感。同时,通过对发菜的介绍,向学生渗透保护生态、保护环境的社会责任意识;《组成细胞的分子》单元,通过对元素组成的分析,增强学生辨别伪科学、宣传健康生活方式的责任意识,利用我国在人工合成牛胰岛素的史实增强民族自豪感和学术自信等;在《细胞的基本结构》单元,结合具体分泌蛋白的合成运输,理解细胞器与细胞,在部分与整体的关系中,理解个体、家庭、社会三者之间的统一性与整体性,形成团结互助、分工协作的观点等,通过生物学的教学,较好地表现出了生物学在德性育人方面的重要作用。

案例也较好地总结了在相关教学单元中将健康育人、审美育人、劳动育人渗透其中的思路。例如,在《细胞的物质输入和输出》的教学中,引导学生注意个人饮食卫生,加强公共卫生建设,选择健康文明的生活方式;在《细胞的基本结构》单元中,通过对细胞整体结构及细胞器功能的认识,让学生领悟精致生命的和谐之美;在教学中解释生活中常见的生物学现象,了解蔬菜腌制、合理施肥的原理,树立劳动创造价值的观念等。

全息育人,五育并举,并不是要脱离现有的教学模式,而是在现有的教学模式中提炼和关注知识的传递方式,为更好地培养符合社会发展需要的未来人才探索路径。由于篇幅所限,案例在全面展示教学思路方面,还可以进一步做好改进,也为我国基础教育教学的创新和发展提供可借鉴的模式。

西南大学教师教育学院　霍静

第二节 《遗传与进化》教学设计案例

一、"遗传因子的发现"教学设计案例

(一)单元教学设计

单元名称	遗传因子的发现	总课时	4
		课时	
学习内容	第1节"孟德尔的豌豆杂交实验(一)"安排2个课时。第1课时学习豌豆花的结构,了解用豌豆做遗传实验容易取得成功的原因及相关概念;通过性状分离比的小球模拟实验,推进学习一对相对性状的杂交实验的过程及分析。第2课时使用假说—演绎法分析杂交实验,简化并归纳总结数据,运用科学的思维方法来分析研究豌豆性状及比例,在演算测交结果时领悟演绎推理的意义所在。	2	
	第2节"孟德尔的豌豆杂交实验(二)"安排2个课时。第1课时学习两对相对性状的杂交实验过程及分析;第2课时学习假说—演绎法及自由组合定律的内容、实质、意义及孟德尔获得成功的原因和遗传规律再发现。	2	
育人目标	1.德性育人目标。 (1)学习孟德尔多次尝试、及时总结的精神。 (2)关注遗传规律在医学上的应用,同时对先天残疾、异于父母的人群持科学、善意的态度。 2.认知育人目标。 (1)简化并归纳总结数据,运用科学的思维方法来分析研究豌豆性状及比例。 (2)认识到结构与功能相适应;选择合适的材料有利于实验的顺利进行。 3.健康育人目标。 (1)正确认识自我的外貌长相,悦纳外形的不完美。 (2)对优良性状小麦的培养、白化病人的内因等问题从生物学角度提出自己的见解。 4.审美育人目标。 正确看待自己和他人的各种性状,感悟到生命遗传过程的精致和奇妙,从而提升审美境界。 5.劳动育人目标。 (1)提升对特定生物学现象进行观察、提问以及对结果进行交流与讨论的能力。 (2)从实验中领悟科学方法,训练科学探究技能。 (3)通过社会调查了解农业、畜牧业优良种培养性状需求,增强社会责任感。		
学情分析	学生初中学习的"基因控制生物的性状"的知识,初步解决了基因与生物个体性状的关系问题;学习了"基因的显性和隐性"的知识,具有一定的知识网络,有助于理解孟德尔的假设内容,教师可以通过适当的教学策略将知识叠加到旧知识网络上面,对其进行丰富和发展。		

续表

| 核心任务 | 1. 阅读教材,学生活动讨论豌豆的特点和对实验的优势。
2. 开展实验"探究·实践:性状分离比的模拟实验",使学生依照方案主动推进实验过程,记录小球组合的结果并计算比例。
3. 以孟德尔的实验过程为主线,突出科学史和科学方法的教育,沿着孟德尔的探索过程进行思考并从实验中领悟科学方法,训练科学探究技能。
4. 审视自我,与同伴交流对外貌的看法。
5. 收集网络资料,通过社会调查了农业、畜牧业优良种培养性状需求,增强社会责任意识。
6. 学习本单元后,能建构如下知识体系。

（知识结构图：遗传因子的发现，包括基本概念——交配方式（杂交、自交、正反交、测交）、相对性状（显性性状、隐性性状）、等位基因（显性基因、隐性基因）、个体类型（纯合子、杂合子）；基因的分离定律——一对相对性状的杂交实验（过程、实验现象、对现象的解释、对解释的验证）、分离定律（内容、实质、适用条件、意义）；基因的分离定律——两对相对性状的杂交实验（过程、实验现象、对现象的解释、对解释的验证）、自由组合定律（内容、实质、适用条件、意义）） |

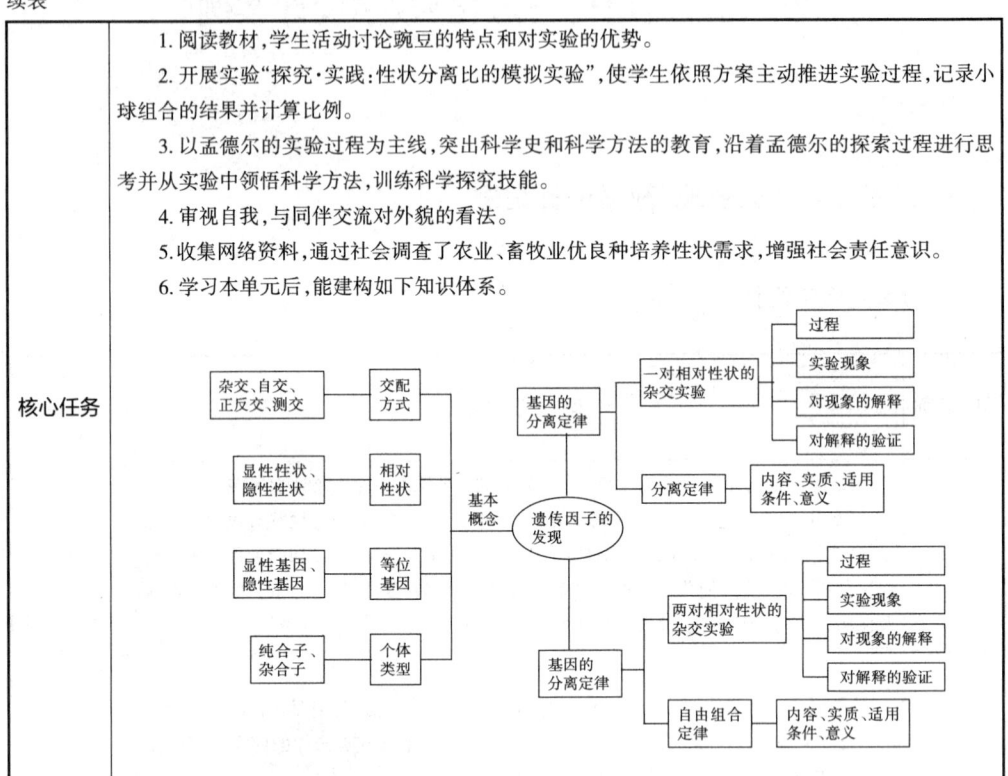

(二)课时教学设计

1.1 孟德尔的豌豆杂交实验(一)

1. 学习内容

说明豌豆作为遗传实验材料的优点和人工异花传粉的过程,理解豌豆一对相对性状的杂交实验过程,掌握相关的遗传学专业术语和表达符号。

2. 育人目标

(1)德性育人目标。

①了解孟德尔众多植物杂交遗传实验,认识到科学成果的获得不仅烦琐而复杂,还要有不畏艰险、勇于冲破"错误"观点束缚的大无畏精神。

②阅读"一对相对性状的杂交实验",学习孟德尔精益求精、善于思考、勤于提问的劳动精神。

③讨论"问题探讨""人工异花传粉""一对相对性状的杂交实验",实现与人交流合作、反思自省、收获认同、个人实现。

(2)认知育人目标。

①分析教材、补充资料,培养识图析表、综合资源的能力,体会从现象到本质的认识过程,发展归纳总结的科学思维。

②完成"人工异花传粉""遗传图解",完成知识摄取、理解、内化、生成的过程。

(3)审美育人目标。

观察豌豆花结构,感知豌豆花精巧与奇异的自然美,并与其"自花传粉和闭花授粉"的生理特点相结合,树立结构与功能观。

(4)劳动育人目标。

①学习孟德尔一对相对性状的杂交实验,树立劳动观念,培养劳动精神。

②完成"人工异花传粉""遗传图解",通过个人创作和小组合作获得劳动体验。

3. 教学重难点

(1)教学重点。

总结豌豆作为遗传材料的优点,以及一对相对性状的杂交实验过程。

(2)教学难点。

一对相对性状的杂交实验过程。

4. 评价任务

(1)总结概括人工异花传粉的流程。

(2)总结豌豆作为遗传材料的优点。

(3)自行书写一对相对性状的豌豆杂交实验遗传系谱图。

5. 教学过程

环节	学习内容	教师活动	学生活动	五育融合育人点提示
课题导入	提出问题，引发思考	我们在初中学习了亲代与子代之间是通过遗传物质的传递来保持相对性状的连续性。"问题探讨"里提出了一种关于遗传物质发挥作用的假设，对于这两个问题，你怎么看呢？ 18世纪末，西方的科学家们为了提高作物的产量进行了大量的杂交实验，实验结果却不太符合融合遗传的观点。 ①盖尔特纳分析了9000多个实验结果，得出用混合花粉传粉，子代中不会出现性状混合的结论。 ②萨叶里把西葫芦排列成一组组相对性状，发现杂种后代性状既不混合，也不是中间型，而是与亲本之一完全相同。 那么，遗传物质在亲代和子代之间的传递到底遵循什么关系呢？我们今天就来解决这个问题。	回忆旧知，明确亲代与子代之间是通过遗传物质的传递来保持相对性状的连续性。 阅读"问题探讨"，思考讨论题1、2，体验融合遗传观点下对花色的预测，联系实际展开辩证思考、交流讨论。 阅读资料，分析资料中的结果，思考为什么没有出现符合融合遗传的结果，进而思考遗传物质在亲代与子代之间传递的真实方式，引起学生的学习兴趣，激发深入探究动力。	通过问题探讨和补充资料引出性状与遗传因子的关系。（认知育人） 引发认知冲突，培养逻辑思维。（认知育人）
新课学习	一、孟德尔与豌豆	简介孟德尔生平，在其众多试验中最成功的是豌豆杂交实验。 为什么豌豆的杂交实验是最成功的？豌豆作为遗传实验的材料有什么优点？ （展示自然状态下的豌豆花图片和解剖后的豌豆花图片，并介绍豌豆花的结构） 既然豌豆花有自花传粉、闭花授粉的特点，孟德尔如何进行杂交实验呢？ 活动1：阅读教材对应内容，自主学习人工异花传粉过程。 课件呈现提示内容： ①什么是父本、母本？	了解孟德尔的学习经历和植物杂交实验，关注实验材料的多样性和有效性。 学习豌豆花结构，认识自花传粉和闭花授粉的特点。 阅读教材对应内容，充分利用教材正文、小字、侧框内容辅助学习，理解相关知识，明确自交、杂交的概念，根据课件提示归纳出人工异花传粉的流程。	传达给学生科学探究精神和孟德尔不畏艰险、勇于冲破"错误"观点束缚的大无畏精神。（德性育人） 了解豌豆花结构的精巧与奇异，感知豌豆花的自然美，并延伸到"自花传粉和闭花授粉"的生理特点，树立结构与功能观。（审美育人）

续表

环节	学习内容	教师活动	学生活动	五育融合育人点提示
	孟德尔与豌豆	②对父本、母本进行什么重要操作？在什么时间完成？ ③母本授粉前后有什么特殊操作？ 以豌豆花的白色和红色为例，介绍相对性状的概念。 （展示豌豆的7对相对性状的示意图） 活动2：小组讨论，举例说明更多的相对性状并判断正误。 问题：豌豆作为遗传实验的材料具有哪些优点？	结合教材和教师讲解，理解相对性状的概念；小组讨论，每人举例多对相对性状，小组成员合作判断并给出理由。	通过教材、资料的阅读、探讨与总结，锻炼学生能够针对特定的任务进行识图、析图、联想、概括的能力。（认知育人） 通过对豌豆7对相对性状概念的巩固消除误差、加深理解；通过学生活动完成内化—生成的阶段。（认知育人）
新课学习	一对相对性状的杂交实验过程	学生自行阅读教材对应部分，尝试找出显性性状、隐性形状、性状分离、杂交、正交、反交、自交的含义。 活动3： ①自读教材中关于一对相对性状杂交实验的内容，并尝试画出遗传系谱图。 P 纯种高茎豌豆 × 纯种矮茎豌豆 　　　DD　　　　　　dd 　　　↓　　　　　　　↓ 　　　D　　　　　　　d 　　　　　↘　　　↙ F_1　　　　　Dd 　　　　高茎豌豆 × 高茎豌豆 　　　　　Dd　　　　Dd 　　　　↙　↘　　↙　↘ 　　　　D　d　　D　d 　　　DD　Dd　Dd　dd F_2 高茎　高茎　高茎　矮茎 　　　　　　3　　　　　1 ②小组讨论，规范遗传系谱图的格式，将杂交、自交、亲本、子代等术语用符号替代。 ③邀请小组代表展示分享遗传系谱图，并对每一步进行解释。教师根据系谱图解释显性性状、隐性形状、性状分离、杂交、正交、反交、自交的含义和符号。	自读教材，找出相关专业术语名词并解释其含义。 各自画出遗传系谱图，小组讨论、纠错、修正、完善。 小组代表展示、分享并解释遗传系谱图，核对专业术语名词的概念。	通过任务驱动，学生自行阅读教材查找概念、总结遗传系谱图，培养学生读取信息、内化生成的能力，实现科学思维的归纳与概括。（认知育人） 在阅读教材归纳总结的过程中，学习孟德尔精益求精、善于思考、敢于质疑的劳动精神；小组讨论过程中学会与人交流合作、反思自省、收获认同，得到个人实现。（德性育人） 分析孟德尔一对相对性状的杂交实验，树立劳动观念，培养劳动精神；完成遗传系谱图获得劳动体验。（劳动育人）

续表

环节	学习内容	教师活动	学生活动	五育融合育人点提示
提出问题		如果你是孟德尔，通过两年等待，统计到了豌豆的性状和数量结果，你会有什么想法？ 引导提出问题： (1)为什么F_1只表现出一种性状？ (2)为什么F_1隐藏的性状会在F_2中出现呢？ (3)为什么F_2会出现性状分离且比例为3∶1？ （展示孟德尔7对相对性状实验的数据，引导学生聚焦提问，加深疑惑）	回答问题，通过观察实验结果发现问题，提出问题。 观察表格，聚焦问题。	换位思考，站在孟德尔的角度提出问题，培养科学思维；分析表格数据，自然而然地与已有数据进行比较，培养类比推理的能力。（认知育人）
作业布置	1.随堂检测；配套习题。 2.自行书写一对相对性状的豌豆杂交实验遗传系谱图。			
板书设计	孟德尔的豌豆杂交实验（一） 一、孟德尔与豌豆 二、一对相对性状的杂交实验 三、提出问题 1.为什么F_1只表现出一种性状？ 2.为什么F_1隐藏的性状会在F_2中出现呢？ 3.为什么F_2会出现性状分离且比例为3∶1？ P 纯种高茎豌豆 × 纯种矮茎豌豆 　　　DD　　　　　　dd 　　　↓　　　　　　　↓ 　　　D　　　　　　　d 　　　　↘　　　　　↙ F_1　　　　　Dd 　　　高茎豌豆×高茎豌豆 　　　　Dd　　　Dd 　　　↙↘　　↙↘ 　　　D d　　D d F_2　DD　Dd　Dd　dd 　　　高茎　高茎　高茎　矮茎 　　　　　　3　　　　　1		
教学反思	本节课利用任务驱动和问题引领的方式，层层深入。学生先查找并熟悉本节内容涉及的遗传学专业术语，在此基础上阅读教材，亲自探究、讨论杂交实验，更加深刻地理解孟德尔提出的问题，为后面"提出假说"创造合理情境，既符合科学探究的一般路径，又符合学生思维的一般认知，进一步加深了对假说—演绎法的理解。帮助学生树立了理性思维，培养了学生的生物学学科素养，较好地完成了本节课的教学目标和评价目标。			

(三)专家点评

本节课以遗传素材的呈现为线索,以科学探究为工具,从实际问题出发,引导学生发现问题、分析问题、运用工具、解决问题,达成学习目标。课堂引入新颖,从"人们对遗传物质发挥作用的假设"这个实际问题出发,再呈现"混合花粉传播""子代西葫芦相对性状"的素材,在吸引学生注意力的同时引发认知冲突,培养逻辑思维。任务驱动式的环节设计,在呈现问题后布置任务,让学生以教材为主、资料为辅进行阅读,完成"人工异花传粉""豌豆作为遗传实验材料的优点"的学习,锻炼学生能够针对特定的任务进行识图、析图、联想、概括的能力。在绘制遗传系谱图时,先个人尝试,再小组合作探究,在满足独立思考、输出成果的情况下,还引导学生学会倾听、思辨正误,实现了智育、德育和劳育的融合。

重庆市江北区教师进修学院生物学教研员、正高级教师 孙怀宽

二、"基因和染色体的关系"教学设计案例

(一)单元教学设计

单元名称	基因和染色体的关系	总课时	4
		课时	
学习内容	第1节"减数分裂和受精作用"安排2个课时。第1课时观察模拟动画或制作模型,理解减数分裂过程中各时期染色体的变化规律;通过归纳与概括,尝试用坐标曲线描述染色体、DNA的数量变化规律,以两对基因为例进一步完善减数分裂模型,阐明分离定律与自由组合定律的细胞学基础。同时,分析和比较精细胞、卵细胞的形成过程。 第2课时观察蝗虫精母细胞减数分裂装片,认识细胞减数分裂各时期染色体的行为特征,强化显微镜操作技能。同时,介绍受精作用过程,基于细胞通过减数分裂和受精作用维持染色体数目稳定和配子多样性理解后代多样性原因。		2
	第2节"基因在染色体上"安排1个课时。明确类比推理的科学探究方法,明确基因和染色体的平行关系,认识基因在染色体上的事实,建立对孟德尔遗传规律实质的理解。		1
	第3节"伴性遗传"安排1个课时。明确伴性遗传的定义,以色盲为例分析伴性遗传现象和伴性遗传规律,了解伴性遗传在医学和生产实践中的应用。		1

续表

育人目标	1.德性育人目标。 (1)引导学生关注遗传病的传递及预防、诊疗措施,形成科学认识世界,科学造福人类的态度和价值观。 (2)关注"人类辅助生殖技术",对伦理道德和社会法律问题提出探讨,渗透社会责任教育。 (3)增强国家认同感和民族自豪感。 2.认知育人目标。 (1)正确理解生命系统的发展变化规律,树立生命的物质性和多样性认识,以科学的眼光看待生和死,进而珍爱生命,正视死亡。 (2)对遗传的稳定性和多样性原因进行概括,锻炼辩证思维和概括总结能力。 (3)提高学生的探究能力、思考与合作能力。 (4)发展抽象概括以及"运用模型作解释"的科学思维。 (5)发展科学探究的技能。 3.健康育人目标。 (1)培养学生养成健康生活的习惯,选择健康的生活方式,建立科学的产前咨询和诊断认识。 (2)认识染色体异常遗传病发病机制。 4.审美育人目标。 (1)感知到生物学的艺术美;领悟到染色体复制和分配的精确美,组合的多样美,尝试以审美的视角阐释生命。 (2)构建细胞模型,提升审美创造能力。 5.劳动育人目标。 提升物理模型构建能力和动手能力。
学情分析	学生在初中已经接触过基因和染色体概念,通过必修1的学习,结合动物细胞的有丝分裂过程对染色体的复制和分配行为有了基本的认识,为本单元教学打下良好的基础。在学习本单元之前,学生在第一章中已经学了孟德尔的遗传规律,提出有遗传因子(基因)的存在,此时学生的心中会有一些疑问:遗传因子(基因)是什么? 遗传因子(基因)在哪里? 本章通过减数分裂中同源染色体的行为变化揭示基因和染色体行为。在此基础上提出解决基因与染色体的关系应该是顺理成章,也是符合学生的认知规律的。对于孟德尔遗传实验中所用到的假说—演绎法,此时再次提出起到了有效巩固知识的作用。
核心任务	1."探究·实践:建立减数分裂中染色体变化的模型",明确减数分裂过程及染色体行为、特征、数目变化,遗传的细胞学基础。 2."探究·实践:建立减数分裂中染色体变化的模型"和"思维训练:综合概括遗传稳定性和遗传多样性的原因"等活动,培养学生的 科学思维与科学探究能力。 3.通过"思考·讨论:摩尔根解释的验证"实验设计和演绎推理,掌握利用假说—演绎法解决遗传问题的方法,培养学生的科学思维与科学探究能力。 4.通过"思考·讨论:预测红绿色盲基因的遗传",理解红绿色盲的遗传原理和规律,培养学生的科学思维能力。 5.开展"探究·实践:观察蝗虫精母细胞减数分裂装片"的实验,明确减数分裂各时期特征,同时强化显微镜操作技能。 6.观察模拟动画或制作模型,理解减数分裂过程中各时期染色体和基因的变化规律;通过归纳与概括,尝试用坐标曲线描述染色体、DNA的数量变化规律,阐明减数分裂在遗传和变异中的意义。 7.通过思维训练对配子形成和受精作用两方面对遗传的稳定性和多样性原因进行概括,锻炼学生的辩证思维和概括总结能力。

续表

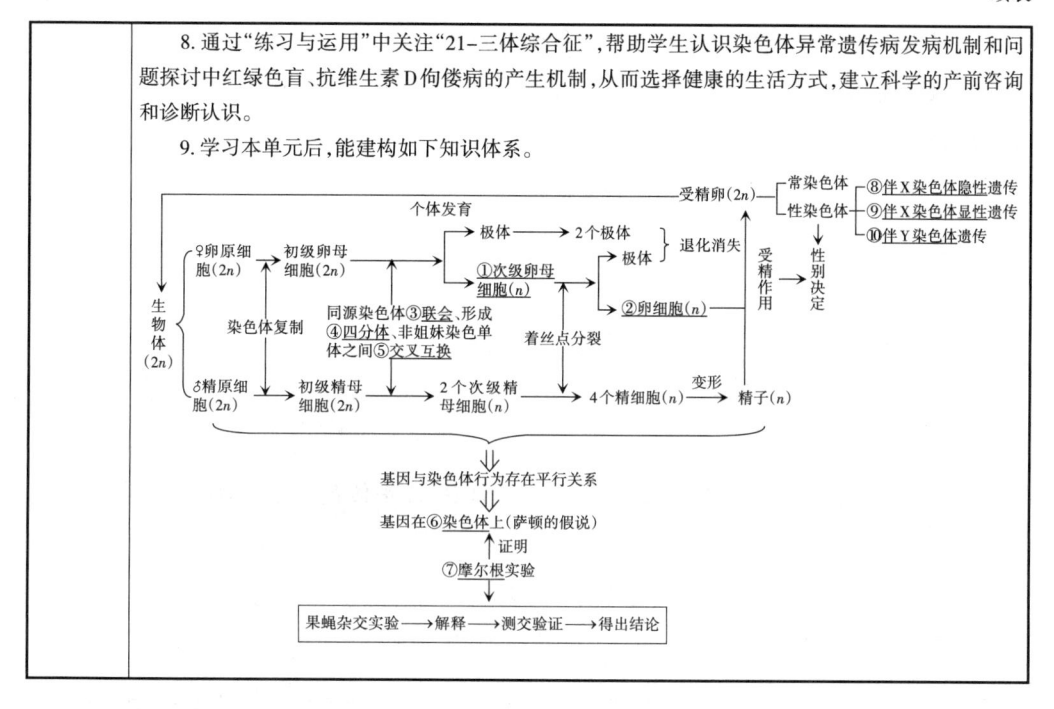

8. 通过"练习与运用"中关注"21-三体综合征",帮助学生认识染色体异常遗传病发病机制和问题探讨中红绿色盲、抗维生素D佝偻病的产生机制,从而选择健康的生活方式,建立科学的产前咨询和诊断认识。

9. 学习本单元后,能建构如下知识体系。

```
                                        受精卵(2n) — 常染色体 — ⑧伴X染色体隐性遗传
                     个体发育                      — 性染色体 — ⑨伴X染色体显性遗传
                                                           — ⑩伴Y染色体遗传
                              极体 — 2个极体
   ♀卵原细    初级卵母              退化消失      性
   胞(2n)    细胞(2n)    ①次级卵母  极体         别
生           同源染色体③联会、形成  细胞          受  决
物  染色体复制 ④四分体、非姐妹染色单            精  定
体           体之间⑤交叉互换                    作
(2n)                            着丝点分裂 ②卵细胞(n)  用
   ♂精原细    初级精母    2个次级精              变形
   胞(2n)    细胞(2n)    母细胞(n)   4个精细胞(n) — 精子(n)

                    基因与染色体行为存在平行关系
                              ↓
                    基因在⑥染色体上(萨顿的假说)
                              ↓ 证明
                         ⑦摩尔根实验
                              ↓
              果蝇杂交实验 → 解释 → 测交验证 → 得出结论
```

(二)课时教学设计

2.2 基因在染色体上

1. 学习内容

明确类比推理的科学探究方法,明确基因和染色体的平行关系,认识基因在染色体上的事实,建立对孟德尔遗传规律的实质的理解。

2. 育人目标

(1)德性育人目标。

认同科学研究需要丰富的想象力,敢于质疑、探索求真的科学精神,以及对科学的热爱。

(2)认知育人目标。

培养学生的分析推理能力,并能阐明孟德尔遗传规律的实质。

(3)健康育人目标。

尝试解释染色体异常引起的疾病的原因。

(4)审美育人目标。

体验基因和染色体行为一致的和谐美、协调美。

(5)劳动育人目标。

运用假说—演绎法解释生活中的现象和其他生物学知识。

3. 教学重难点。

(1)教学重点。

①基因在染色体上的理论假说和实验证据。

②孟德尔遗传定律的现代解释。

(2)教学难点。

①运用类比推理的方法解释基因在染色体上。

②基因在染色体上的实验证据。

4. 评价任务

(1)教学内容"基因位于染色体上的实验证据",评估德性育人目标和劳动育人目标。

(2)导入和教学内容"孟德尔遗传规律的现代解释",评估认知育人目标。

5. 教学过程

环节	教学内容	教师活动	学生活动	五育融合育人点提示
情境导入	创设情境,发现问题	教师用课件展示孟德尔遗传定律和减数分裂过程。将学生分成三组,并分配不同的任务。	第一组:描述孟德尔豌豆杂交实验中基因的行为变化;第二组:描述减数分裂过程中染色体的行为变化;第三组:将孟德尔杂交实验中的"基因"换成"染色体","成对的基因"换成"同源染色体",阐述孟德尔的分离定律和自由组合定律。	为教学内容:孟德尔遗传规律的现代解释埋下伏笔。
新课学习	萨顿的假说	介绍萨顿利用蝗虫发现的染色体在减数分裂、受精作用过程中的行为变化。 介绍萨顿的研究方法。 引导学生填充两者行为变化比较表格。 引导学生分析减数分裂中基因和染色体的关系。 介绍总结萨顿研究方法——类比推理法,并说明其不足之处:缺乏实验验证,仅为假说,需进一步实验验证。	回答问题,补充表格。 完善减数分裂过程中基因和染色体的关系(填图)。 学生说出基因和染色体的平行关系。	尝试运用类比推理的方法,解释基因位于染色体上;引导学生客观地看待类比推理法,激发学生的求真精神。 通过理解基因和染色体的关系,构建细胞减数分裂的结构与功能观。

续表

环节	教学内容	教师活动	学生活动	五育融合育人点提示
	基因位于染色体上的实验证据	（课件展示摩尔根及果蝇） 提问：摩尔根选用什么生物作为实验材料呢？该生物有什么优点？ （课件展示果蝇的染色体组成） （课件展示摩尔根的果蝇杂交实验） 介绍杂交实验过程、现象，引导学生对实验结果进行分析。 请同学们结合下列三个问题进行思考： (1) 实验如何判断果蝇眼色的显隐性？ (2) 实验现象是否符合孟德尔遗传定律？依据是什么？ (3) 果蝇眼色的遗传与孟德尔一对相对性状杂交试验有何不同的地方？ 假设：控制白眼的基因在X染色体上，而Y染色体上不含有它的等位基因。 若用W、w表示控制眼睛颜色的基因：红眼为W，白眼为w。 利用摩尔根的假说，杂交实验现象就可以得到合理的解释，但是这还只是假说，如要验证以上假说是否成立，应如何设计实验验证？ 测交实验：F_1红眼雌果蝇与白眼雄果蝇交配。 回顾摩尔根的研究过程：提出问题→作出假设→验证→得到结论，摩尔根用的是什么研究方法？ （多媒体演示，引导学生回顾摩尔根的实验过程，归纳研究方法假说—演绎法，发现问题：白眼性状的表现为什么总是与性别相联系？） 作出假说：控制白眼基因(w)在X染色体上，而Y染色体上不含有它的等位基。	果蝇；易于培养，繁殖快；染色体数目少且大，便于研究；产生的后代多；相对性状易于区分。 知道果蝇的染色体组成。常染色体：与性别无关的染色体，如Ⅱ，Ⅲ，Ⅳ。 性染色体：与性别决定有关的染色体，如X和Y。 其中♀用XX表示，♂用XY表示。 学生尝试书写雌雄果蝇关于眼色的基因型。 书写摩尔根的杂交实验过程的遗传图解（与老师一起书写）。 书写摩尔根测交实验过程的遗传图解。	运用假说—演绎法分析摩尔根的果蝇杂交实验。 认同摩尔根等科学家尊重科学事实、敢于质疑的科学精神。

213

续表

环节	教学内容	教师活动	学生活动	五育融合育人点提示
	基因位于染色体上的实验证据	实验验证：测交。 得出结论：基因在染色体上。 （课件展示染色体上一些基因的示意图） 提问：一条染色体上有_____个基因；基因在染色体上呈_____排列。	总结假说—演绎法的过程。 一条染色体上有许多个基因，基因在染色体上呈线性排列。	理解基因与染色体的关系。
	孟德尔遗传规律的现代解释。	分析基因分离定律和自由组合定律的实质，即孟德尔遗传定律的现代解释。 提问：同源染色体上的非等位基因能够自由组合吗？	同源染色体上的非等位基因不能自由组合。	理解孟德尔分离定律及自由组合定律的现代化解释。
板书设计	2.2 基因在染色体上 一、萨顿的假说：类比推理 二、摩尔根：假说—演绎法 观察分析 ↓ 提出问题 ↓ 作出假说 ↓ 演绎推理 ↓ 实验检验 ↓ 得出结论			
教学反思	首先，考虑到学生的认知水平及知识的承上启下，我们把前面所学的"减数分裂中染色体行为"和"孟德尔豌豆杂交实验中基因的行为"作为问题探讨，通过类比推理，猜想基因和染色体的关系。其次，本节课补充了"摩尔根的果蝇测交"内容，这有利本知识目标的达成，也厘清了摩尔根实验验证的逻辑顺序；由于补充了内容，上课时间很紧，故运用类比推理的方法，推断基因与DNA长链的关系的"技能训练"安排到课后练习完成。			

(三)专家点评

遗传的本质在本章教学设计中由死板的理论变为真实可追溯的过程,本章以实验为载体,用事实说话,忠实于生物学科学课程的本质,借助建立模型,使学生将静止、割裂的染色体时期图转化为连续的动画,便于学生理解遗传的本质,更便于在此过程中沉浸式体验生命的多样性及机制的严谨性和精确性之美。通过摩尔根的伴性遗传实验,以及对假说—演绎法的进一步探索和应用实现,能够培养学生的科学思维和科学探究能力。对伴性遗传病、人类辅助生殖技术、21-三体综合征等的介绍,有助于培养学生养成健康生活的习惯,实现健康育人的目标。

重庆市江北区教师进修学院生物学教研员、正高级教师　孙怀宽

三、"基因的本质"教学设计案例

(一)单元教学设计

单元名称	基因的本质	总课时	5
		课时	
学习内容	第1节"DNA是主要的遗传物质"安排1个课时,包括"对遗传物质的早期推测""肺炎链球菌的转化实验""噬菌体侵染细菌的实验"以及"科学方法:自变量控制中的'加法原理'和'减法原理'"。	1	
	第2节"DNA的结构"安排2个课时,包括"DNA双螺旋结构模型的构建""DNA的结构"以及"探究·实践:制作DNA双螺旋结构模型"。	2	
	第3节"DNA的复制"安排1个课时,包括"对DNA复制的推测""DNA半保留复制的实验证据""DNA复制的过程"。	1	
	第4节"基因通常是有遗传效应的DNA片段"安排1个课时,包括"说明基因与DNA关系的实例""DNA片段中的遗传信息"。	1	

续表

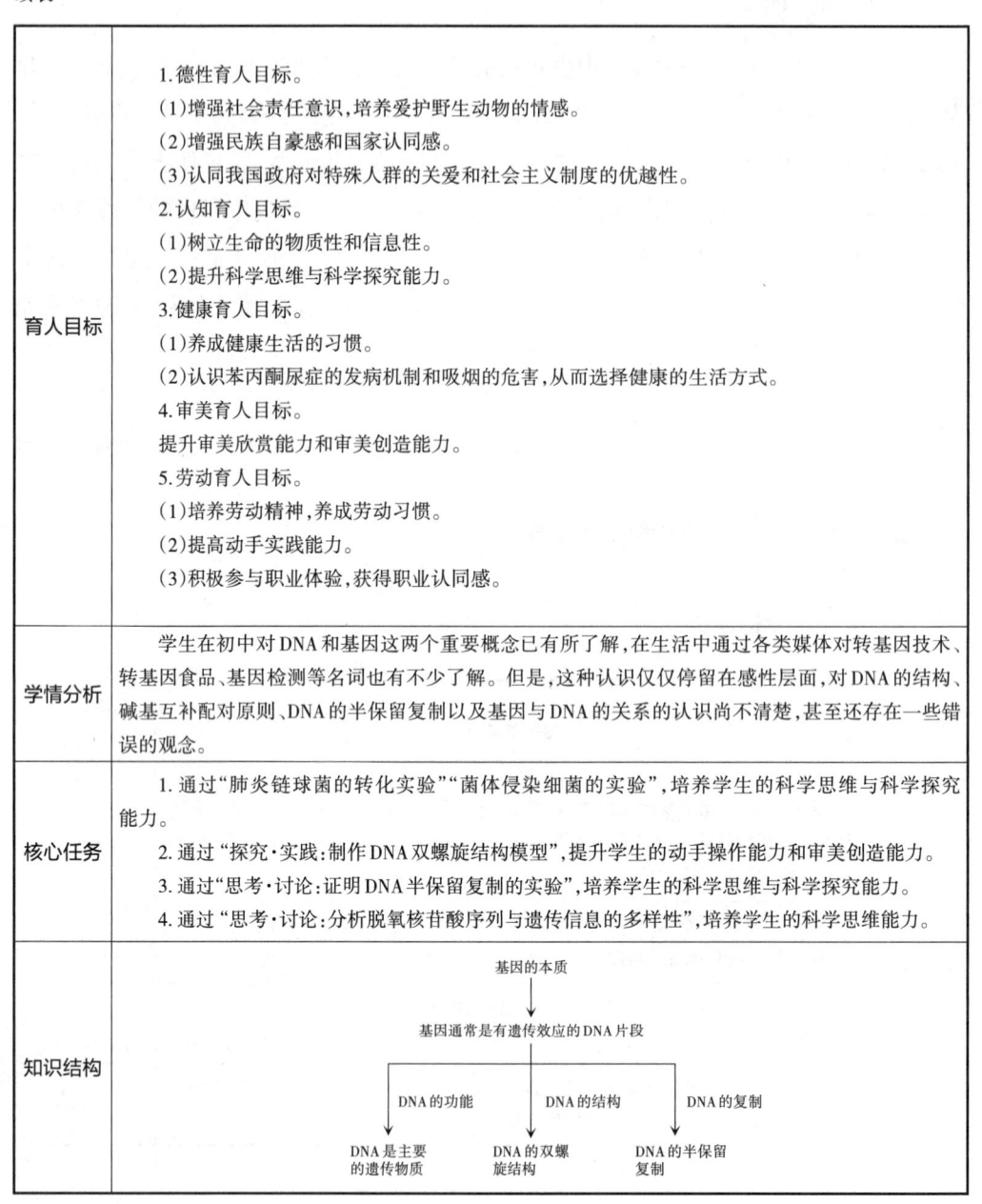

育人目标	1.德性育人目标。 (1)增强社会责任意识,培养爱护野生动物的情感。 (2)增强民族自豪感和国家认同感。 (3)认同我国政府对特殊人群的关爱和社会主义制度的优越性。 2.认知育人目标。 (1)树立生命的物质性和信息性。 (2)提升科学思维与科学探究能力。 3.健康育人目标。 (1)养成健康生活的习惯。 (2)认识苯丙酮尿症的发病机制和吸烟的危害,从而选择健康的生活方式。 4.审美育人目标。 提升审美欣赏能力和审美创造能力。 5.劳动育人目标。 (1)培养劳动精神,养成劳动习惯。 (2)提高动手实践能力。 (3)积极参与职业体验,获得职业认同感。
学情分析	学生在初中对DNA和基因这两个重要概念已有所了解,在生活中通过各类媒体对转基因技术、转基因食品、基因检测等名词也有不少了解。但是,这种认识仅仅停留在感性层面,对DNA的结构、碱基互补配对原则、DNA的半保留复制以及基因与DNA的关系的认识尚不清楚,甚至还存在一些错误的观念。
核心任务	1.通过"肺炎链球菌的转化实验""菌体侵染细菌的实验",培养学生的科学思维与科学探究能力。 2.通过"探究·实践:制作DNA双螺旋结构模型",提升学生的动手操作能力和审美创造能力。 3.通过"思考·讨论:证明DNA半保留复制的实验",培养学生的科学思维与科学探究能力。 4.通过"思考·讨论:分析脱氧核苷酸序列与遗传信息的多样性",培养学生的科学思维能力。
知识结构	基因的本质 ↓ 基因通常是有遗传效应的DNA片段 ↙　　↓　　↘ DNA的功能　DNA的结构　DNA的复制 ↓　　　　↓　　　　↓ DNA是主要　DNA的双螺　DNA的半保留 的遗传物质　旋结构　　　复制

(二)课时教学设计

3.2　DNA的结构

1. 学习内容

本节包括"DNA双螺旋结构模型的构建"和"DNA的结构"两个主要内容。讲述沃森和克里克构建DNA双螺旋结构模型的故事,有助于学生对科学思维方法、探索求真的科学精神、多学科交叉对科学研究意义的领悟；介绍DNA的结构特点，有助于学生对结构与功能观的理解。此外，本节安排的"探究·实践：制作DNA双螺旋结构模型"，可以提高学生的探究能力、动手能力与合作能力等。

2. 育人目标

(1)德性育人目标。

①认同严谨务实的求知态度和探索求真的科学精神。

②认同多学科交叉与生物科学发展的关系。

(2)认知育人目标。

①解析DNA的双螺旋结构。

②概述DNA结构的主要特点、理解DNA的碱基互补配对原则。

(3)审美育人目标。

提高审美欣赏能力和审美创造能力。

3. 教学重难点

(1)教学重点。

①DNA结构的主要特点。

②制作DNA双螺旋结构模型。

(2)教学难点。

DNA结构的主要特点。

4. 评价任务

通过课后练习完成认知育人目标的评价。

5. 教学过程

环节	学习内容	教师活动	学生活动	五育融合育人点提示
课题导入	创设情境，导入新课	展示世界各地典型的DNA雕塑图片。 提问：(1)图片中的DNA雕塑在形态上有何特点？ (2)DNA双螺旋结构模型是怎样建构出来的？在结构上有何特点？	欣赏图片，思考并回答问题。	通过呈现DNA雕塑的图片，培养学生感知生命之美的能力。
新课展开	DNA双螺旋结构模型的构建	展示沃森、克里克和威尔金斯的照片。 Francis Harry Compton Crick (1916—2004)　James Dewey Watson (1928—)　Maurice Hugh Frederick Wilkins (1916—2004) 介绍：1962年沃森、克里克和威尔金斯三人因建构出DNA的结构模型共同获得诺贝尔生理学或医学奖。DNA结构模型的建构经历了一个怎样的曲折过程呢？请大家阅读教材第48页"思考·讨论"相关内容，讨论： (1)沃森和克里克是怎样推算出DNA呈双螺旋结构的？ (2)DNA中的碱基是如何配对的？它们位于DNA的什么部位？ (3)沃森和克里克默契配合，揭示了DNA的双螺旋结构，是科学家合作研究的典范，在科学界被传为佳话。他们的这种工作方式给予你哪些启示？	阅读、讨论。	通过问题引导学生阅读资料，培养学生获取信息的能力和科学探究的能力。

续表

环节	学习内容	教师活动	学生活动	五育融合育人点提示
	蛋白质的基本单位——氨基酸	根据学生的回答,补充完善以下信息。 1.衍射又称为绕射,光线照射到物体边沿后通过散射继续在空间发射的现象。衍射的结果是产生明暗相间的衍射花纹,代表着衍射方向(角度)和强度。根据衍射花纹可以反过来推测光源和光栅的情况。将DNA纯化后,结晶。生成晶体后,使用同步辐射X射线投射到DNA晶体上,X射线将产生衍射,衍射符合布拉格公式。 2.DNA衍射图谱分析。 (1)X型说明DNA的结构是螺旋形的。 (2)菱形说明DNA分子是长链。 (3)直线的间距是DNA分子重复单元(一个完整的螺旋)的间距。 (4)缺少了两条直线,这是因为另一条螺旋的干扰。 从这幅图可以得出:(1)DNA结构是双螺旋形;(2)DNA分子的半径约为10 Å;(3)碱基对的间距是3.4 Å;(4)每个完整的螺旋高度是34 Å。 3. 为什么A一定与T配对,G一定与C配对呢?	思考、回答。	培养学生的科学思维能力和精致鉴赏能力。

续表

环节	学习内容	教师活动	学生活动	五育融合育人点提示
	蛋白质的结构及其多样性	只有A与T配对,G与C配对,才能形成几何形状的完美互补。 只有A与T配对,G与C配对,才能形成绝佳的氢键。 提供DNA模型组件,指导学生分小组搭建DNA双螺旋结构模型。 脱氧核苷酸的种类：腺嘌呤脱氧核苷酸、鸟嘌呤脱氧核苷酸、胞嘧啶脱氧核苷酸、胸腺嘧啶脱氧核苷酸 提问:DNA双螺旋结构有何特点呢? 引导学生通过观察、分析,比较自己以及他人建构的DNA模型,总结DNA双螺旋的结构特点。	以小组为单位,建构并展示DNA双螺旋结构模型。 学生通过观察自己的模型,比较各小组的模型,通过分析、归纳,总结出DNA双螺旋结构模型的特点。	强化DNA双螺旋结构,培养学生动手、创造生命之美的能力。 培养学生科学思维的能力。
课堂小结	引导学生完成课堂小结。 基本元素:C、H、O、N、P ↓组成 小分子化合物:脱氧核糖、磷酸、碱基(A、T、G、C) ↓构成 基本单位:脱氧核苷酸(4种) ↓反向平行(氢键) 链状结构:脱氧核苷酸链 (一级结构) ↓聚合(3,5-磷酸二酯键) 空间结构:双螺旋结构 {特点 特性} (二级结构) 脱氧核苷酸的种类 腺嘌呤脱氧核苷酸 鸟嘌呤脱氧核苷酸 胞嘧啶脱氧核苷酸 胸腺嘧啶脱氧核苷酸		根据教师提示,总结本节课所学知识。	知识结构化,让学生感受到生物学知识内在的逻辑结构美。

教学反思	本节通过展示世界各地典型的DNA雕塑图片创设情境,引导学生展开对DNA结构的探究,培养学生感知生命之美的能力,有利于提高学生的审美能力。在"DNA的结构"部分,通过图片展示DNA双螺旋结构、碱基之间的连接原理,既有助于学生理解"碱基互补配对原则",又有助于培养学生的科学思维能力和精致鉴赏能力。

(三)专家点评

本案例很好地体现了德性育人、认知育人和审美育人。通过呈现DNA雕塑的图片导入新课,培养学生感知生命之美的能力;碱基互补配对环节的图片展示,既有助于学生理解为什么A与T配对,G与C配对,也有助于培养学生的科学思维能力和精致鉴赏能力;在"DNA双螺旋结构模型的构建"部分,通过问题引导学生阅读资料,培养学生获取信息的能力和科学探究能力。此外,本节安排的"探究·实践:制作DNA双螺旋结构模型",可以提高学生的探究能力、动手能力与合作能力等。

重庆市江北区教师进修学院生物学教研员、正高级教师 孙怀宽

四、"基因的表达"教学设计案例

(一)单元教学设计

单元名称	基因的表达	总课时	4
		课时	
学习内容	第1节"基因指导蛋白质的合成"安排2个课时。第1课时学习遗传信息的转录,第2课时学习遗传信息的翻译和中心法则。	2	
	第2节"基因表达与性状的关系"安排2个课时。第1课时学习基因表达与性状的关系,细胞分化的本质是基因选择性表达的结果。第2课时学习生物体的表观遗传现象。	2	
育人目标	1.德性育人目标。 (1)认同科学是不断发展的,人类对自然界的探究永无止境。 (2)体会基因工程的合理应用能够造福社会,关注生物科学技术在生产生活中的应用。 (3)认同社会主义制度的优越性,并关注我国的特殊群体。 2.认知育人目标。 (1)认同生命是物质、能量和信息的统一体,树立生物学的物质与能量观和信息观。 (2)认识生物界的统一性,认同当今生物学可能有着共同的起源,建立进化与适应观。 (3)认同生物学中因果关系的复杂性,学习和研究生物学需要摒弃简单机械的线性决定论的思维模式,尝试对复杂事物进行多角度、多因素分析。		

续表

育人目标	(4)培养提出假说的能力。 (5)提高观察、分析、提问、讨论和交流的能力,增强团队合作意识,提高学生的科学探究能力。 3.健康育人目标。 认识到基因与性状之间的关系往往比较复杂,环境和不良的生活方式可能会通过表观遗传机制影响基因的表达,认识吸烟的危害,从而选择健康的生活。 4.审美育人目标。 欣赏基因表达的动态之美。 5.劳动育人目标。 树立劳动能产生和创造价值、推动社会发展的观念。
学情分析	通过初中生物学和前3章的学习,以及借助报刊、广播、电视、网络等多种媒体的传播,学生已经初步形成了染色体、DNA、基因和蛋白质等基本概念,对基因是什么以及基因决定生物体的性状有了一定的认识,但是,学生并不清楚基因是如何起作用的。学生已经认识到蛋白质是生命活动的主要承担者,知道核酸是遗传信息的携带者,了解生物体具有各种性状。但是在学生头脑中,基因、蛋白质、性状这三个概念还是孤立的。此外,通过对《分子与细胞》模块中多种多样的细胞、细胞的分化等内容的学习,学生已经知道细胞分化是基因选择性表达的结果,但并不清楚细胞分化时基因表达的过程。表观遗传的种类及其机制是全新的内容,学生学习的难度较大。其实,一些表观遗传现象在生活中是比较常见的,如同卵双胞胎的差异、同一蜂群中蜂王与工蜂的区别、雌猫毛色的多样性等,学生观察到了这些现象,但并不清楚深层的原因。
核心任务	1."遗传信息的转录"中的"思考·讨论"。 2."分析密码子的特点"中的"思考·讨论"。 3.生物科学史话"遗传密码的破译"。 4."分析不同类型细胞中DNA和mRNA的检测结果"中的"思考·讨论"。 5."柳穿鱼花的形态结构和小鼠毛色的遗传"中的"思考·讨论"。 6."与社会的联系"吸烟与甲基化的联系。 7.思维训练:"提出假说"。 8.学习本单元后,能建构如下知识体系。

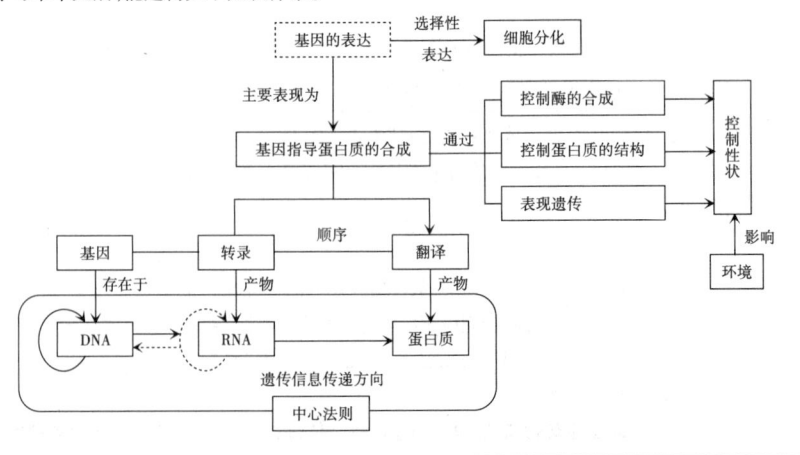

(二)课时教学设计

4.2 基因表达与性状的关系

1. 学习内容

学习表观遗传现象。

2. 育人目标

(1)德性育人目标。

①关注苯丙酮尿症的发病机制和我国的应对措施,认同我国政府对特殊人群的关爱反映了社会主义制度的优越性。

②认同科学是不断发展的,科学概念也是在不断更新或修正的,人们对自然界的探究永无止境。

③认同基因工程的合理应用能够造福社会,引导学生关注生物科学技术在生产生活中的应用。

(2)认知育人目标。

①建立宏观(具体感知的生物性状)与微观(分子水平调控)世界的联系。建立生物信息观。

②形成基于实证得出结论的科学思维。

③构建表观遗传学的概念,提高对问题分析的科学思维和科学探究能力。

④自主建构概念,培养归纳能力。

⑤培养根据具体的生命现象提出假说的思维能力。

⑥认同生物学中因果关系的复杂性,学习和研究生物学需要摈弃简单机械的线性决定论的思维模式,尝试对复杂事物进行多角度、多因素分析。

(3)健康育人目标。

认识吸烟的危害,从而选择健康的生活方式。

(4)劳动育人目标。

认识吸烟对表观遗传的影响,编写吸烟有害健康的广告语,在劳动体验中感受劳动带来的价值。

3. 教学重难点

(1)教学重点。

①细胞分化的本质是基因的选择性表达。

②表观遗传现象。

(2)教学难点。

表观遗传现象。

4. 评价任务

(1)完成育人活动"寻根问底",评估认知育人目标②。

(2)完成育人活动"从性状差异到分子调控",评估认知育人目标①。

(3)完成育人活动"小鼠中对调控机制的研究",评估认知育人目标③。

(4)完成育人活动"建构完善概念图",评估认知育人目标④。

(5)完成育人活动"思维训练",评估认知育人目标⑤。

(6)完成育人活动"收集并分析资料",评估德性育人目标①和认知育人目标⑤。

(7)完成育人活动"编写广告",评估健康育人目标和劳动育人目标。

(8)完成育人活动"基因工程的实例",评估德性育人目标③。

(9)完成育人活动"课堂反馈",评估德性育人目标①。

5. 教学过程

环节	学习内容	教师活动	学生活动	五育融合育人点提示
课题导入	情境导课	(播放视频:同卵双胞胎)问题:同卵双胞胎来源于相同的DNA,那为什么他们日后会变得不同甚至差异很大呢?	思考,回答问题。	情境式引入,引发学生认知冲突,激发兴趣。(认知育人)
新课教学	表观遗传	阅读资料,找寻证据。 **资料1**:同卵双胞胎抑癌基因*BRCA1*的研究发现。 讨论:这和我们经典的基因决定性状有何不同? 问题:基因的表达时间、地点,表达水平受细胞调控吗?如何调控呢? (展示图片:两株柳穿鱼,除花的形态结构不同,其他方面基本相同) 思考:其他基本相同的两株柳穿鱼,性状为什么会有差异? 阅读资料,找寻证据。 **资料2**:柳穿鱼花的形态结构与*Lcyc*基因的表达直接相关。 讨论:形态结构、基因相同的柳穿鱼性状不同的原因是什么?	育人活动"寻根问底":阅读材料,寻找实证,得出基因不改变,但相关的基因失活,无法正常转录,从而影响生物性状。 思考,推测会受到调控,但如何调控不清楚。 育人活动"从性状差异到分子调控":观看形态结构差异很大的柳穿鱼,但其基因基本相同,形成强大的认知冲突,引发思考。在植物中也是如此,基因的表达直接与柳穿鱼形态结构相关,而基因的表达情况会受到基因甲基化的调控。	引导学生形成基于实证得出结论的科学思维。(认知育人) 通过真实科研素材的分析,建立宏观(具体感知的生物性状)与微观(分子水平调控)世界的联系。(认知育人)

续表

环节	学习内容	教师活动	学生活动	五育融合育人点提示
新课教学	表观遗传	资料3:看小鼠中对机制的研究。 问题1:你获取到了什么信息? 问题2:推测A^vy/a小鼠毛发的颜色。 问题3:A^vy/a小鼠为什么会出现性状差异? 问题4:DNA甲基化程度导致毛发颜色改变,这种毛发颜色变化可遗传给后代吗? 引导学生得出本节课的重要概念,并完善概念图。 问题5:DNA甲基化导致的性状改变为什么可遗传? 资料4:研究表明,甲基转移酶DNMT1能够识别是否有CpG序列的甲基化仅存在于一条链中。当甲基转移酶发现了这种不平衡,它会把"失去"的甲基化加到新合成的链上。如此,当细胞增殖时,子代细胞就会拥有跟母代细胞一样的甲基化特征了。 (引导学生完善概念图) 问题1:表观遗传调控机制与细胞分化有相关性吗?	阅读教师提供的材料3:在小鼠中对基因调控进行研究,思考讨论题。 育人活动"小鼠中对调控机制的研究":阅读材料文字和图片,提取关键词和关键信息,从而解决问题。 得出结论:甲基化修饰可遗传。 得出表观遗传学现象:不依赖于DNA碱基序列变化并且能遗传给子代的表型改变。 材料阅读和分析,接触真实的科研素材,立足于证据,去思考、解决问题。 育人活动"建构完善概念图"。在已有的知识体系中,逐步自主建构概念,完善概念图。	引导学生形成基于实证得出结论的科学思维。(认知育人) 基于学生思考问题的思维过程,分步处理小鼠毛发遗传的研究资料,给学生分析素材时搭建台阶,降低学生信息获取过程中的困难,逐步构建表观遗传学的概念,引导学生对问题分析的科学思维和科学探究能力。(认知育人) 通过对真实科研素材的分析,建立宏观(具体感知的生物性状)与微观(分子水平调控)世界的联系。(认知育人)

225

续表

环节	学习内容	教师活动	学生活动	五育融合育人点提示
新课教学	表观遗传	（引导学生完善概念图） 问题2：表观遗传修饰是如何发生的？ 资料：巴西红耳龟的温度依赖性别决定，温度26 ℃为雄性孵化温度，温度32 ℃为雌性孵化温度。在不同温度下DNA甲基化程度不同，导致蛋白质的表达差异，从而影响性别决定。 （引导学生完善概念图）	完善概念图： 分析资料，得出结论：温度（环境）可以通过表观遗传调控生物性状的形成。 完善概念图：	通过在已有的知识体系中，逐步自主建构概念，培养学生的归纳能力。（认知育人）
	思维训练	展示课后思维训练：请针对高温培养残翅果蝇幼虫得到翅长接近正常的果蝇成虫的原因提出假说，并进行解释。	育人活动"思维训练"：根据具体的生命现象，提出假说。	培养学生根据具体的生命现象，提出假说的思维能力。（认知育人）
课堂小结	总结基因与性状之间的复杂关系	组织交流：结合"问题探讨"中水毛茛的实例及课前搜集的资料，讨论基因与性状之间的复杂关系。 提升思维：你如何评价基因决定生物体的性状这一观点？	育人活动"收集并分析资料"：搜集资料，举例说明基因与性状的关系。 小组成员独立分析后，汇总观点，进行评价。	认同科学是不断发展的。（德性育人）

续表

环节	学习内容	教师活动	学生活动	五育融合育人点提示
拓展应用	评价提升	指导应用：结合表观遗传、烟草烟雾中含有的化学物质及其危害等知识，说明吸烟的危害及如何向亲友和周围人群进行宣传。 通过认识吸烟对表观遗传的影响，让学生编写吸烟有害健康的广告语。	运用所学的知识和观点，讨论和交流，并在课后设计、实施宣传活动。 育人活动"编写广告语"：编写吸烟有害健康的广告语。	提升学生主动向他人宣传关爱生命、健康生活的社会责任感。（德性育人） 认识吸烟对表观遗传的影响，编写吸烟有害健康的广告语。（劳动育人）
	基因工程的应用	列举基因工程应用的实例。	育人活动："基因工程的实例"：感受到科学技术社会的紧密联系，科学技术促进社会的发展。	加强科学技术社会的联系，积极关注基因工程在生活中的应用。（德性育人）
课堂反馈	习题	选取章节后的习题：多种遗传病由苯丙氨酸的代谢缺陷导致。	综合运用这两课时所学的知识，完成习题。	了解了我国政府对特殊人群的关爱，反映社会主义制度的优越性。（德性育人）
作业布置	课后习题和本章习题。			
板书设计	基因的选择性表达及表观遗传现象 环境→表观遗传→改变 甲基化等→调控→翻译→体现 （DNA）基因→转录→RNA→蛋白质→生物性状 选择性表达→细胞分化→影响			
教学反思	给学生创设真实科研情境，问题设计逐步递进，层次性强。在分析前沿素材的过程中，培养学生独立思考、分析和解决问题的能力。通过概念图的构建，让学生逐步建立知识间的联系。为了让学生构建完整的概念联系，本节课提供的素材较多，信息量较大，思维力度大，课堂时间有限，因此学生活动不够充分，学生之间的交流少。关于基因的选择性表达是细胞分化的原因的概念构建，教材中只提供一个转录水平上调控的素材，可以再找一些翻译水平上调控的素材，以使结论的得出更有力。			

(三)专家点评

在广阔无垠的自然界中,生物"生生不息、生命不止"的奥秘在《遗传与进化》中得以揭示,而懂得基因的表达的本质原理,厘清遗传信息以及环境影响与遗传性状的关系,是构建生物学学科素养的重要环节。遗传物质实验证据的获得和DNA双螺旋结构模型的建立,揭示了基因的化学本质,生物学的研究从此以空前的步伐前进。

本单元教学设计和课时设计,从育人目标确立、活动设计、评价设计等方面紧密围绕学科育人,培养生物学学科素养这一终极目标展开。育人目标将重心放在了德育、智育、劳育,对于表观遗传等较为抽象的内容,通过引导学生进行严谨的逻辑分析,完成知识体系的自主构建。在突破知识难点的同时,引导学生关注国家技术进展、社会关爱、个人健康管理等,并通过广告语编创活动实现劳动教育和健康教育。通过本章建立生命的物质、能量、信息统一观,能够透过表象看到生命内在联系,也是形成更高维度审美的基础,需要长期历练。

重庆市北碚区教师进修学院生物学教研员、正高级教师 谭兴云

五、"基因突变及其他变异"教学设计案例

(一)单元教学设计

单元名称	基因突变及其他变异	总课时	6
		课时	
学习内容	第1节"基因突变和基因重组"安排2个课时。依据新课改"自主、合作、探究"的精神,按"学生是主体,教师是主导"的原则,以探究式教学方法为主线,利用学案导学,开展自主探究学习,让学生在讨论、探究、交流中相互启迪,获得新知,形成良好的学习习惯和学习方法。	2	
	第2节"染色体变异"安排2个课时。知识建构,完成理论教学。建构"染色体结构的变异和染色体组"的概念,知道染色体倍性及其在育种上的应用,并完成低温诱导植物染色体数目变化的实验。	2	
	第3节"人类遗传病"安排2个课时。本节内容的学习可为有关"人类遗传病与优生"中有关染色体异常遗传病和第6章"生物的进化"中有关现代生物进化理论的学习打下基础。	2	

续表

育人目标	1.德性育人目标。 (1)引导学生关注遗传学的研究进展和研究成果在生产生活中的应用,形成科技能造福人类的态度和价值观。 (2)通过问题探讨"作为野生植物的后代,许多栽培植物的染色体数目却与它们的祖先大不相同"渗透社会责任教育,培养学生爱护野生植物的情感。 2.认知育人目标。 (1)通过对基因本质的认识,使学生树立生命的物质性和信息性。 (2)通过分析归纳得出可遗传变异与生物性状间的关系。 3.健康育人目标。 通过对基因突变导致镰刀细胞贫血及结肠癌发生原因的分析和学习,培养学生养成健康生活的习惯。 4.审美育人目标 通过观察低温诱导植物细胞染色体数目的变化、三倍体无籽西瓜形成原因的分析,领悟可遗传变异的精准美。 5.劳动育人目标。 (1)认识可遗传变异与生物性状间的关系,培养学生养成劳动的观念。 (2)调查人群中的遗传病,从而训练学生的动手能力。
学情分析	课标要求: 1.内容要求 概念3 遗传信息控制生物性状,并代代相传。 3.3 由基因突变、染色体变异和基因重组引起的变异是可以遗传的。 2.学业要求 基于证据,论证可遗传的变异来自基因重组、基因突变和染色体变异(科学思维、科学探究);运用统计与概率的相关知识,解释并预测种群内某一遗传性状的分布及变化(科学思维、科学探究);运用遗传与变异的观点,解释常规遗传学技术在现实生活中的应用(生命观念、社会责任)。
核心任务	1.通过镰刀细胞贫血形成的原因分析及结肠癌发生原因的分析,培养学生的科学思维与科学探究能力。 2.通过观察"探究·实践:低温诱导植物细胞染色体数目的变化",培养学生的劳动技能和审美创造能力。 3.通过三倍体无籽西瓜形成原因的分析,培养学生的科学思维与科学探究能力。 4.通过"探究·实践:调查人群中的遗传病",培养学生的科学思维能力。

(二)课时教学设计

5.1 基因突变及基因重组

1. 学习内容

基因突变内容教学目标的实现需要学生充分调动以前所学的知识,来理解基因突变的概念、原因、意义和特点。而基因重组是在学生了解减数分裂的基础上,理解染色体行为和基因之间的关系,进而理解基因重组的意义。

2. 育人目标

(1)德性育人目标。

引导学生关注遗传学的研究进展和研究成果在生产生活中的应用,形成科技能造福人类的态度和价值观。

(2)认知育人目标。

①通过对基因本质的认识,可使学生树立生命的物质性和信息性。

②通过安排多个探究活动,如镰刀细胞贫血形成原因的分析、结肠癌发生原因的分析,培养学生的科学思维与科学探究能力。

(3)健康育人目标。

通过基因突变导致镰刀细胞贫血及结肠癌发生原因的分析学习,培养学生养成健康生活的习惯。

3. 教学重难点

(1)教学重点。

①基因突变的特征和原因。

②基因重组及其意义。

(2)教学难点。

①基因突变的特征和原因。

②基因重组及其意义。

4. 评价任务

(1)课堂过程性评价,通过学生问题的回答和思考深度完成。

(2)通过课后练习完成认知育人目标和健康育人目标的评价。

5. 教学过程

环节	教学内容	教师活动	学生活动	五育融合育人点提示
课题导入	镰刀型细胞贫血症	（展示资料） 资料1：1910年，一个黑人青年到医院看病，向医生倾诉他的烦恼。 正常红细胞　　　镰刀型红细胞 提问：为什么他的细胞会是这种形态呢？ （展示资料） 资料2：1949年，Pauling等发现镰刀型细胞贫血症与血红蛋白结构异常有关。 资料3：1956年，Ingram证明了镰刀型贫血患者仅是单个氨基酸被替换。 HbS正常氨基酸序列 HbS异常氨基酸序列 提问： 1.镰刀型细胞贫血症患者的血红蛋白和正常的血红蛋白有什么不同？ 2.是什么导致氨基酸的变化？	学生回忆红细胞的特点，思考并回答问题。 思考基因的表达，尝试解答蛋白质的变化其实是密码子的改变，进而推导应该是基因变了。	通过镰刀型细胞贫血症的发现和研究的历史激发学生的学习兴趣，体会科学发展是很多科学家共同努力的结果，需要时间的沉淀。同时，渗透结构与功能观。（认知育人）
新课教学	镰刀型细胞贫血症的病例分析	引导学生通过对基因表达的回顾，解读镰刀型细胞贫血症的病因。 1.直接原因是什么？ 2.根本原因是什么？	尝试解答问题。	
新课教学	基因突变	借助镰刀型红细胞贫血症的病因进行以下分析。 正常的DNA片段 1链 …GTACATGTTACAGTG 2链 …CATGTACAATGTCAC 异常的DNA片段 1链 …GTCATGTTACAGTG 2链 …CAGTACAATGTCAC 缺失 1链 …GTAACAGTTACAGTG 2链 …CATTGTAGAATGTCAC 增添 1.图中异常的基因DNA片段发生了什么变化？	通过观察资料总结碱基对的哪些变化会对基因的结构造成影响，进而总结基因突变的概念。	理解结构决定功能，同时可以辩证地思考基因突变对生物的意义。（认知育人） 养成正确的人生观、世界观、价值观。同时养成健康的生活方式。（德性育人） 体会基因的结构之美、蛋白质的多样之美。（审美育人）

续表

环节	教学内容	教师活动	学生活动	五育融合育人点提示
新课教学	基因突变	2.基因突变的概念。 DNA分子中发生碱基对＿＿＿＿、＿＿＿＿、＿＿＿＿或＿＿＿＿，而引起的＿＿＿＿，叫作基因突变。 深化提问： 1.基因结构改变后会对血红蛋白造成怎样的影响？ 2.哪一种基因结构变化对蛋白质的影响相对较小，这个影响较小是绝对的吗？ 基因是有遗传效应的DNA片段，其规则的双螺旋结构使DNA具有稳定性。阅读教材第81页第2至3自然段，回答下列问题。 1.基因在什么时候容易发生突变？ 2.基因为什么会发生突变？ 3.突变后的基因是否一定能遗传给后代？ 知识小结： DNA —复制(间期)→ DNA 引起：外因：物理因素：X射线、Y射线、紫外线等／化学因素：亚硝酸盐、碱基类似物等／生物因素：某些病毒的遗传物质 内因：DNA复制偶尔发生错误，DNA的碱基组成发生改变 ↓ 碱基对的替换、增添、缺失 ↓ 脱氧核苷酸数量和排列顺序改变 ↓ 基因结构改变 ↓ 遗传信息的改变 ↓ 产生新基础(等位基因) 深化提问：基因突变对生物体而言是有利还是有害的？有害和有利是一定的吗？ 学生活动：阅读教材第82页第2至4自然段，自主学习以下内容。 1.基因突变有哪些特点？ 2.基因突变这些特点的含义是什么？	借助查找密码子表和对基因表达过程的回顾，查出现有异常DNA所对应的氨基酸序列，分析不同类型的基因突变对性状影响的大小。 回顾细胞分裂的内容和基因的结构，看书梳理并回答相关内容。 学生看书自学，对基因突变进行分析，客观辩证地说明有利和有害。	
	细胞的癌变	(展示资料：结肠癌发生的原因) 1.从基因角度看，结肠癌发生的原因是什么？ 2.健康人的细胞中存在原癌基因和抑癌基因吗？ 3.癌细胞与正常细胞相比，具有哪些明显的特点？ 4.我们在生活中应如何避免癌症的发生？	小组活动：阅读教材第82页，小组解答疑问并分享。	在了解癌症发病机理的基础上养成健康的生活方式。(健康育人)

续表

环节	教学内容	教师活动	学生活动	五育融合育人点提示
情感升华		设置情境，利用课堂知识解释育种原理。 如果要让我国原始只开红花的朱顶红开出粉色、白色、绿色的花朵，你有什么方案？你选择的方案所依据的是什么？操作过程中需要注意什么？是否一定能得到你想要的结果？	尝试理解诱变育种的思路，并思考诱变育种的优缺点。	升华知识的价值，学会应用知识，同时对育种工作者的辛劳成果表示感激。（德性育人）
课堂小结		（基因突变知识框架图）	回忆知识，完成框架的搭建。	
作业布置	1.完成课后练习。 2.查阅相关资料，分析肺癌患者与吸烟的相关性。			
板书设计	（基因突变知识框架图）			
教学反思	本节课为本节的第一课时，对后面的进化学习有着非常重要的作用。因此，本节课注重学生对基因突变这一知识逻辑的建立，以及理性分析拓展应用。让学生不只经历简单概念累积，知识、能力、情感都要有所提升。整个教学过程中渗透了认知育人、德性育人、审美育人、健康育人以及劳动育人，可以较好地融合五育教学目标，实现学生的德、智、体、美、劳全面发展。但由于拓展深化较多，导致本课时只完成了基因突变的相关教学，细胞的癌变和基因重组将放到下一课时学习。			

(三)专家点评

遗传造就生命延续的根基,变异激起进化的层层涟漪。生物的变异普遍存在,分为不可遗传变异和可遗传变异,可遗传变异有基因突变、基因重组、染色体变异三种来源。通过对基因突变导致镰刀细胞贫血及结肠癌发生原因的分析和学习,让学生养成健康生活的习惯。关注遗传病的监测和预防,关爱遗传病患者,认同生命之美。

"基因突变和基因重组"从分子水平阐述遗传物质在传递过程中发生变化的类型、特点和意义,本课时教学目标设置突出育德、育智、育美、育劳的育人目标。结合本节教学内容"基因突变及基因重组",通过活动设置镰刀细胞贫血、结肠癌的分析,可以有效地达成育人目标。如学生通过关注遗传学的研究进展和研究成果在生产生活中的应用,形成科技能造福人类的态度和价值观,通过基因突变导致镰刀细胞贫血及结肠癌发生的原因分析学习,培养学生养成健康生活的习惯等。同时活动设置衔接得当,遵循学生的思维发展规律,通过资料分析整理,建构概念,有利于发展学生科学思维、健康生活的能力。

重庆市北碚区教师进修学院生物学教研员、正高级教师　谭兴云

六、"生物的进化"教学设计案例

(一)单元教学设计

单元名称	生物的进化	总课时	5
		课时	
学习内容	第1节"生物有共同祖先的证据"安排1个课时。认同生物有共同的祖先,理解化石能证明生物有共同祖先的原因,证明生物有共同祖先的其他证据是如何发现的,认识到应该爱护环境,保护现存物种。		1
	第2节"自然选择与适应的形成"安排1个课时。理解达尔文自然选择学说主要内容的联系,学会运用达尔文自然选择学说解释生物的适应性、多样性和生物进化的原因;理解为什么拉马克的自然选择学说有局限性;说明达尔文自然选择学说的进步与局限性。		1
	第3节"种群基因组成的变化与物种的形成"安排2个课时。第1课时,举例说明种群内的可遗传变异将赋予某些个体在特定环境中的生存和繁殖优势,阐明具有优势性状的个体在种群中所占比例将会增加,说明自然选择促进生物更好地适应特定的生存环境。第2课时,运用生物进化观念阐明隔离在物种形成中的作用,运用分类与比较的观念分析地理隔离与生殖隔离在物种形成中的作用,基于对隔离和物种形成作用的理解,认识环境保护与物种多样性的作用。		2

续表

	第4节"协同进化与生物多样性的形成"安排1个课时。初步运用进化和功能观，阐明协同进化。运用归纳的方法概括生物多样性形成的原因。 1
育人目标	1.德性育人目标。 (1)引导学生关注进化论的研究进展和研究成果在生产生活中的应用，形成科技能造福人类的态度和价值观。 (2)让学生养成爱护环境，保护现存物种，保护环境从我做起的意识，增强学生的社会责任感，培养学生爱护野生动物的情感。 (3)渗透个人价值观的教育，让学生领悟到工作无高低贵贱之分，每一项工作都有它独特的社会价值，都同样值得人们尊敬。 2.认知育人目标。 (1)认识各种证据，认同生物有共同的祖先，理解达尔文自然选择学说主要内容的联系，学会运用达尔文自然选择学说解释生物的适应性、多样性和生物进化的原因，能阐明以达尔文自然选择学说为中心的现代生物进化理论的主要观点，理解生物协同进化的观念。 (2)理解化石能证明生物有共同祖先的原因，理解为什么拉马克的自然选择学说有局限性。用数学方式说明基因频率的变化。用数学方法分析种群基因频率的变化与进化的关系。理解生物多样性与自然环境的关系。 (3)本单元安排了多个探究活动，如：搜集生物进化理论发展的资料，探讨生物进化观点对人们思想观念的影响；用数学方法讨论自然选择种群的基因频率发生变化；探讨耐药菌的出现与抗生素滥用的关系等，提高学生的探究能力、动手与合作能力。 3.健康育人目标。 培养学生养成健康生活的习惯，促进学生采取更为健康环保的生活方式。 4.审美育人目标。 (1)感受生物与自然和谐相处之美。 (2)让学生亲自动手制作培养基并培养细菌，有助于培养学生的审美创造能力。 5.劳动育人目标。 (1)了解化石的发掘和处理等，培养学生养成劳动的观念。 (2)"探究·实践"可以训练学生的动手能力。 (3)了解"与生物学有关职业""化石标本的制作人员"，增强学生的职业体验，让学生认识到学习知识和发展能力的重要性，严谨踏实的工作态度和工作作风的重要性。
学情分析	经过前面阶段的学习，学生具有了一定的生物学基础，能够从分子层面去理解遗传和变异，结合自然选择，通过众多的实证和证据，学生能更好地理解进化的现代解释。学生具备从科学的角度了解和理解生物进化的能力。
核心任务	1.生物共同由来学说的证据，化石证明生物进化的原因。 2.达尔文自然选择学说的主要内容。 3.分析达尔文自然选择学说的贡献和局限性。 4.探讨生物进化观点对人们思想观念的影响。 5.种群、物种、基因库、基因频率的概念。 6.说明协同进化的概念和生物多样性产生的原因。 7.学习本单元后，能建构如下知识体系。

续表

核心任务	

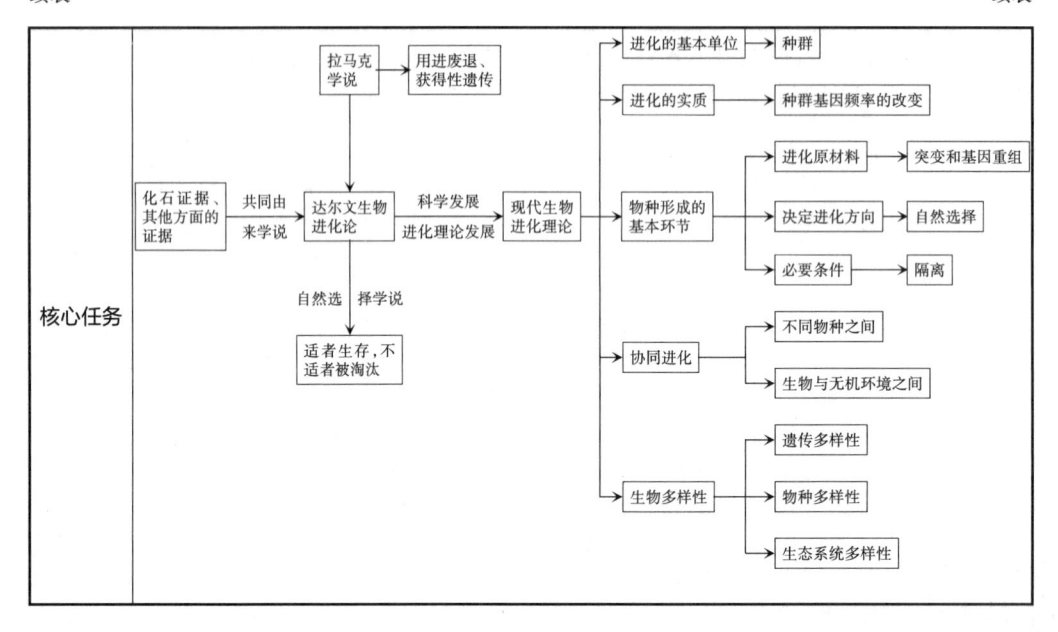

```
                    拉马克学说 → 用进废退、获得性遗传
                         ↑
化石证据、    共同由来学说    科学发展         进化的基本单位 → 种群
其他方面的 →  达尔文生物 → 现代生物      → 进化的实质 → 种群基因频率的改变
  证据       进化论   进化理论发展  进化论
                    自然选择学说                 进化原材料 → 突变和基因重组
                         ↓              物种形成的 → 决定进化方向 → 自然选择
                    适者生存,不       基本环节
                    适者被淘汰                  必要条件 → 隔离

                                          协同进化 → 不同物种之间
                                                → 生物与无机环境之间

                                          生物多样性 → 遗传多样性
                                                  → 物种多样性
                                                  → 生态系统多样性
```

(二)课时教学设计

6.2 自然选择与适应的形成

1. 学习内容

学生能够从分子层面去理解遗传和变异,结合自然选择,能对适应有更好地理解。从而具备从科学的角度了解和理解生物进化的能力。

2. 育人目标

(1)德性育人目标。

认同生物进化理论,培养学生探索科学的精神、实事求是的科学态度。

(2)认知育人目标。

①举例说明适应的普遍性和相对性。

②概述拉马克学说和达尔文学说的核心内容,运用达尔文的自然选择学说解释适应的形成,说明适应是自然选择的结果。

③阐述拉马克学说和达尔文学说的局限性。

(3)健康育人目标。

培养学生以科学的态度认识生物进化问题,树立辩证唯物主义观点。

(4)审美育人目标。

用进化的思想看待自然界中的生物,感悟生物与自然和谐相处之美,感悟生命延续的规律,感受生物多样性之美。

3. 教学重难点

(1)教学重点。

①达尔文自然选择学说的主要内容,如何用达尔文的学说解释生物的进化和适应。

②分析达尔文自然选择学说的贡献和局限性。

③探讨生物进化观点对人们思想观念的影响。

(2)教学难点。

达尔文自然选择学说的主要内容,如何用达尔文的学说解释生物的进化和适应。

4. 评价任务

学生运用达尔文学说解释一些生物进化的现象时,教师进行重点关注和评价。

5. 教学过程

环节	学习内容	教师活动	学生活动	五育融合育人点提示
课题导入	创设情境 发现问题	导入:教师展示枯叶蝶和翅色鲜艳的蝴蝶的图片,让学生思考为什么枯叶蝶的翅膀像一片枯叶。 过渡:其实,不仅仅是枯叶蝶,很多生物都存在类似这样的适应现象。	激发学生的好奇心。 学生根据自己已有的知识做出回答:这是拟态现象,可保护枯叶蝶不被天敌发现。	通过展示颜色丰富的蝴蝶图片让学生对"适应"有初步的印象,知道枯叶蝶具有适应环境的特征。
新课学习	适应的普遍性和相对性	设问:1.教师展示小肠的图片,让学生回忆小肠有哪些结构特点适于消化吸收。 2.教师展示毛细血管的图片,让学生思考毛细血管有哪些结构特点适于进行物质交换。 3.教师展示竹节虫的拟态、青蛙的保护色和箭毒蛙的警戒色等图片。让学生思考适应具有什么特征。 4.教师展示春夏的雷鸟和冬天的雷鸟的图片,让学生思考雷鸟在不同季节中毛色的变化对于生存的意义。 总结归纳: 在完成以上讨论后,让学生阅读教材第106页"思考·讨论:分析适应的相对性",概括出什么是适应的相对性,以及适应相对性的原因。完成资料后面的"思考与讨论"。	学生活动一:学生回忆初中知识对这4个问题进行讨论回答。 学生活动二:学生通过看书、讨论,在教师的引导下概括出适应的相对性和适应相对性的原因。	通过举例、阅读、讨论、交流,达成认知育人目标:1.生物的形态结构适于完成一定的功能;2.适应具有普遍性;3.适应具有相对性。

续表

环节	学习内容	教师活动	学生活动	五育融合育人点提示
新课学习	适应是自然选择的结果	环节一:教师在课件上展示拉马克学说的主要内容。 设问1:怎样用拉马克观点解释食蚁兽的舌头细长和鼹鼠的眼睛? 教师概括出适应的形成都是由于用进废退和获得性遗传。 设问2:同学们能否举例反驳用进废退和获得性遗传的观点? 设问3:我们辩证地来看拉马克的进化学说,有什么进步和局限性? 环节二:结合教材中达尔文的自然选择学说进行介绍。 设问:请同学们以小组为单位讨论下列问题。 (1)运用自然选择学说如何解释适应的形成? (2)长颈鹿是如何进化?请说出长颈鹿的进化过程。 (3)枯叶蝶在停息时形似枯叶这一适应性特征的形成,如何用自然选择学说来解释? (4)基于以上分析,请你用自己的话概括适应性特征是如何形成的。 环节三:展示教材中的"思考·讨论",让学生以小组为单位讨论下列问题。 (1)达尔文的进化论和神创论的主要冲突是什么?达尔文提出进化论后为什么遭到许多人的攻击、谩骂和讥讽? (2)19世纪末,严复、梁启超等以自然选择学说中"物竞天择,适者生存"的观点作为唤起同胞救国图强的警钟。这一做法在当时起到了什么作用? (3)马克思读了达尔文的《物种起源》后,在写给恩格斯的一封信中说:"虽然这本书用英文写得很粗略,但是它为我们的观点提供了自然史的基础。"马克思所说的"我们的观点"是指什么观点? (4)达尔文的生物进化论对于人们正确认识人类在自然界的地位有什么启示? 追问:(1)自然选择学说有什么局限性? (2)达尔文以后进化理论是什么?	学生活动一:学生讨论,在教师的评价、引导下,思考并回答。 学生活动二:小组讨论,长颈鹿的进化过程和枯叶蝶适应性特征的形成过程。在教师的引导下得出适应形成的必要条件:1.群体中出现可遗传的有利变异(内因);2.环境的定向选择(外因)。 学生活动三:学生相互讨论交流,感悟达尔文的生物进化观点对人们思想观念的深远影响。 学生活动四:学生仔细分析自然选择学说的进步性和局限性,通过阅读教材知道进化理论的发展变化。	通过设置一系列层层递进的问题串,在学生不断地深入思考中完成对拉马克学说的认知育人目标。 通过学会运用达尔文的进化理论解释生物界中的一些现象,培养学生理论联系实际、正确认识自然界的能力,以及分析问题和解决问题的能力。(劳动育人) 通过设问,引导学生讨论交流,最终获得答案的一般流程,达成达尔文的自然选择学说的主要内容的认知育人目标。 通过学会运用达尔文的进化理论解释生物界的一些现象,培养学生理论联系实际、正确认识自然界的能力,以及分析问题和解决问题的能力,达成认知育人目标。 通过分析达尔文自然选择学说的贡献和局限以及进化理论的发展,培养学生以科学的态度认识生物进化问题,树立辩证唯物主义观点的德性育人目标。

续表

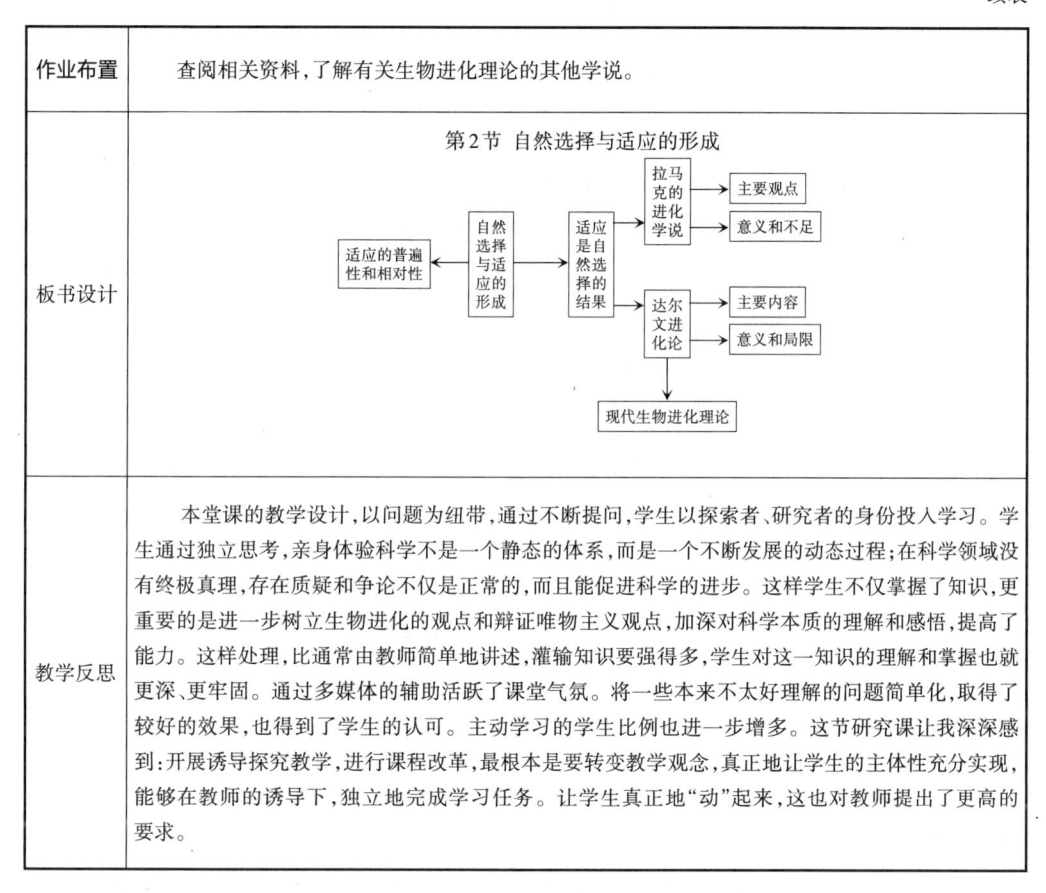

作业布置	查阅相关资料,了解有关生物进化理论的其他学说。
板书设计	第2节 自然选择与适应的形成 适应的普遍性和相对性 — 自然选择与适应的形成 — 适应是自然选择的结果 — 拉马克的进化学说(主要观点、意义和不足)、达尔文进化论(主要内容、意义和局限) — 现代生物进化理论
教学反思	本堂课的教学设计,以问题为纽带,通过不断提问,学生以探索者、研究者的身份投入学习。学生通过独立思考,亲身体验科学不是一个静态的体系,而是一个不断发展的动态过程;在科学领域没有终极真理,存在质疑和争论不仅是正常的,而且能促进科学的进步。这样学生不仅掌握了知识,更重要的是进一步树立生物进化的观点和辩证唯物主义观点,加深对科学本质的理解和感悟,提高了能力。这样处理,比通常由教师简单地讲述、灌输知识要强得多,学生对这一知识的理解和掌握也就更深、更牢固。通过多媒体的辅助活跃了课堂气氛。将一些本来不太好理解的问题简单化,取得了较好的效果,也得到了学生的认可。主动学习的学生比例也进一步增多。这节研究课让我深深感到:开展诱导探究教学,进行课程改革,最根本是要转变教学观念,真正地让学生的主体性充分实现,能够在教师的诱导下,独立地完成学习任务。让学生真正地"动"起来,这也对教师提出了更高的要求。

(三)专家点评

　　本单元以证据说话,阐明以达尔文自然选择学说为中心的现代生物进化理论的主要观点,让学生形成生物协同进化的观念。通过引导学生关注科学研究进展和研究成果在生产生活中的应用,形成科技能造福人类的态度和价值观。基于证据与逻辑,认同生物的不断进化,现存各种生物来自共同祖先,运用生物学进化观点解释生物界的现象,传播科学的自然观。同时了解化石的发掘和处理,实验探究等,培养学生养成劳动的观念。还可以让学生领悟到工作无高低贵贱之分,每一项工作都有其独特的社会价值,认同劳动创造幸福。结合传染病防控实际,让学生养成健康生活的好习惯,促进学生采取更为健康环保的生活方式。通过生物多样性的出现和对濒危动物的保护,增强学生的社会责任感,培养学生爱护野生动物的情感,认同人类命运共同体理念。通过这些教学实践活动实现五育融合,发展学生核心素养。

重庆市北碚区教师进修学院生物学教研员、正高级教师　谭兴云

七、必修2《遗传与进化》教学设计案例专家点评

《遗传与进化》包含概念3"遗传信息控制生物性状,并代代相传"和概念4"生物的多样性和适用性是进化的结果"。课程标准选取了减数分裂、受精作用、DNA分子的结构和功能、遗传和变异的基本原理及应用等知识,从细胞水平和分子水平阐述生命的延续性;选取现代生物进化理论和物种形成等知识,主要为了阐明生物进化的过程和原因。学习这一模块对于学生理解生命的延续和发展,认识生物界及生物多样性,形成进化的观点,树立正确的自然观奠定了理论基础。

生物学学科全息育人是在课程标准规定的课程内容要求下,以人教版教材为依托,利用教材提供的学习资源和信息,在全息育人理念的引领下,由北碚区高中生物学教师,围绕德性育人、认知育人、健康育人、审美育人和劳动育人,五育并举地进行课题教学实践。从《遗传与进化》教学设计案例的展示可以看出,教师们紧紧围绕"遗传因子的发现""基因和染色体的关系""基因的本质""基因的表达""基因突变及其他变异"和"生物的进化"六章分别从全息育人、五育并举的视角,进行了教学目标的设计。在帮助学生认知概念的同时,在德、智、体、美、劳各方面都做了归纳和总结。结合遗传学规律,从德性育人和健康育人的视角,引导学生正确认识自我的外貌长相、悦纳外形的不完美,同时善待先天残疾的人群;关注遗传病的发生及预防、诊疗措施,为形成科学的人生观和世界观奠定基础;关注生物科学技术在生产生活中的应用,体会合理应用基因工程能造福社会,认同科学是不断发展的,人类对自然界的探究永无止境;从基因、环境与性状之间的关系探讨,理解表观遗传,认识吸烟的危害,学会选择健康的生活方式,渗透社会责任。在劳动育人方面也做了较好的尝试,通过调查人群中的遗传病,训练学生动手能力;结合北碚区的经济特点,提供学生参与职业体验的机会,调查农、畜牧业中,优良品种培养,对性状选育的理解,获得职业认同感,提升社会责任的意识。

全息育人,五育并举,并不是要脱离现有的教学模式,而是在现有的教学模式中提炼和关注知识的传递方式,为更好地培养符合社会发展需要的未来人才探索路径。由于篇幅所限,案例在全面展示教学思路方面,还可以进一步做好改进,期待北碚区全体生物学教师的积极探索,能为我国基础教育提供可复制、高效率的教育教学创新和发展的可借鉴模式。

西南大学教师教育学院　霍静

参考文献

[1]张颖清.全息生物学上[M].北京:高等教育出版社,1989.

[2]毛泽东.体育之研究[M].北京:人民体育出版社,1979.

[3]蔡元培.蔡元培美学文选[M].北京:北京大学出版社,1983.

[4]谢毓玲.基于结构与功能观、进化与适应观的高中生生命观念的培育研究[D].武汉:华中师范大学,2019.

[5]庞小峰."以负熵为生"的生物自组织及生命系统的热力学定律[J].商丘师范学院学报,1998:26-33.

[6]王硕.高中生物课堂教学中培养学生生命观念的策略研究[D].哈尔滨:哈尔滨师范大学,2018.

[7]邱珊,罗金红.生命观念视域下的细胞"生命性"教学[J].中学生物教学,2020,(5):35-38.

[8]黄芳.让课堂充满生命的色彩:浅谈初中生物教学中的生命教育[J].成才之路,2010,(7):11-12.

[9]徐国良.在高中生物学教学中渗透生命教育[J].生物学教学,2009,(1):18-19.

[10]杨丽君,马淼.2003版与2017版普通高中生物学课程标准的比较[J].中学生物学,2018,34(12):57-59.

[11]瓦·阿·苏霍姆林斯基.给教师的建议(修订本全1册)[M].杜殿坤,编译。北京:教育科学出版社,1984:卷首语.

[12]曾欣然.德性心理、美育心理研究[M].重庆:西南大学出版社,2019.

[13]孙峰.当代中国德育价值观的变革[D].西安:陕西师范大学,2010.

[14]刘晓光.中国美育的发展史及当代大学使命[J].美与时代(下半月),2009(02):117-118.

[15]吴纪饶.大学生健康教育[M].北京:高等教育出版社,2005.

[16]张秀红.核心素养视域下的生物学观念:内涵、价值、内容体系及教学[J].课程·教材·教法,2017,37(9):91-97.

[17]陈晓艳,穆新彪.如何让课堂因生成而增值[J].中小学教学研究,2012(4):

55-56.

[18]袁洪峰.中学生物课堂教学方法浅谈[J].读写算(教育教学研究),2011(1):213,163.

[19]姜振安."任务驱动"教学法与学生实践能力培养[J].职教通讯,2003(7):50.

[20]赵伶俐.课堂教学技术[M].重庆:重庆出版社,2006.

[21]马会梅,丁凤琴.教师教学评价行为的内涵分析[J].黑龙江高教研究,2012,30(01):60-62.

[22]崔允漷.有效教学[M].上海:华东师范大学出版社,2009.

[23]中共中央马克思恩格斯列宁斯大林著作编译局编译.马克思恩格斯全集(第42卷)[M].北京:人民出版社,2016.

[24]王汉澜.教育评价学[M].开封:河南大学出版社,1995.

[25]辜伟节.关于中小学课堂有效教学评价的建议[J].基础教育参考,2008(3):4-8.

[26]冯登立.中学基础教育教学评价体系的创建与实施[J].教学与管理,2018(31):73-76.

[27]杨向东.崔允漷.课堂评价:促进学生的学习和发展[M].上海:华东师范大学出版社,2012.

[28]龙·克·巴班斯基,著.张定璋,等译.教学过程最优化:一般教学论方面[M].北京:人民教育出版社,2007.

后记

历经3年的理论研究和实践探索,《高中生物学学科全息育人》终于与大家见面了。回顾成书过程,重庆市北碚区教师进修学院高中生物学教研员、正高级教师谭兴云及其所带领的高中生物学学科全息育人研究团队感慨颇多,这其中既有艰辛和迷茫,又有喜悦和顿悟。

回顾过去的3年,这是一个艰辛而幸福的过程。编写团队都是北碚区优秀的一线教师,他们都是各自学校的教学骨干,白天在学校有繁重的教学工作,晚上回到家又要承担作为父母、儿女、丈夫或妻子的职责,大家都感到分身乏术。工研矛盾、工学矛盾,是每个成员都面临的难题。为了解决这一问题,我们大多利用周末和寒暑假时间进行集中学习研讨,工作期间通过线上平台进行在线交流分享。

由于编写团队成员都是普通教师,长期工作在教学一线,虽然教学经验比较丰富,但教育理论相对欠缺,这给研究工作带来不少障碍。为解这一问题,谭兴云老师多次聘请高校从事生物学教学法研究的教授和博士做讲座,提供理论支持,同时又购买相关专业书籍进行学习以提高大家的教育教学理论水平,达到研学相长的目的。

研究团队也有自己的优势。首先,团队成员有的来自市级重点中学、有的来自市联招学校、有的来自普通中学,学校不同,面对的学生个体也不同,我们的研究基于不同层面的学校和学生,研究成果适合各类学校、各类学生。其次,团队成员从教学经验层面来看,有重庆市正高级教师、重庆市骨干教师、北碚名师、北碚区学科带头人,从学历层面来看,有硕士研究生、本科生,从年龄层面来看,有年长的教师、有中年教师,也有刚入职的新教师,我们的研究基于不同类型的教师,研究结果适合全体教师。

在研究过程中,研究团队付出了艰辛的努力。全书几易其稿,团队成员不断学习研究,不厌其烦地修改、讨论、征求意见等。在案例选择的代表性、典型性,在理论表述的准确性上都进行了仔细斟酌,反复修改,力求做到让自己满意、让团队满意、让读者满意。

北碚区教师进修学院全息育人研究总课题组,为学科全息育人研究提供了方向指导,西南大学霍静教授、唐小为博士为本书提供了理论与实践的技术支持,西南大学出版社编辑胡君梅为本书的出版付出了艰辛的劳动,在此表示真诚的谢意。

本书第一章由吴用、张雨婷负责;第二章由向亚建、王勇负责;第三章由李于波、汪丽君负责;第四章由周沙、程远负责;第五章由何英、李柳红负责;第六章由聂德慰、刘师宇负责,第七章由所有编者提供教学案例。全书由谭兴云、向亚建负责统稿。

由于团队成员理论水平和教学能力有限,书中难免有诸多不足,敬请批评指正!